Angela Marquardt

Was ich bin, was mir stinkt, was ich will

ANGELA
MARQUARDT

Was ich bin, was mir stinkt, was ich will

Kiepenheuer & Witsch

»PS« Text: Werner Karma
Veröffentlicht auf dem Album »Bataillon d'amour«
Silly, 1986

1. Auflage 1999

Umschlaggestaltung: Rudolf Linn, Köln
Umschlagfoto: Christina Kurby
Gesetzt aus der Garamond Stempel (Berthold)
bei Kalle Giese Grafik, Overath
Druck und Bindearbeiten:
Graphischer Großbetrieb Pößneck, Pößneck
ISBN 3-462-02778-6

Meinem Opa Eugen Kolb

PS

Vergiß nicht, Vater, wenn du frierst
Ich bin wie du geworden
Ich laß mich nicht und laß mich nie
Mit lauter Lügen morden

Vergiß nicht, Mutter, wenn du weinst
Du hast mich gut erzogen
Und niemand kriegt und keiner kriegt
Mich einfach krummgebogen

Vergeßt nur nie unter der Last
Euer langen Leben
Ich bin zu jung, um schwach zu sein
Zu blind, um aufzugeben

Inhalt

Ein Brief an meinen Opa 11

Was soll das Ganze? 14

Zoff in der FDJ 16

Bürgerbewegt 28

Nazis und Punks 42

Intermezzo 1: ein Gespräch zwischen Punks und Nazis 51

Hausbesetzung in der Provinz 56

Rentner ärgern 69

Zufällig im Parteivorstand 74

Intermezzo 2: die Voraussage einer Revolution 83

Erneuerer und Poststalinisten 113

In der Glotze 150

Wer ist politikverdrossen und warum? 163

Der Osten ist braun? 177

Linke Links 190

Ab in den Bundestag 215

Zum Schluß 227

Reden 228

Ein Brief an meinen Opa

Mein lieber Opa,

ich habe an Deinem Leben immer irgendwie direkt teilgenommen, wohingegen Du von meinem eigentlich meist nur über andere etwas erfahren konntest. Aber wir beide haben wohl oft aneinander gedacht.

Du erinnerst Dich bestimmt, daß ich einmal Offizier der Nationalen Volksarmee werden wollte – in einem Staat, mit dem mich heute nicht mehr viel verbindet. Das ist bei Dir mit Sicherheit ganz anders. Wir sind zwar heute in derselben Partei, aber wir haben unterschiedliche Zugänge zur PDS. Andere Auffassungen und natürlich andere Lebensläufe.

Ich hatte als Kind immer Angst vor Dir. Gewiß, Du hast Deine Kinder und Enkel immer geliebt, aber Du warst streng und manchmal unerbittlich in Deinem Urteil. Vor allem über Politik wollte ich nie mit Dir diskutieren. Vor vielen Jahren hast Du einmal einen Cousin wegen eines lächerlichen Ohrrings fast vom Kaffeetisch verwiesen. Damit war mein Urteil über Dich fertig: Du warst intolerant; was nicht in Dein Menschenbild paßte, sollte nicht sein.

Über Politik haben wir uns, glaube ich, 1989 zum erstenmal unterhalten, eher beiläufig. Vorher hätte ich es auch nicht gewagt. Wenn Dein Gesprächspartner nicht mit der gerade aktuellen Haltung der SED übereinstimmte, hattest Du kein Verständnis für ihn. Wir lebten beide in der DDR und haben doch ganz unterschiedliche Eindrücke aufbewahrt. Noch im Herbst 1989 hast Du meine Orientierungsversuche in der Bürgerbewegung und der SDP* nicht gerade mit Freude aufgenommen und hast immer noch versucht, mich zu belehren.

* SDP: Sozialdemokratische Partei der DDR.

Erst später, als ich in der PDS gelandet war, hast Du ernsthaft mit mir über Politik diskutiert. Zwei Erlebnisse damals haben mein Verhältnis zu Dir nachhaltig verändert. Einmal hast Du gegenüber Oma meine für Euch sehr gewöhnungsbedürftige Frisur und Kleidung verteidigt mit den Worten: »Hör jetzt auf, wichtig ist, was sie im Herzen hat, und das ist richtig.« Das muß '90 oder '91 gewesen sein. Eine Aussage, wie sie damals für kaum eine Genossin oder einen Genossen in der PDS vorstellbar gewesen wäre. Vorurteile habe ich in der PDS oft zu spüren bekommen. Nur wenige wollten hinter die Fassade schauen. Um so überraschter war ich, als ich erlebte, daß Du mich so akzeptiert hast, wie ich bin.

Und dann war ich dabei, als Du öffentlich gesagt hast, daß »wir« (also die Alten) die Jugend heute unterstützen müßten: »Wir haben schon einmal versagt. Jetzt müssen wir ruhig sein und die Jugend ran lassen. Schließlich sind wir schuld, daß sie heute im Kapitalismus leben muß.« Aufgrund meiner Erfahrungen hätte ich dieses Eingeständnis von Dir nicht erwartet. Seit diesem Moment kann ich mich richtig auf Dich einlassen, mich mit Dir ernsthaft unterhalten.

Warum schreibe ich Dir das alles?

Ich möchte Dir sagen, daß ich sehr viel Achtung vor Dir und Deinem Leben habe. Deine Erfahrungen und unsere Gespräche haben mir oft geholfen. Auch wegen Dir bin ich in der PDS geblieben. Obwohl ich oft keine Lust mehr habe, mir die alten GenossInnen mit ihren alten Geschichten anzutun. Du hast mir Hoffnung gegeben, daß vielleicht doch einige von Euch Alten mitgehen auf dem Weg des Umdenkens. Das ist so schwer wie nötig.

Immerhin, wir haben einen Weg gefunden, miteinander zu reden, wozu viele nicht in der Lage sind, auch nicht in der PDS.

Ich schreibe dieses Buch vor allem für Dich, auch weil ich anerkenne, daß Du wenigstens einige überholte Auffassungen über Partei und Sozialismus in Frage stellst. Wir sehen uns selten, und deshalb ist dieses Buch eine Möglichkeit, Dir zu erzählen, was aus mir geworden ist und warum. Schreiben ist manchmal leichter als Reden.

Es soll nicht alles über Bord geworfen werden, aber es gibt nichts zu beschönigen und wenig zu verteidigen!

Oft habe ich Dich nicht verstanden, und oft verstehe ich Dich auch heute noch nicht, aber das Nachdenken über Dich und Dein Leben hat mir häufig geholfen, die PDS mit ihren vielen alten GenossInnen zu verstehen, und auch, was diejenigen der einstigen SED-Mitglieder wollen, die heute noch in der PDS sind.

Wir haben nie einen Weg gefunden, über diese persönlichen Dinge zu sprechen. Viele Gespräche über die politischen Veränderungen lagen dazwischen. Vielleicht wollten wir es beide nicht. Sicher hast Du auch viele von mir beschriebenen persönlichen Wahrnehmungen gar nicht mehr oder ganz anders in Erinnerung. Mein Verhältnis zu Dir hat sich aber trotzdem grundlegend verändert. Das will ich Dir mit diesem Brief in meinem ersten Buch sagen, bevor ich über mich und meine Erlebnisse schreibe. Ich bin es Dir und mir einfach schuldig.

Deine Angela

Was soll das Ganze?

Gerade habe ich stundenlang meine persönlichen Aufzeichnungen und viele alte Papiere durchforstet. Ist schon spannend, was ich alles wieder entdeckt habe aus meiner Vergangenheit, so kurz, wie sie nun mal ist. Wie soll ich das alles halbwegs sortiert in meinem Buch unterbringen? Ich weiß gar nicht, wo ich anfangen soll. In meinem Kopf ist ein großes Durcheinander, Vergangenes überschlägt sich, und Erinnerungen werden wach. In diesen frühen Morgenstunden (es ist inzwischen 2 Uhr 30) werde ich nicht müde. Vieles, was ich vergessen und verdrängt hatte, kommt mir wieder in den Sinn. Fern und doch vertraut ist mir das, was da in den Haufen von Papier steht – in Zeitungsartikeln, Flugblättern, Broschüren, Briefen.

Wenn ich mich getraut habe, zu erzählen, daß ich ein Buch schreiben werde, hörte ich immer die gleichen Kommentare: »Du jetzt auch?! Jeder, der aufhört, schreibt ein Buch. Willste dein kurzes Leben aufschreiben? Soll es heißen: ›Ein Leben mit der PDS‹? Willste jetzt mit der PDS abrechnen: ›Die ganze Wahrheit über die PDS‹?« Viele haben sich lustig gemacht. Ist ja auch komisch, wenn eine, die keine Dreißig ist, ein Buch über sich selbst schreibt.

Was es bringen soll? Warten Sie es ab!

Bei meinem Eintritt in die PDS ahnte ich nicht, daß mein weiteres Leben so anders verlaufen würde als das der meisten anderen in meinem Alter. Ohne Parteieintritt und ohne die Funktionen, in die ich bald in der PDS gewählt worden bin, wäre niemand auf die Idee gekommen, mir vorzuschlagen, doch mal über ein eigenes Buch nachzudenken. Das ist natürlich ein Privileg. Es gibt viele Menschen, die interessante Bücher über ihr Leben, die Geschichte oder Romane schreiben könnten, für die sich aber kein Verlag interessiert.

Und doch: Kein Lektor nimmt mir den Bammel ab am Anfang dieser Reise in Vergangenheit, Gegenwart und Zukunft. Kein gutes Zureden erspart mir Selbstzweifel oder verringert meine Hochachtung vor Literatur. Aber ich habe die einmalige Möglichkeit, alles das aufzuschreiben, was mir in den letzten Jahren durch den Kopf gegangen ist oder immer noch geht. Aufzuschreiben, was ich erlebt habe. Welche Fragen ich habe, auf welche ich Antworten gefunden habe und auf welche nicht. Ich will vor allem die spannenden Jahre seit der von vielen nur als »Wende« bezeichneten Revolution passieren lassen. Ich möchte herausfinden, was sie mir und auch der PDS gebracht hat. Ich habe viel lernen müssen und einiges gelernt. Man muß nicht unbedingt ertrinken, wenn man ins Wasser geworfen wird, ohne vorher Schwimmen gelernt zu haben. Aber es ist schwer, nicht unterzugehen.

Ich habe viele interessante Menschen getroffen und Einblicke erhalten in einem Alter, in dem sie den meisten Menschen verwehrt bleiben. Vielen sogar ihr ganzes Leben lang. Trotzdem habe ich das meiste noch vor mir, wie auch immer es weitergehen wird.

Zoff in der FDJ

Ich habe lange darüber nachgedacht, wie ich das erste Kapitel beginnen soll. Ich fange einfach mit dem 3. September 1971 an, dem Tag meiner Geburt. Das ist, zugegeben, wenig originell.

Als ich an diesem Tag in Ludwigslust in der DDR (Bezirk Schwerin, heute Mecklenburg-Vorpommern) geboren wurde, hatte meine Mutter 24 Stunden in den Wehen gelegen. Eine Fehlplanung kommt selten allein, und das war auch in diesem Fall so. Denn ich sollte eigentlich ein Andreas werden. Aber wie so oft im Leben gehen nicht alle Wünsche in Erfüllung, und ein Mädchen kam zur Welt. Ein neuer Name mußte gesucht werden. Den fand meine Mutter, als sie im Krankenbett das »Neue Deutschland« las. Darin stand etwas über die US-amerikanische Kommunistin Angela Davis, die damals zu Unrecht des Mordes angeklagt war. Die ganze kommunistische Weltbewegung kämpfte für Angela Davis, und ich kriegte ihren Namen. Es hätte schlechter kommen können.

Zum Zeitpunkt meiner Geburt war mein Vater in Dresden und schrieb sich für sein Ingenieurstudium ein. Meine Mutter studierte Pädagogik in Zwickau. Als sie 1974 fertig war, zogen wir nach Greifswald. Mein Vater arbeitete später im dortigen Atomkraftwerk. (Auch wenn es manchen AtomkraftgegnerInnen ein Dorn im Auge sein sollte: Ich freute mich, wenn ich ihn dort besuchen durfte. Als mildernder Umstand sollte aber anerkannt werden, daß ich damals drei, vier Jahre alt war.)

Mein Vater war auch oft in Berlin auf Montage und baute am Palast der Republik mit. Von meinem Vater hatte ich nie viel, auch wenn er nicht auf Montage war. Ich glaube, er wollte das Kind damals nicht und hat meine Mutter mit mir und all der Arbeit, die ich verursachte, allein gelassen. Ich war ihm damals wohl ziemlich egal. Die Ehe zwischen meinem Vater und meiner Mutter wurde 1979 geschieden. Ich wuchs danach bei meiner Mutter auf.

Aber das war in der DDR nichts Ungewöhnliches. Meine Kindheit verlief auch sonst typisch. Ich wurde in der ersten Klasse Jungpionier, trat also in die DDR-Kinderorganisation ein, und konnte es ab der siebten Klasse kaum erwarten, das Hemd der Freien Deutschen Jugend (FDJ), der SED-Jugendorganisation, tragen zu dürfen. Ich war nach der Einschulung für kurze Zeit stellvertretende Gruppenratsvorsitzende, saß also im Vorstand der Pioniergruppe meiner Klasse. Mit sonstigen »gesellschaftlichen Funktionen« kann ich nicht glänzen. Natürlich war ich Mitglied der Gesellschaft für Deutsch-Sowjetische Freundschaft (DSF) und im Deutschen Turn- und Sportbund (DTSB). Stolz trug ich das »Abzeichen für Gutes Wissen« und die »Goldene Eins«. Ersteres bekam man für gute schulische Leistungen und gesellschaftliches Engagement und letzteres für gute Kenntnisse im Straßenverkehr.

Ich habe mich damals und viele Jahre danach nicht sonderlich für Politik interessiert. Politik war gleichbedeutend mit SED. Meine Eltern haben mein politisches Interesse nicht gefördert und nicht von mir erwartet, die SED-Mitgliedschaft zu beantragen, sobald ich achtzehn Jahre alt war. Meine Mutter war zwar in der Partei. Es ist aber fraglich, ob sie sich darin wohl gefühlt hat. Jedenfalls mußte sie zwei Parteiverfahren über sich ergehen lassen.

Ich war schon alt genug, um mitzuerleben, wie die eigenen Genossen meine Mutter wegen Lappalien abstraften. Ein Beispiel: In einem Ferienlager hatte meine Mutter einen DKP-Mann aus Hamburg kennengelernt. Diese Freundschaft hielt auch über das Ferienlager hinaus. Er war Sozialkundelehrer mit Berufsverbot in der Bundesrepublik. Zu diesem Zeitpunkt war meine Mutter Staatsbürgerkundelehrerin. Er brachte ihr Bücher mit, die in der Bundesrepublik im Sozialkundeunterricht verwendet wurden, um ihr zu zeigen, wie junge Menschen in der BRD mit ihrem Staat vertraut gemacht wurden. Sie nahm die Bücher mit zu ihren SchülerInnen. Aber nicht weil sie mit ihrem Inhalt übereinstimmte, sondern zur

Abschreckung. Sie wollte am praktischen Beispiel zeigen, wie junge Leute in der BRD im Schulunterricht vom Kapitalismus verblendet würden. Wenn das nicht im Sinn des Sozialismus war, was dann?

Das sollte ihr aber zum Verhängnis werden. Sie wurde vor die Parteileitung zitiert, mit dem Ergebnis, daß sie ein Jahr lang keinen Staatsbürgerkundeunterricht mehr geben durfte, obwohl sie bei ihren SchülerInnen sehr angesehen war. Alle Erklärungen und Rechtfertigungen waren sinnlos, und das bestimmt von Anfang an. Wurde mensch erst einmal vor die Parteileitung zitiert, stand das Urteil schon fest. Sie hatte im Unterricht Westliteratur benutzt, und damit basta!

Spätestens seitdem war SED für mich gleichbedeutend mit Intoleranz, mit der Unfähigkeit, andere Ideen zu akzeptieren, selbst wenn sie im Interesse der DDR waren. Die Partei forderte unbedingten Gehorsam und ließ ihre Politik nicht in Frage stellen, sie verlangte monotone Einheit statt lebendiger Vielfalt. Und sie beanspruchte, das ganze Leben ihrer Mitglieder zu kontrollieren.

Meine Mutter erhielt ein Berufsverbot im kleinen. Ich fand das Vorgehen der Parteileitung empörend. Nein, mit Politik wollte ich nichts zu tun haben – bis ich viel später begriff, daß es nicht nur diese Politik gab. Irgendwann sagte ich meiner Mutter, daß ich nie in die SED eintreten wolle. Sie sah mich an, und ihre Augen drückten viel Verständnis aus. Aber sie hatte Einwände. Ich war schließlich Offiziersbewerberin der NVA. Offiziere waren fast ausnahmslos SED-Mitglieder, und vielleicht sei trotz meines Widerwillens der Parteieintritt nicht zu umgehen, wenn ich meinen Berufswunsch weiter verfolgen wolle.

Für mich aber zählte die Parteizugehörigkeit nicht zu den Qualifikationsmerkmalen eines Berufsoffiziers. Meine Mutter gab mir zwar recht, sie dachte aber vor allem an die Schwierigkeiten, die sich für mich ergeben könnten, wenn ich nicht SED-Mitglied würde. So hatten wir die gleiche Meinung und waren uns doch nicht einig, wie wir mit der Sache umgehen sollten. Meine Mutter hat meine Entscheidung aber verstanden und akzeptiert. Mir war vor allem wichtig, daß ich mit ihr über solche Fragen sprechen konnte.

Viel mehr als die SED bewegte mich damals jedoch mein Ziel, Weltmeisterin im Judo zu werden. Deshalb sprachen meine Mutter und ich selten über Politik. Manchmal haben wir darüber diskutiert, warum sie in der SED blieb. Ich empfand es als inkonsequent, daß sie in der Partei unglücklich war und trotzdem nicht austrat. Aber sie wollte die Partei von innen verändern. Diese Idee war allerdings zum Scheitern verurteilt, denn die meisten Genossen in der SED hätten das nicht zugelassen. Es war ja keineswegs nur die Parteiführung verknöchert und unbelehrbar. Dennoch habe ich immer wieder Leute getroffen, die die Partei von innen verändern wollten (oder wenigstens nach der Revolution 1989 ihre SED-Mitgliedschaft damit begründet haben). Ein guter Freund von mir ist aus diesem Grund sogar noch 1989 in die Partei eingetreten. Aber trotz Gorbatschow war in großen Teilen der SED nicht der Wille erkennbar, die stalinistischen Verkrustungen aufzubrechen. Und bis heute habe ich nur wenige ältere Menschen in der PDS getroffen, die bereit sind, zu sagen, daß sie Schuld auf sich geladen haben. Mein Opa gehört zu ihnen.

Aber zurück zur Chronik der Ereignisse. Mitte der achtziger Jahre, als Michail Gorbatschow Parteichef in Moskau geworden war, wurden die Diskussionen im Staatsbürgerkundeunterricht offener und toleranter. Fragen nach Demokratisierung und Öffnung von Strukturen kamen auf. Auch wenn sich grundsätzlich nichts änderte, verliefen Diskussionen nun manchmal anders als zuvor. Vielleicht wollte man den SchülerInnen die Möglichkeit geben, hin und wieder Luft abzulassen. Obwohl ich der Volksbildungsministerin Margot Honekker solche ideologische Flexibilität nicht zutraue. Vielleicht hatten auch nur einige Lehrer ein bißchen mehr Mut gefaßt, und die Obrigkeit ließ es zu, so, wie sie ja nun auch vieles andere durchgehen ließ, was in den siebziger Jahren noch streng verpönt gewesen war. Aber natürlich hatte die ideologische Beweglichkeit der Pädagogen ihre Grenzen, und es zeigte sich immer wieder, daß das DDR-Bildungssystem ein Hort des Konservatismus war.

Auch in der FDJ nahmen wir in dieser Zeit vieles nicht mehr ernst. Pflichtveranstaltungen wie der Fahnenappell wurden besucht, und der Rest war uns oft ganz egal. Ich erinnere mich, daß wir zum Beispiel im Sommer den Kragen von unseren FDJ-Hemden lösten und ihn morgens in den Pullover steckten. Das hatte den Vorteil, daß man das Hemd nicht den ganzen Tag lang tragen mußte und es einem nicht so warm wurde. Wenn man daran denkt, welches Tamtam die FDJ-Begründer dereinst um das blaue Hemd gemacht hatten, wird deutlich, daß viele aus meiner Generation die Dinge doch erheblich lässiger sahen.

Wie bei anderen Dingen in der DDR ist auch im Fall der FDJ eine einmal vielleicht nicht nur schlechte Absicht völlig verkommen. Eigentlich keine schlechte Idee, Jugendlichen eine Heimat zu bieten. Aber als »Kampfreserve« der SED? Gewiß, heute sehe ich das anders als damals. Ich wollte das FDJ-Hemd anziehen, weil es zeigte, daß ich kein Kind mehr war. Pioniere waren Kinder, FDJler aber Jugendliche, die man schon ein bißchen ernster nehmen mußte.

Und doch gingen mir schon damals ein paar Fragen durch den Kopf. Warum etwa veranstalteten auch wir Fackelmärsche wie die Hitlerjugend im Dritten Reich? Auch wenn einige Leser nun protestieren, ich solle doch die DDR und den Hitlerfaschismus nicht vergleichen. Darum geht es mir nicht. Aber war es richtig, auf die gleichen Rituale zurückzugreifen wie die Nazis? Ich denke nicht. Denn Rituale sagen viel über Inhalte aus.

Die SED erfreute sich solcher pathetischen Fackelmarschhuldigungen einmal im Jahr. Die FDJ war nicht eigenständig, sondern bekam ihre Direktiven von der Partei. Die Jugend wurde nicht zu Unabhängigkeit ermutigt, sondern als Nachwuchskaderreservoir mißbraucht. Angeblich lebten junge Leute glücklich und geborgen in der DDR, aber das waren Propagandaphrasen. Selbständigkeit und Kreativität wurden weitgehend unterdrückt, sie hätten ja auch gefährlich werden können. Die Freie Deutsche Jugend stand zum Schluß auch für Starrheit, alte Männer, Unterordnung, Zwang und verordnete Rituale.

Ich nahm das alles hin. Es wäre mir damals nie in den Sinn gekommen, etwas zu verändern. Wie auch, man hätte sowieso keine Chance gehabt.

Das ist mir bei einer »Wahl« innerhalb unserer FDJ-Gruppe an der Schule bewußt geworden. Wir waren noch in der 10. Klasse, aber es stand schon fest, wer zur Erweiterten Oberschule (EOS) gehen würde. Bei uns betraf es fast das gesamte »Klassenkollektiv«. Wir waren ja die Russischklasse, da kam es öfter vor, daß fast alle auf die EOS kamen. Ich besuchte ab der dritten Klasse eine Schule mit erweitertem Russischunterricht. In dieser Fremdsprache machten wir schon mit dem Abschluß der 10. Klasse das Abitur.

Kurz vor der Versetzung erfuhren wir, daß die Parteileitung bereits bestimmt hatte, daß ein Mädchen aus unserer Klasse FDJ-Sekretärin, also Leiterin der FDJ-Grundorganisation, an der EOS werden würde. Moment mal, dachte ich, sie muß doch gewählt werden! Das kann doch nicht einfach irgend jemand im Vorfeld über unsere Köpfe hinweg entscheiden. War ich nicht naiv?! Na ja, jedenfalls regte ich mich darüber ziemlich auf.

LehrerInnen und MitschülerInnen versuchten, mich zu besänftigen. Ich wisse doch, wie so etwas laufe, und es sei sinnlos, deswegen Theater zu machen. Wie sinnlos es war, merkte ich dann später, als in der elften Klasse »gewählt« wurde. Gerade zwei Gegenstimmen gab es, obwohl es viele störte, was da stattfand. Für mich aber war es wichtig, mit Nein zu stimmen, meine Meinung auszudrücken, auch wenn es an der Lage nichts ändern konnte.

Ich muß aber zugeben, daß ich mich über diesen undemokratischen Akt öffentlich nicht mehr äußerte. Am fehlenden Mut und am Mangel an Bereitschaft, öffentlich zu widersprechen, krankte das ganze System. Zu wenige haben ihre Einwände deutlich genug formuliert, aus welchen Gründen auch immer. Ich wollte nicht auffallen und bin eigentlich ein harmoniesüchtiger Mensch. Das hat dazu beigetragen, daß ich den Streit über die Pseudowahl nicht ausgetragen habe. Aber was für Gründe mir dazu auch immer einfallen, es war falsch. Wer schweigt, stimmt zu. Dieses und andere Erlebnisse sind mir eine Lehre bis heute. Ich möchte meine Meinung nicht mehr verstecken und es eher riskieren, daß es ordentlich Krach gibt.

Aber ich bin schon wieder abgeschweift.

Ich entschied mich schon in der dritten Klasse, Offizier der NVA zu werden. Ich hatte nämlich zwei Dinge recht schnell mitbekommen. Außerhalb der Kinder- und Jugendsportschulen (KJS) konnte ich nur in der NVA sportlich etwas werden, weil Soldaten im Sport gefördert wurden. Mein Sport war für mich wichtig. Durch ihn kam ich herum, und ich lernte eigene Grenzen kennen. Sport war ein Stück Freiheit. War ich im Sport erfolgreich, verlief mein Leben nicht mehr so monoton. Dann konnte ich auf eine ganz eigene Art anders sein als die anderen. Dann ging ich nicht im Alltag unter. Hinzu kam: Ich war eher verschlossen und fand im Judo einen Weg, Wut und Frust abzubauen. Erst heute weiß ich, daß dies die Gründe für meinen sportlichen Ehrgeiz waren.

Ich trainierte mal sehr hart, mal lustlos und unregelmäßig. Das wichtigste jedoch war, daß ich mich völlig verausgaben konnte und so aus mir herauskam, egal ob im Kampf oder im Training. Beim Judo war ich ein anderer Mensch. Hier zählte nicht, was einer mir vorschrieb, sondern was ich selbst zu geben bereit war. Es waren meine Fehler, und ich mußte sie selbst korrigieren. Mich reizte die eigene Verantwortung für Sieg und Niederlage, wie es sie im Alltag der DDR sonst so nicht gab.

Es gab weitere Gründe, warum ich zur NVA wollte. Ich interessierte mich zum Beispiel für Nachrichtenelektronik, war auch in einer entsprechenden Arbeitsgemeinschaft und war als Funker ausgebildet. Die beste und interessanteste Funktechnik gab es bei der Armee, so hatte ich erfahren.

Viele ältere GenossInnen werden mich als selbstsüchtig schelten, aber ich hatte keine heroischen Gründe, zur NVA zu gehen. Ich wollte meine Träume von einer Karriere im Sport und von Action im Leben auf diesem Weg verwirklichen, und sonst nichts. Ohne auch nur zu ahnen, daß ich mir damit die größtmögliche Unfreiheit eingehandelt hätte. Aber aus meinem Traum sollte glücklicherweise nichts werden.

Und das ging so: Ich bewarb mich bei der NVA und wurde zu einem Vorstellungsgespräch ins Greifswalder Wehrkreiskommando geladen. Hoch motiviert, im Glauben, jetzt am Anfang meiner Sportkarriere und eines interessanten Lebens zu stehen, trat ich zu meinem Bewerbungsgespräch an. Ich sagte dem Offizier, daß ich gerne Sportoffizier würde. Das gehe aber nicht, sagte gleich der Uniformträger. Warum? fragte ich und bekam zur Antwort, daß es keine weiblichen Sportoffiziere in »unserer Volksarmee« gebe. Ich war überrascht. Hieß es denn nicht immer und überall, daß die Frau im Sozialismus nicht mehr benachteiligt würde? Ich wollte es genauer wissen. Es sei nicht möglich, daß Frauen Männer im Fach Sport ausbildeten, erklärte der Offizier. Ich kapierte gar nichts. Gab es denn nicht auch Frauen in der NVA, die in Sport ausgebildet werden müßten? Ja schon, aber das würden auch Männer machen. Ich fand die Erklärungen dubios und dürftig und wollte wissen, was denn nun eigentlich das Problem sei. Die Antwort: »Stell dir einmal vor, du würdest verlangen, daß die männlichen Soldaten vierzig Liegestütze machen, und sie könnten das nicht!«

»Na und, dazu bin ich doch da, es ihnen beizubringen«, erwiderte ich im vollen Bewußtsein, daß ich natürlich locker vierzig Liegestütze hinkriegte.

»Nein, das geht nicht, das würde die Moral der Truppe zersetzen, wenn eine Frau mehr kann als die Männer.« Und so weiter und so fort.

Schließlich gab ich auf. Sie wollten mich nicht als Sportoffizier. Statt dessen sollte ich Politoffizier werden, aber das kam für mich nicht in Frage. Das hätte nämlich bedeutet, in die SED einzutreten. Und so wurde aus mir ein Berufsoffiziersbewerber (BOB) für Nachrichtenelektronik, in der Annahme, auf diese Weise die Parteimitgliedschaft vielleicht doch umgehen zu können.

Das war natürlich naiv. Nun wollte ich also Weltmeisterin im Judo und Nachrichtenelektronikerin werden. Beides gleichzeitig und beides in der NVA. Erst 1988 nahm ich Abschied von der Illusion, eigene Wünsche in dieser Armee durchsetzen zu können. Ich wurde allmählich erwachsen und machte mir tiefergehende Gedanken über meinen zukünftigen Lebensweg. Irgendwann wurde mir klar, daß es in einer Armee autoritär zugeht, daß eigene Meinungen nicht gefragt sind, und schon gar nicht die Andersdenkender.

Mit fast sechzehn packte ich meine Sachen und zog von zu Hause aus. Genauer gesagt, ging meine Mutter gemeinsam mit ihrem neuen Lebenspartner nach Frankfurt (Oder). Michael war Chorsänger am Theater in Greifswald und bekam das Angebot, beim Frankfurter Bezirkstheater anzuheuern. Das bedeutete, in der Nähe von Berlin zu wohnen, und es eröffneten sich neue Aufstiegsmöglichkeiten. Grund genug also, Greifswald zu verlassen.

Ich aber wollte nicht mit. Die Klasse, mein Sport und die Freunde gaben mir ein Gefühl von Sicherheit, das ich nicht verlieren wollte. Nach einigen Diskussionen akzeptierte meine Mutter, daß es für mich besser sein könnte, nicht mit umzuziehen. Meine Mutter hat immer Wert darauf gelegt, daß ich möglichst viel selbst entschied. Ich mußte aber auch die Folgen meiner Entschlüsse akzeptieren. Ich hatte ihr immer wieder vorgeworfen, daß sie mich in der dritten Klasse nicht nach Rostock hatte gehen lassen, wo ein Trainingszentrum eine sehr gute Judoausbildung bot. Ich hätte mich dort viel schneller entwickeln können in meinem Sport. Ich hätte allerdings in einem Internat wohnen müssen und wäre nur am Wochenende zu Hause gewesen. Meiner Mutter erschien es zu früh. Sie war selbst einmal Sportlerin gewesen, bis ein Unfall dieser Laufbahn ein Ende setzte. Diese schreckliche Erfahrung hatte sie auch im Hinterkopf, als sie mich nicht nach Rostock gehen ließ.

Aber diesmal, als sie wegzog, nahm sie es schweren Herzens hin, daß ich in Greifswald blieb. Das war nicht nur angenehm für mich. Denn nun mußte ich alles selbst entscheiden, nichts war es mehr mit »Mutti, kannste mal, oder Mutti, haste mal«.

Aber wo sollte ich wohnen? Meine Mutter versuchte händeringend einen Internatsplatz für mich zu finden, jedoch ohne Erfolg. Das städtische Jugendamt nahm meinen Wunsch nicht ernst und schlug zur Abschreckung vor, mich in einem Kinderheim unterzubringen. Damit war ich natürlich nicht einverstanden. Ich war keine Waise, was also sollte ich in einem Kinderheim? Der Tag des Umzugs rückte näher, und ich hatte immer noch keine Bleibe. Also taten wir etwas, was ehemaligen DDR-BürgerInnen ganz unglaubhaft vorkommen muß. Wir räumten unsere Wohnung aus, nur mein Zimmer nicht, und auch in der Küche blieben Stuhl, Tisch, Geschirr und Besteck. Nun wohnte ich allein in unserer Vierraumwohnung, ging zur Schule und zum Training und genoß die doch etwas unheimliche Freiheit.

Diese Existenz war schon komisch, und sie konnte natürlich nicht lange dauern. Irgendwann und irgendwo wurde ich nach meiner Bleibe gefragt, und dann sagte sich auch schon das Jugendamt an. Gerade eine Party, an meinem sechzehnten

Geburtstag, konnte ich feiern, und dann war es aus mit der Herrlichkeit. Meine Mutter und ich fühlten uns unschuldig, hatten wir doch rechtzeitig versucht, einen Internatsplatz zu bekommen. Der ließ nun nicht mehr auf sich warten. Plötzlich, noch vor meiner Versetzung in die elfte Klasse, war es möglich, in das Internat der EOS einzuziehen. Das war im Oktober 1987. Warum denn nicht gleich so?

Was mich nun erwartete, waren Vorschriften über Vorschriften. Selbst die Hausaufgaben mußte man zu einer festgelegten Zeit machen, zwischen 15 und 17 Uhr. Zu Hause durfte ich mich dieser lästigen Mühe immer dann unterziehen, wenn mein Gehirn nach der Schule dazu wieder in der Lage war. So unflexible, verknöcherte Menschen wie in dieser Internatsleitung habe ich selten erlebt. Mir fiel das besonders auf, wenn ich mich an meine Besuche bei meinem Stiefvater im Theater erinnerte, wo ich ein viel spontaneres Miteinander erlebt hatte als im Internat. Immer mußte man Angst haben, nicht bei Dingen erwischt zu werden, die doch für junge Leute normal sind.

Man will sich ausprobieren, allein sein und sich über eigene Entscheidungen mit der jeweiligen Autorität auseinandersetzen, so, wie ich es von zu Hause kannte. Die Internatsleitung bemühte sich nicht einmal, Konflikte verständnisvoll zu lösen, sondern befahl einfach, was wir zu tun hatten. »Du mußt«, »du darfst nicht«, »wir lassen nicht zu, daß ...« waren ihre häufigsten Redewendungen. Die Elite von morgen sollte ordentlich auf ihre Rolle im sozialistischen Staat vorbereitet werden. Gehorsam gegenüber der Obrigkeit stand an erster Stelle. Gewiß war nicht alles falsch, was man uns beibrachte. Aber warum taten unsere Lehrer es im Kasernenhofstil?

Noch heute erinnere ich mich an meinen achtzehnten Geburtstag. Obwohl Alkohol streng verboten war, hatte ich mir nichts dabei gedacht, als nun endlich Volljährige meinen FreundInnen auf unserem Zimmer ein Gläschen »Eselsmilch« auszugeben; so hieß eine Weißweinsorte. Kein Saufgelage, sondern drei, vier Schluck pro Kopf. Aber es kam, wie es kommen mußte. Die Tür ging auf, und der Internatsleiter erschien. Mit großem Gezeter entriß er uns die Weinflasche und goß ihren Inhalt ins Waschbecken. In den Schränken und unter den Betten suchte er erfolglos nach weiteren Flaschen. Schließlich ordnete er sofortige Nachtruhe an und verließ schnaubend den Schlafraum mit der unheilverkündenden Bemerkung: »Das wird ein Nachspiel haben!«

Am nächsten Tag sollten wir alle eine schriftliche Stellungnahme zu unserem nächtlichen Umtrunk schreiben. Ich fand es höchst albern, mich für zwei Schlückchen Wein schriftlich entschuldigen zu müssen. Ich schrieb also, daß ich mir keiner Schuld bewußt sei.

Es gab einen Riesenkrach. »Unmögliches Verhalten« und »Verweigerung gegenüber dem Internatsleiter« wurden mir vorgeworfen, und ich durfte meine Sünden mit Hausarrest büßen; ich weiß nicht mehr, wie lange er dauerte. Er war auch nicht ganz durchzusetzen. Denn meinen schulischen und sportlichen Verpflichtungen durfte ich natürlich weiter nachkommen.

Der Sport half mir auch sonst immer mal wieder, mir kleine Freiheiten zu erlügen. Ich erklärte einfach, daß mein Training länger dauere, als es wirklich dauerte. So konnte ich mir mehr Ausgang vom Internat organisieren, als mir eigentlich zugestanden hätte. Ich fuhr dann stundenlang mit meinem Fahrrad durch die Stadt, genoß meine Freiheit, besuchte Freunde oder blieb einfach länger in der Judohalle. Dies waren die Momente, in denen ich mich erholte von einer Welt, in der ich mich mies fühlte, obwohl ich sie mir ja selbst ausgesucht hatte. Alle meine Verwandten, FreundInnen und Bekannten hatten gesagt, daß ich es nicht schaffen würde, so früh ohne meine Mutter auszukommen, und ich wollte es allen beweisen. Das gelang mir, auch weil ich immer Wege fand, mir mit Kompromissen und kleinen Lügen wenigstens einen Teil der eigenen Welt zu erhalten.

1990, kurz vor dem Ende der DDR, machte ich mein Abitur. Danach begann für mich die große Suche.

Bürgerbewegt

Was in Leipzig die »Montagsdemonstrationen« waren, fand in Greifswald am Mittwoch statt. Aber erst ein paar Zeilen über die Vorgeschichte.

Meine erste Zimmergenossin im Internat, Johanna*, kam aus einer Pfarrersfamilie aus Greifswald. Sie können sich vielleicht vorstellen, daß unsere Gespräche manchmal recht lustig waren – sie Pastorentochter und ich Offiziersbewerberin. Aber wir fanden doch einen Draht zueinander. Ich bin sogar einmal mit zu ihr nach Hause gegangen und habe mit der ganzen Pastorenfamilie Kaffee getrunken.

Bis heute bin ich Johanna dankbar für die Gespräche, die wir damals geführt haben. Ich weiß nicht, was sie heute macht, nach dem Abitur ist unser Kontakt leider abgerissen. Sie erweckte in mir das Interesse an den Diskussionen in der ESG, die in der Jacobikirche stattfanden. Seit 1988 besuchte ich diese Veranstaltungen regelmäßig, und ich kam ins Grübeln, auch über meinen damaligen Berufswunsch. Ich hatte zuvor keine Berührung mit der Kirche oder ihren Einrichtungen gehabt. Zur ESG ging ich jedoch ohne Johanna. Sie gehörte nicht dazu, sondern hatte mir nur von den Treffen erzählt. Mit Spannung verfolgte ich die Debatten dort. Bei diesen Veranstaltungen trafen so unterschiedliche Jugendliche und politische Meinungen aufeinander, wie ich es von der EOS nicht kannte.

Wie auch, wurde doch genau aufgepaßt, wer die EOS besuchen durfte. Und da kam es nicht nur auf Leistung an, sondern auch auf Loyalität gegenüber der SED. Diese Ausgrenzung zerstörte in vielen Fällen Lebensplanungen und -perspektiven. Wer nicht war wie fast alle anderen, sollte auch nicht bekommen, was er wollte. Ein Beispiel: Der Bruder einer Freundin

* Name geändert.

hatte die zehnte Klasse mit Auszeichnung abgeschlossen und wollte auf die Oberschule, um das Abitur zu machen. Aber seine Mutter war Kirchenangestellte, und sein Bruder hatte einen Ausreiseantrag gestellt. Deshalb durfte er nicht auf die EOS. Es wurde nach dem Prinzip der Sippenhaftung verfahren. Auf die EOS durfte statt dessen die Tochter eines linientreuen Professors, trotz eines viel schlechteren Abschlusses.

Ich möchte nicht wissen, wie vielen jungen begabten Menschen in der DDR auf diese Art und Weise die Zukunft verbaut wurde. Angesichts dieses ideologischen Auswahlverfahrens wundert es einen nicht, daß man auf der EOS nicht so wahnsinnig viele unterschiedliche politische Positionen kennenlernte.

Ach so, damit Sie mich nicht falsch verstehen. Diese Kritik konnte ich damals so noch nicht formulieren. Und ich gehörte natürlich zu diesen privilegierten AbiturientInnen. Ich hatte die 10. Klasse auch nicht mit Auszeichnung bestanden, aber als Offiziersbewerberin ...

In der ESG traf ich nun solche, denen das Abitur verweigert wurde (zum Beispiel Theologiestudenten), und auch solche, die über Beziehungen den begehrten Platz auf der EOS bekommen hatten. An einem Abend wurde darüber diskutiert, ob nicht auch die Kirche das Recht haben müsse, eigene Jugendgruppen aufzubauen, also genauso für christliche Jugendliche in den Schulen tätig zu sein, wie es die FDJ für atheistische Jugendliche war. Kirche in der Schule – das war für mich zunächst genauso unvorstellbar, wie nach Amerika zu fliegen.

Man sprach an diesem Abend in der ESG auch über den Dogmatismus von SED und FDJ im Staatsbürgerkundeunterricht, die Diffamierung und Ausgrenzung Jugendlicher aus christlichen Elternhäusern und die Uniformiertheit der FDJ. Die VertreterInnen der FDJ, die zur Diskussion eingeladen worden waren, hatten gut zu tun, diese und andere Vorwürfe zu entkräften. Überzeugen konnten sie die wenigsten.

In der Nacht nach dieser Diskussion, als ich im Bett lag, lief in meinem Kopf alles durcheinander. Schließlich war ich Mitglied der Organisation, die so am Pranger gestanden hatte. Ja, ich hatte es kaum erwarten können, Mitglied zu werden. Und nun hörte ich Themen und Thesen, über die ich mir bis zu diesem Zeitpunkt keine Gedanken gemacht hatte. Bittere Wahrheiten, die mich nach 1989 einholten und erschrecken ließen – auch über mich selbst. Es war für mich allerdings vieles unvorstellbar von dem, was nach der Wende ans Tageslicht kam. Und in diesem Land hatte ich NVA-Offizier werden wollen!

Von nun an ging ich häufiger zur ESG. So erlebte ich im Herbst 1989, wie die ersten Demonstrationen in Greifswald von Kirchenveranstaltungen ausgingen. Bei fast allen war ich dabei. In der EOS wurde damals gefragt, wer an diesen Protesten teilnehme. In meiner Klasse meldete sich außer mir nur noch ein Mitschüler. Ich sah mich um, bekam ein schlechtes Gewissen und kann bis heute nicht erklären, warum. Fand ich doch richtig, was gerade vor sich ging. Ich sah es als Aufbruch aus jahrelanger Lethargie, aus Konservatismus, Duckmäusertum und Schweigen. Diese erlebte ich zwar nicht zu Hause, aber sonst fast überall im Kleinen und im Großen. Der Alltagstrott wurde nun endlich durchbrochen von Spontaneität und tiefgreifenden, tabufreien Diskussionen. Auf einmal wurde der Staatsbürgerkundeunterricht in der Schule spannend, und die bis dahin unumstößlichen Regeln im Internat konnten in Frage gestellt werden. Jeder Tag war aufregend, und irgendwie bekam Zukunft einen Inhalt. Diskussionsthemen und Argumente, die man früher als Spinnerei abgetan hätte, schienen nun mit der Realität zu tun zu haben. Ich wollte mitmachen. Nichts verpassen. Vor allem dieses Gefühl trieb mich, und wohl auch andere, voran.

Aber eines habe ich dann doch verpaßt: die Maueröffnung am 9. November 1989. Im Internat war um 22 Uhr Nachtruhe. Rundgänge des Nachtwächters verhinderten, daß wir sie umgingen. Ich war zwar schon neunzehn Jahre alt, aber auch ich mußte mich noch daran halten. Fernsehen und Radio waren während der Nachtruhe verboten, trotz der turbulenten Zeiten. Und so verschliefen wir buchstäblich einen historischen Augenblick. Wir erfuhren von der Maueröffnung erst am nächsten Morgen, als schon Tausende DDR-Bürger die Nacht in Westberlin verbracht hatten.

Natürlich hatte ich von alldem nichts geahnt, als ich mich einige Tage zuvor für den 10. November mit meinem Vater in Berlin verabredet hatte. Auf dem Greifswalder Bahnhof war die Hölle los. Ich stieg in einen völlig überfüllten Zug, froh, einen Stehplatz bekommen zu haben. Alle wollten nach Westberlin, ich zu meinem Vater. Wir hatten Mühe, uns am Hauptbahnhof zu finden. So viele Menschen auf einmal hatte ich bisher nur im Fernsehen bei irgendwelchen Großveranstaltungen gesehen.

Mein Vater fragte mich, ob ich Lust hätte, mit »rüber« zu kommen. Seine neue Frau habe dort Verwandte, die sie besuchen wollten. Klar, warum nicht? So gingen wir also am Abend über die Grenze am Bahnhof Friedrichstraße, dem größten und wichtigsten Grenzübergang in Berlin. In Westberlin angekommen, fielen wir uns spontan in die Arme. Ganz automatisch wurde auch ich von dieser Stimmung angesteckt, und so umarmten mein Vater und ich uns zum erstenmal seit vielen Jahren wieder. Am Bahnhof hatten wir uns noch recht kühl die Hand gegeben. Die Stimmung all der Menschen um uns herum war nach Umarmung.

Ich fühlte mich komisch. Ich empfand keinen Jubel, daß die Mauer endlich weg war. Aber ich hatte sie auch nicht ständig vor der Nase gehabt. In meinem bisherigen Leben hatte sie kaum eine Rolle gespielt. Zu weit weg war die Greifswalder Provinz von Berlin. Auch wenn Sie das merkwürdig finden, ich erinnere mich nicht an Diskussionen über die Mauer, außer in den ESG-Veranstaltungen in der Kirche.

Damals war mir nicht bewußt, was dieser Tag in meinem Leben und im Leben vieler verändern würde. Ich war mit einem Mal mitten im Westen (ein Wessi würde mich jetzt natürlich berichtigen: nicht im Westen, sondern in Westberlin). Ich bestaunte die Dinge, die auf mich einströmten, kaum fähig, ein Wort zu sagen. Als eine Frau auf dem Ku'damm auf mich zukam, mir zur Freiheit gratulierte, einen Sticker mit der Aufschrift »Ich bin frei« in die Hand drückte und mich anlächelte, bedankte ich mich. Und im nächsten Augenblick verfiel ich aus einer bis dahin nicht gekannten Freude schon wieder in Sprachlosigkeit. Von einem Lkw wurde mir eine Tafel Milka-Schokolade zugeworfen: »Hier haste mal wat Jutes.« Ich dachte: Wieso Schokolade, die gibt es doch auch bei uns? Als noch ein Beutel Orangen hinterherflog, fühlte ich nur noch Erniedrigung. So hatte ich mir das nicht vorgestellt. Aber mein Vater rief mich, ich wurde abgelenkt, nur ein fahler Nachgeschmack ist geblieben. Der Geschmack der Freiheit sollte aber noch fahler werden, dazu später.

Immer wieder Menschen, die mich drückten, umarmten, Freudentaumel ohne Ende. Mir gelang es nicht, alle diese neuen Eindrücke zu verarbeiten. Wie ein kleines Kind lief ich von Schaufenster zu Schaufenster. Von den hundert Mark Begrüßungsgeld kaufte ich mir einen Walkman, bestieg mit meinen Verwandten den Europacenterturm und weiß noch, daß in der Glotze ein Porno lief, als ich völlig aufgewühlt und erschöpft auf dem Fußboden einer Westberliner Wohnung einschlief. Der Himmel über Berlin wurde gerade wieder hell.

Den Walkman benutze ich übrigens immer noch, eine Erinnerung an meinen ersten Ausflug in den Westen. Aber für die Herstellerfirma mache ich hier trotzdem keine Werbung.

Nach dieser Nacht in Westberlin blieb naive Freude über die Dinge, die auf mich eingeströmt waren, und ich war unfähig, auch nur einen Gedanken an den nächsten Tag zu verlieren. Und doch begann am Montag wieder die Schule, obwohl sich soviel in meinem Leben verändert hatte. Ich dachte damals, noch interessanter könne es nicht werden.

Ins Internat zurückgekehrt, wurde ich mit Fragen überhäuft. Aber ich war nicht imstande, sie zu beantworten. Zu kraß war der Unterschied zwischen Westberlin und dem öden Schulalltag, der nun wieder hereinbrach.

Im November 1989 fühlte ich mich als »Mitglied« des Neuen Forums, der wichtigsten oppositionellen Bürgerbewegung. Leute vom Neuen Forum organisierten die Demonstrationen, an denen auch ich teilnahm. Dazu gehörte, wer sich dazugehörig fühlte. So wie ich. Ich hatte nie meinen Beitritt erklärt, war aber in der »Wendezeit« immer überall dabei. Es gab keine Mitgliederlisten. Man konnte einfach sagen: Ich gehöre zum Neuen Forum, und dann war man »Mitglied«.

Natürlich gab es in den Bürgerrechtsgruppen die sogenannten Gründungsmitglieder, die schon vor der »Wende« unter größten Schwierigkeiten politisch tätig gewesen waren. Im Neuen Forum in Greifswald lernte ich damals unter anderem Hinrich Kuessner kennen, der dann im Dezember zur SDP ging und später Sozialminister in Mecklenburg-Vorpommern wurde.

Es ging alles drunter und drüber. Es machte mit, wer mitmachen wollte. Mir gefiel, was dort getan wurde, sowohl vor als auch kurz nach der Revolution. Wir trafen uns regelmäßig in den Räumen der Kirche, diskutierten, bereiteten Demonstrationen vor und sprachen über einzelne Schritte zu unserer neuen Gesellschaft, die wir aufbauen wollten.

In dieser Zeit entstanden viele neue Organisationen. Ich kapierte oft gar nicht mehr, wer nun zu wem gehörte. Ich entschloß mich, der Initiative zur Gründung der SDP in Greifswald zu folgen. Der damalige Studentenpfarrer der ESG, Arndt Noack, hatte dazu aufgerufen. Ihn kannte ich schon länger als ein Jahr und schätzte ihn sehr. Eine Mitgliedschaft in der SDP versprach Orientierung in wirren Verhältnissen. Die SDP war gegen die Diktatur der SED, für Demokratie und links. Ich hatte allerdings kaum Ahnung von Programm und Politik des westdeutschen Vorbilds, der SPD.

In der SDP wurde vor allem über das künftige Programm diskutiert. Dazu gab es schon Vorschläge aus Berlin, wo der Gründerkreis der Partei um Ibrahim Böhme saß, der später als Stasispitzel enttarnt werden sollte. In Schwante bei Berlin hatten Ende August 1989 Böhme, Martin Gutzeit, Markus Meckel und Arndt Noack eine Initiativgruppe zur Gründung einer sozialdemokratischen Partei ins Leben gerufen. Vor diesen Leuten und ihrem Mut ziehe ich auch heute noch den Hut, egal, wo immer sie mittlerweile gelandet sind.

Die Programmvorschläge aus Berlin sind an der Basis wohl fast überall übernommen worden. So auch in Greifswald, wo bei Rotwein und nach intensiver Diskussion über die Parteiziele die Ortsgruppe der SDP gegründet wurde.

An diesen Abend denke ich noch heute oft. Ich war mit einer Freundin zur Versammlung gefahren, damit ich nicht so allein war. Sie fand in Arndts Wohnung statt. Vielleicht zwanzig Leute kamen beim ESG-Pfarrer zusammen, meist ältere, die sich schon länger in der Bürgerbewegung engagiert hatten. Sie waren optimistisch, glaubten, ihren Zielen endlich näherzukommen. Die Stimmung hatte etwas Feierliches. Programmpunkte wurden verlesen und diskutiert. Das Programm der SDP klang ganz anders, viel aufregender als das, was ich zuvor kennengelernt hatte wie etwa Lenins dröge Schrift über die »Aufgaben der Jugendverbände«.

Bald beschäftigte sich die SDP auch mit dem Thema deutsche Vereinigung. Es wurde aber weniger über das Wie gesprochen, sondern fast nur darüber, daß die deutsche Einheit so schnell wie möglich vonstatten gehen sollte. Mir war das zu schnell. An einem Abend fragte ich, was denn »ökologisch orientierte Marktwirtschaft«, so, wie es im Programm stand, eigentlich heiße. Die lapidare Antwort lautete: »Das klären wir später, erst einmal kommt die Wiedervereinigung.« Diese Antwort fand ich enttäuschend dürftig. Als mir dann noch ans Herz gelegt wurde, eine SDP-Jugendgruppe in Greifswald zu gründen, suchte ich das Weite. Offenbar waren manchen in der SDP die politischen Inhalte ziemlich egal, wenn es nur auf die Vereinigung zusteuerte. Sie wollten Parteistrukturen schaffen, ohne zu wissen, was deren programmatische Grundlagen sein könnten. Und wie sollte ich, die ich keine Ahnung hatte, wie es weitergehen sollte, eine Jugendgruppe gründen?

Ich war für die deutsche Einheit, aber nicht so, nicht in dieser gedankenlosen Eile. Ich hatte den Eindruck, daß es die Leute in der SDP langweilte, über alternative Wege zur Einheit zu streiten. Aber waren wir nicht alle auf die Straße gegangen, um selbst über unsere Zukunft mitentscheiden zu können? Von diesem Anspruch aber verabschiedeten sich jene, die es am Ende Bonn überließen, den Fahrplan zur Einheit festzulegen. So hatte ich das SDP-Programm nicht verstanden.

Zentrale politische Entscheidungen wurden viel zu früh anderen überlassen. War es Ohnmacht, Hilflosigkeit? Wurde die SDP überrannt von den Ereignissen, oder täuschte sie sich selbst in dem Glauben, mit am Ball zu sein? So viele Ideen, so viel Engagement, so viel Spontaneität, so viel Euphorie, so viel eigene Zukunft und so viele Gestaltungsmöglichkeiten wurden in die Hände anderer, vermeintlich Besserer gelegt. Das konnte nicht gutgehen.

Mag sein, daß ich im Rückblick die Situation idealisiere, mir nur einbilde, daß wir die Chance zur Mitgestaltung hatten. Aber damals war ich überzeugt davon, daß es auch anders ging. Und daran glaube ich heute noch. Ich verstehe nicht, warum all die Ideen zur Demokratisierung der DDR, einer Konföderation mit der Bundesrepublik, einer neuen Verfassung fürs neue Deutschland usw. aufgegeben wurden. Und warum meine Partei sich schnellstmöglich von eigenen Prinzipien verabschiedete.

So endete mein Einstieg in die Parteipolitik mit dem Ausstieg. Wenn auch Parteipolitik damals in mancherlei Hinsicht anders aussah als heute. Ich hatte den Eindruck gewonnen, daß parteipolitische Interessen wichtiger waren als alles andere, ohne Rücksicht auf Verluste. Die SDP glaubte, für sich das Beste zu gewinnen, wenn sie im Mainstream mitschwamm. Viele DDR-Bürger wollten keine Experimente, sondern ganz schnell Bundesdeutsche werden. Damit, so hofften sie, wären alle Gefahren abgewendet. Ein schwerer Irrtum, wie sich in den »blühenden Landschaften« herausstellen sollte. Der Sog der D-Mark war aber stärker als der Verstand.

Ich empfand es als erniedrigend, wie sich die angeblich so selbstbewußt gewordenen Menschen der DDR in der Nacht zum 2. Juli 1990, dem Montag nach Inkrafttreten der Währungsunion, auf dem Alexanderplatz vor der Sparkasse fast gegenseitig erschlugen. Jeder wollte der erste sein am Bankschalter. Aber heute pfeifen viele Ostdeutsche finanziell aus dem letzten Loch, trotz D-Mark. Oder wegen ihrer übergangslosen Einführung?

Fassungslos habe ich in dieser Nacht vor meinem Fernsehgerät gesessen und mir die trostlosen Bilder angesehen. Waren das dieselben, die im Herbst 1989 mit auf die Straße gegangen waren und jetzt ihre gerade gewonnene Würde vor der Sparkasse wieder ablegten? Das kann ich nicht glauben. Die meisten von ihnen hatten damals wohl hinter den Gardinen gestanden, um angstvoll abzuwarten, was die Demonstrationen gegen die SED bringen würden.

So dachte damals nicht nur ich. Schon vor der wunderbaren Währungsunion hatten die Anti-Einheitsdemonstrationen begonnen. Auch aufgrund meiner Erfahrungen mit der SDP schloß ich mich ihnen an.

Ich entschied mich damals von heute auf morgen und plante nichts. Ich wurde hin und her geworfen und hatte meine Not, Orientierung zu finden. Zwischendurch versuchte ich es mal wieder bei den Bürgerbewegten. Wir sprachen nächtelang über die Vergangenheit und kamen zu keinem Ende, so, wie wir bis heute zu keinem Ende gekommen sind. Wahrscheinlich werden die Generationen, die die »Wende« mitgemacht haben, die vermeintlichen Sieger wie die tatsächlichen Verlierer, nie zu einem Ende kommen können.

Das Nachdenken über unsere Herkunft ist mir wichtig. Wenn wir nicht wissen, woher wir kommen, wissen wir auch nicht, wohin wir gehen können. Aber so wichtig mir schon damals das Nachdenken über unsere Geschichte war, reichte es mir als einziger Schritt in meine Zukunft bald nicht mehr aus. Ich wollte viel mehr über Perspektiven nachdenken und diskutieren. Die Vergangenheit war mir mittlerweile relativ klar, aber die Zukunft blieb voller Ungewißheit. Ich suchte nach Fixpunkten. Ich brauchte gewissermaßen einen neuen Scheibenwischer, um die Sicht nach vorn freizumachen. Ich war damals einfach zu jung, um in der Vergangenheit zu leben.

Mich interessierten die Diskussionen über die Demokratisierung der DDR, über einen neuen Weg jenseits von DDR und BRD. 1945, so glaubte ich damals noch, war wenigstens versucht worden, ein neues Deutschland aufzubauen. Auch wenn ich inzwischen begreifen mußte, daß auch dieser neue Ansatz viel zu stark von Stalin beeinflußt war. Die DDR ist nie ihren eigenen Weg gegangen, ihren eigenen Vorstellungen gefolgt. So war sie zum Scheitern verurteilt.

Vielleicht spielt aber auch eine Rolle, daß Verfolgte und Ausgegrenzte oft zu ähnlichen Mitteln greifen wie ihre Feinde, um Unterdrückung nie wieder erfahren zu müssen. Meine Schlußfolgerung ist, daß nach einem großen Umbruch immer ganz neue Leute die politische Führung übernehmen sollten. Sie sind frei von Haß und Rachegefühlen, die in der Politik schlechte Berater sind. Vielleicht hätte die DDR nicht mit Ulbricht, Pieck und Honecker anfangen dürfen, sondern mit Müller, Meier, Lehmann und Schulze. Auch wenn es nicht leicht gewesen wäre, fähige Leute zu finden, die nicht NS-belastet waren.

Obwohl es mit der DDR gründlich schiefgegangen ist, hätte ich einen zweiten Versuch viel interessanter gefunden, als mir nichts dir nichts in der Bundesrepublik aufzugehen.

Die Bürgerrechtsgruppen waren geprägt von ihrem Kampf gegen die SED. Sie wußten, wogegen sie waren, hatten aber kaum konkrete Vorstellungen davon, wo es hingehen sollte. Sie hatten schlicht auch keine Zeit gehabt, sich mit dem Morgen zu beschäftigen. Sie waren in der Vergangenheit verwurzelt, ihre Identität hatten sie in der Auseinandersetzung mit dem DDR-Sozialismus gewonnen. Sie wurden im Herbst 1989 von einer Situation überrumpelt, die sie selbst mit geschaffen hatten.

Was hatten sie anzubieten als Alternative zum Bonner Vereinigungskurs? Und selbst wenn sie Vorschläge gehabt hätten, was hätten sie ausrichten können gegen eine Stimmung in der DDR, die immer mehr auf sofortigen Beitritt zur BRD drängte?

Die Bürgerbewegungen kämpften für eine Aufdeckung der Vergangenheit. Das war richtig. Aber es war und ist falsch, dabei stehenzubleiben. Heute werden ehemalige Bürgerrechtler oft genug als Zeugen benutzt, nicht nur gegen die PDS, sondern gegen jede linke Politik. Bei anderen Themen nehmen die, die die Bürgerrechtler benutzen, sie selten ernst. Ein gutes Beispiel dafür ist das Schattendasein der einstigen Bürgerbewegten in der CDU, deren man sich nur erinnert, wenn das DDR-Unrecht herangezogen wird, um es der PDS anzulasten. Manche von ihnen gehören heute wohl zu den Orientierungslosen. Sie ziehen, wie ja auch ich, natürlich die Verhältnisse in der neuen Bundesrepublik denen zu SED-Zeiten vor. Aber ich bezweifle, daß sie im vereinten Deutschland alle ihr Glück gefunden haben.

Wo dieser oder jener einstige Bürgerrechtler auch seine politische Heimat gefunden haben mag oder gefunden haben will, ich bewahre mir bis heute meine Hochachtung vor diesen Menschen, die trotz aller Verfolgungen durch SED und Stasi mutig und anständig geblieben sind. Schade, daß dies in meiner Partei viele noch ganz anders sehen.

Im Mai 1990 fuhr unsere Abiturklasse im Rahmen eines Schüleraustausches nach Osnabrück, der Partnerstadt von Greifswald. Wir waren Gäste der katholischen Ursulaschule. Jeder von uns wurde in einer Gastfamilie untergebracht. Neben den üblichen Empfängen beim Schulleiter und im Rathaus durften wir an Unterrichtsstunden in verschiedenen Fächern teilnehmen. Ich erinnere mich noch genau: Als wir die Schule betraten, lief uns als erstes ein Mönch in voller Montur über den Weg. Der lapidare Kommentar unserer Osnabrücker Gastgeber: Das ist unser Lehrer sowieso. Ich war überrascht, aber irgendwie fand ich es auch cool. Aus der DDR kannte ich das nicht. Es wurde aber noch seltsamer.

Ich nahm am Sozialkundeunterricht teil, ohne Mönch. Es wurde über dies und das diskutiert, und irgendwann landeten wir bei der anstehenden deutschen Vereinigung. Wie üblich in dieser Zeit sprachen auch Lehrer und Schüler nur über den Beitritt der DDR zur BRD nach Artikel 23 des Grundgesetzes. Aber war da nicht noch eine Alternative? Ich meldete mich und gab zu bedenken, daß der Artikel 146 eine nicht so einseitige, eher gleichberechtigte Regelung erlaube. Schließlich sei ja nicht nur die DDR von den bevorstehenden Veränderungen betroffen, sondern auch die BRD.

Wohlgemerkt, ich war damals noch nicht in der PDS. Was zeigt, daß sich nicht nur »Leute von gestern« einen anderen Weg zur deutschen Einheit vorstellen konnten. Man mußte kein Kommunist oder Sozialist sein, um die Gefahren eines »Anschlusses« zu erkennen.

Nun schwiegen alle in der Klasse. Ihr Weltbild kam ins Wanken. Die meisten gaben zu, den Artikel 146 nicht einmal zu kennen. Schon deswegen konnten sie nichts sagen. Manche bezweifelten, daß es diesen Artikel überhaupt gab. Aber dieser Zweifel überlebte ein kurzes Nachschlagen im Grundgesetz nicht.

Sie können sich vielleicht vorstellen, daß die SchülerInnen nicht schlecht aus der Wäsche guckten, als sich zeigte, daß ein

Ossi ihr Grundgesetz besser kannte als sie. Damit hatten sie am allerwenigsten gerechnet. Sie hatten Leute erwartet, die ganz eingeschüchtert waren und dankbar dazu, daß sie bald Bundesbürger werden durften. Der Lehrer war auch baff und gab mir sogar recht. Man solle überlegen, ob der Artikel 146 nicht sogar besser geeignet wäre. Der Lehrer konnte sich solche Offenheit leisten, schließlich hatte er keine machtpolitischen Interessen. Wir nahmen uns die Zeit, darüber zu diskutieren. Die hätten sich andere ebenfalls nehmen sollen.

Alles in allem waren es schöne Tage in Osnabrück, gingen wir doch gleichberechtigt und ohne große Vorurteile und Vorverurteilungen aufeinander zu. Nachdem ich PDS-Mitglied geworden war, ist mir das im Westen leider seltener passiert. Meine Gasteltern waren freundlich und aufgeschlossen, auch wenn wir manchmal Verständigungsschwierigkeiten hatten. Zu unterschiedlich sahen die Verhältnisse aus, in denen wir aufgewachsen waren. Ich erinnere mich noch, wie ich über die drei – oder waren es vier? – Uhren der Tochter (sie war in der Ursulaschule für mich »verantwortlich«; ihren Namen habe ich vergessen) gestaunt habe. Zu jeder Kleidung eine passende. Das war für mich unvorstellbar. Heute muß ich darüber lachen, denn ich habe mittlerweile selbst mehrere Uhren.

Bei unserem Bummel in Osnabrück hatte ich nur Augen für Klamottengeschäfte. Ich glaube, das hat die Tochter ein bißchen gelangweilt. Heute würde es mich auch nerven, wenn eine Besucherin nichts anderes im Kopf hätte, als Shoppen zu gehen.

Leider haben wir heute keinen Kontakt mehr. Nachdem die SchülerInnen unserer Austauschklasse im Gegenzug in Greifswald waren, hat sich die Verbindung gelöst. Ich habe nur noch in Erinnerung, daß die Tochter meiner Osnabrücker Gasteltern mein Internat nicht gerade toll fand. Ein Handtuch, das sie mir damals mitbrachte, erinnert mich bis heute an diese Bekanntschaft. Mich würde es interessieren, was sie heute macht. Vielleicht mal ein Wiedersehen?

Manche Begegnungen mit interessanten Menschen endeten so. Immer wieder mache ich mir den Vorwurf, mich nicht richtig um Kontakte gekümmert zu haben. War es nicht genau diese Oberflächlichkeit, die ich immer abgelehnt hatte? Natürlich, ständig änderte sich meine Situation, laufend traten neue Leute in mein Leben. Oktober 1989 Wende, 1990 Abitur und eigene Wohnung, 1990/91 Hausbesetzung in Greifswald, Dezember 1991 Wahl in den Bundesvorstand der PDS, Februar 1992 Umzug nach Berlin, Januar 1995 stellvertretende Bundesvorsitzende der PDS, Januar 1997 Studium und »normales« Leben, heute Bundestagsabgeordnete. Ich hatte kaum das eine verarbeitet, da kam schon das nächste. Freundschaften zerbrachen, neue entstanden. Vielleicht schaffe ich es ja eines Tages, Freundschaften zu pflegen, auch wenn die Umstände es schwer machen.

Nazis und Punks

Im September 1990 begann ich mein Studium. Zunächst war ich mir unsicher gewesen, was ich studieren sollte. Bis 1989 war mein Werdegang geplant gewesen. Und jetzt? Keiner konnte sagen, was die Zukunft bringen würde. Welchen Beruf sollte ich später ergreifen? Ich wußte es nicht. Und ich wollte es auch gar nicht so genau wissen. Aber Sport und Geschichte interessierten mich, und so schrieb ich mich für ein Lehramtsstudium in diesen beiden Fächern an der Ernst-Moritz-Arndt-Universität in Greifswald ein. Vielleicht konnte ich ja irgendwann einmal Judotrainerin werden, so hoffte ich damals. Neben dem Studium ging ich weiter zum Judo, trainierte auch als Übungsleiterin kleine Mädchen.

Immer mehr Zeit aber verbrachte ich bei den Punks. Warum? Seit der Wende traten Nazis massiv auf, gerade auch in Greifswald. Bald wurden AsylbewerberInnen und ausländische StudentInnen angepöbelt oder sogar überfallen und zusammengeschlagen. Besonders in Mecklenburg-Vorpommern gingen die Rechtsextremisten daran, möglichst schnell in vielen Orten ein Netz von Nazigruppen aufzubauen. Unsere Stadt war ein Zentrum und Ausgangspunkt ihrer Aktivität.

In Greifswald gab es schon früh die neonazistische Nachwuchsorganisation »Wiking-Jugend«. Sie organisierte Wehrsportlager, an denen Greifswalder Jugendliche teilnahmen, auch als Ausbilder. Das waren zum größten Teil schon seit 1990 keine verwirrten Mitläufer mehr, sondern gut geschulte Kader. Wie auch heute allgemein üblich, schwieg die übergroße Mehrheit der Bevölkerung und sah tatenlos zu, was die Nazihorden trieben.

Mich stieß die Teilnahmslosigkeit oder gar stillschweigende Sympathie ab. So schloß ich mich denen an, die als einzige etwas gegen die Rechtsextremisten in Greifswald taten, einer Gruppe von Punks und Antifas. Einige von ihnen kannte ich schon länger, vor allem den verrufensten Punk von Greifswald. Seine Mutter arbeitete wie mein Stiefvater am Theater. Wir waren uns vorher schon mal begegnet. Die Bekanntschaft machte es mir leichter, mich dieser Gruppe anzuschließen.

Bald wurde sie zum Mittelpunkt meines Alltags. Wir hingen herum, hörten Musik, kifften, organisierten Demos gegen Faschos oder diskutierten über den Anarchismus. Wir schmiedeten Zukunftspläne, die sich natürlich nie erfüllen sollten. Wir träumten vom Leben in großen Wohngemeinschaften und davon, daß jeder machen konnte, was er wollte. Nazis gab es in dieser Welt nicht mehr. Und unsere Eltern akzeptierten, was wir taten.

Wir wollten nicht Vorbildern nacheifern, sondern Autoritäten in Frage stellen. Wir wollten unsere Fehler suchen und besser werden. Wir wollten eine Gesellschaft ohne Staat, denn den hatten wir gerade zur Genüge erlebt. Wir wollten die Welt anschauen, um wirklich eine Weltanschauung zu bekommen – jenseits von jener, die uns aufgezwungen worden war, aber auch jenseits von jener, deren Vorboten wir schon überall bemerkten.

Es mag ein Überbleibsel der DDR-Erziehung gewesen sein, aber wir hatten Angst vor dem, was uns erwartete. Damals lebte auch ich meist in den Tag hinein, aber manchmal hätte ich gerne das eine oder andere Mal gewußt, wo es enden würde. Heute weiß ich es um so besser.

Viel Zeit zum Nachdenken hatte ich damals nicht. Wir jagten die Faschos in der Stadt, und die jagten uns. Ständig gab es Kämpfe, oft gewalttätige.

Ich erinnere mich noch gut an eine Wahlkampfveranstaltung der CDU am 10. Oktober 1990, also eine Woche nach dem Ende der DDR. Helmut Kohl hatte sich zur Stippvisite angemeldet und sollte abends auf dem Marktplatz sprechen. Der Bundeskanzler war gerade auf Tour durch die neuen Bundesländer, um die naiven Ossis reinzulegen – »blühende Landschaften«.

Dieser Bundestagswahlkampf 1990 lief im Osten fast schon genauso wie im Westen. Außer daß die wichtigsten politischen Persönlichkeiten aus den alten Bundesländern für ein paar Stunden importiert wurden, damit sie den Leuten im Osten erzählten, wo es langging. Als hätten wir selbst nicht genug Grips gehabt, um uns die Welt zu erklären und sie zu verändern.

Aber uns mußten die Größen von CDU/CSU, SPD oder FDP nun unbedingt erzählen, wie das mit der neu gewonnenen Freiheit funktionierte. Dabei hatten wir uns diese Freiheit selbst erkämpft. Schon bei den Volkskammerwahlen im März 1990 hatten Westpolitiker sich ungeniert eingemischt, und die »Allianz für Deutschland« – das Bündnis aus der Blockflöten-CDU, dem Demokratischen Aufbruch und den Rechtsauslegern der Deutschen Sozialen Union (DSU) – war ein im Bonner Konrad-Adenauer-Haus gezeugtes Kunstprodukt.

Wir Punker und andere hatten die Schnauze voll vom Einheitstaumelwahlkampf. Wir wollten den Kanzler auf seinem Triumphzug durch den Osten stören und zeigen, daß es auch andere Meinungen gab. Ich finde heute noch, daß es gut gewesen wäre, wenn sich im Vereinigungsprozeß ostdeutsche Interessen hätten durchsetzen lassen.

Bewaffnet mit Trillerpfeifen und unseren Stimmen, zogen wir zum Greifswalder Marktplatz. Obwohl noch über eine halbe Stunde Zeit war, war der Markt bereits überfüllt, ein Riesengedränge. Damals hatte Kohl eine Menge Fans im Osten. Alle wollten den Kanzler erleben, wir auch! Also drängelten wir uns nach vorne, soweit wir konnten. Bis wir gestoppt wurden durch eine große Absperrung. Nanu, durften wir etwa nicht weiter? Richtig, wir durften nicht! Hinter die Barrikade wurden nur geladene Gäste gelassen. Moment mal – das kannten wir doch. So war's früher auch immer gewesen. Na, was soll's, ist offenbar nicht alles schlecht gewesen zu DDR-Zeiten, jedenfalls nicht schlechter als im Westen.

Wir blieben direkt vor der Absperrung stehen. Endlich erschien unser »Kanzler der Einheit«. Mit dem Beginn seiner

Rede pfiffen und brüllten wir uns die Seelen aus dem Leib. »Kohlsuppe auf dem Feuer ist uns nicht geheuer« war unser Lieblingsspruch. Ich saß auf den Schultern eines Kumpels, damit ich Helmut auch sehen konnte. Leider bin ich ja ein bißchen kurz geraten. Ich hatte eine Trillerpfeife im Mund und pfiff, was meine Lunge hergab. Ich hatte tatsächlich die naive Vorstellung, andere Leute damit aufrütteln zu können.

Aber unser Getobe gefiel den Leuten auf dem Marktplatz gar nicht. Sie konnten ihren Helmut nicht mehr hören und waren sauer. Wir drangen akustisch sogar bis zur Rednertribüne vor. Kohl versuchte die wegen uns aufgebrachte Menge zu beruhigen. Was er sagte, konnte ich nicht verstehen. Das »Greifswalder Tageblatt« zitierte Kohl am nächsten Tag mit den Worten: »Lassen Sie die jungen Menschen ruhig pfeifen. Die paar, die pfeifen, können aus der Verführung der Vergangenheit heraus noch nicht klar blicken.« Aber an diesem Abend waren wir wohl die einzigen, die klar geblickt haben.

Und dann sagte Kohl noch, daß man an unserem Beispiel »den entscheidenden Unterschied zwischen gestern und heute« sehe. Jeder könne sich nun auch in Greifswald frei äußern, daß sei »gelebte Freiheit«.

Die »gelebte Freiheit« bekamen wir an diesem Abend noch zur Genüge zu spüren, denn Kohls Versuche, seine aufgeregten Fans zu beschwichtigen, halfen nicht viel. Der Kumpel, auf dem ich saß, kriegte einen Regenschirm in die Seite gehauen und einen Faustschlag aufs Ohr, so daß er blutete. Die braven Bürger gingen mit einem Mal auf uns los. Wir sollten endlich aufhören und unseren dummen Rand halten. Wir entgegneten, daß wir doch jetzt in einer Demokratie lebten und jeder seine Meinung äußern dürfe. Aber das Argument überzeugte sie nicht. Wir seien SED-verseucht und würden überhaupt nicht begreifen, welche großartigen Chancen wir nun hätten. Was auch immer damit gemeint war. Die Attacken gegen uns gingen pausenlos weiter, und die Bürger versuchten uns vom Platz zu drängen.

Dann nahmen sich auch die anwesenden Faschos unserer an, obwohl wir mit denen gerade ein »Stillhalteabkommen« vereinbart hatten. Sie waren mit Reichskriegsflaggen auf dem Marktplatz erschienen.

Nachdem Kohl seine Rede beendet hatte, ergriff Günther Krause das Wort. Er war zu DDR-Zeiten Kreisvorsitzender der Blockflöten-CDU in Bad Doberan gewesen, hatte dann für die DDR mit der Bundesregierung den Einigungsvertrag ausgehandelt und wurde dafür nach den Wahlen 1990 mit dem Amt des Bundesverkehrsministers belohnt. Der wendige Krause war der Star der mecklenburg-vorpommerschen CDU, bis Putzfrauen- und andere Affären seine Politkarriere heftig knickten. Krause zeigte sich erfreut darüber, daß so viele Greifswalder gekommen seien. Von Greifswalderinnen hat er nicht gesprochen. Aber für uns hatte er noch ein paar Worte übrig: Er forderte uns auf, mit dem Pfeifen aufzuhören und lieber die Ärmel hochzukrempeln, um den »Dreck der Kommunisten endlich wegzuräumen«. Wir, so erklärte er, wollten die Zustände der DDR wieder haben.

Mit diesen Worten waren wir zum »Abschuß« freigegeben. Nachdem Krause die Kundgebung beendet hatte, ging es erst richtig los. Krause hatte die Leute noch mal so richtig in Stimmung gebracht. Die aufgebrachte Menge fing an, wie wild auf uns einzuprügeln mit Fäusten und Regenschirmen. Die Leute schrien uns an, daß wir doch froh sein sollten über unsere Befreiung, aber wir seien offenbar sowieso nur »linke Zecken«. Als die ersten Steine in unsere Richtung flogen, suchten wir das Weite. Aber vergeblich. Es wurde brenzlig. Wir wollten uns in einer nahegelegenen StudentInnenkneipe, dem »Amberland«, in Sicherheit bringen vor der vereinten Front aus braven Bürgern und den Faschos, die sich nun als die wahren Saubermänner aufspielten. Uns flogen die Flaschen, Bierbüchsen und Steine nur so um die Ohren. Ich bekam einen Stein in den Rücken (das ist übrigens schmerzhaft – soviel zum Thema, ich würde Gewalt lieben). Ich erreichte das »Amberland« als letzte. Beim Versuch, die Tür zu blockieren, kriegte ich eine Ladung CS-Gas ins Gesicht. Angefeuert von den aufgebrachten Spießbürgern, wurden die Faschos immer dreister.

Der Kneipier war über die neuen Gäste nicht beglückt. Und unsere Hoffnung, in der Gaststätte in Sicherheit zu sein, erfüllte sich nicht. Der Wirt faselte etwas davon, daß er »politisch nicht festgelegt« sei, und forderte uns auf, das »Amberland« zu verlassen. Meine Freunde flohen durch die Kneipenhintertür und über eine Mauer im Hinterhof des »Amberland«. Ich durfte als einzige in der Kneipe bleiben, weil ich blutete und nichts mehr sehen konnte.

Fast 500 Leute tobten in der engen Gasse vor der Gaststätte und waren bereit, uns niederzumachen. Ich hatte einfach nur noch Angst, daß sie hereinkommen würden. Als die ersten Scheiben eingeschmissen wurden und die Gäste in Panik gerieten, wurden die von KünstlerInnen in der Gaststätte ausgestellten Bilder eiligst von den Wänden genommen.

Kurz bevor das »Amberland« gestürmt wurde, kam die Polizei. Sie beendete den Spuk und schirmte die Kneipe ab. Vorher hatte ich auch schon Polizisten gesehen, aber die hatten sich schnell verzogen. Jetzt waren sie plötzlich wieder da. Vielleicht hatte die Polizeieinsatzleitung gehört, daß im »Amberland« ein Lokalreporter saß, der als Augenzeuge hätte berichten können. Die Polizei beschäftigte sich nun stundenlang damit, die Leute in der Kneipe zu vernehmen. Wer angefangen habe und so weiter. Lächerlicherweise interessierten sich die Polizisten fast mehr dafür, wer den Schaden bezahlen müsse, als für die Vorfälle selbst. Die Polizisten waren verunsichert, hatte es einen derartigen Gewaltausbruch doch nicht einmal im Oktober/November 1989 gegeben. Der Leiter der Kriminalpolizei sagte: »Ich bin alter Greifswalder, aber so was habe ich noch nicht erlebt.« Keiner konnte so richtig damit umgehen.

Ich war zum erstenmal in meinem Leben mit soviel Haß und Gewalt konfrontiert gewesen. Wieviel Hoffnungen mußten diese Menschen in Kohl gesetzt haben, um derartig zu reagieren? Bis heute habe ich dieses Bild der 500 haßerfüllten einstigen DDR-Bürger vor Augen, die uns nach Strich und Faden verprügelt hätten, wenn sie nur gekonnt hätten. Mindestens. Immer wieder brüllten sie: »Haut ab, haut ab!« und »Linke raus!« Einige dieser sonst so braven Bürger kannte ich gut, wie das in einer Kleinstadt eben so ist.

Ein guter Freund von mir hatte die Ereignisse beobachtet. Er kam in die Kneipe, um mich abzuholen. Als er mich sah, nahm er mich in den Arm, und ich mußte auf einmal weinen. Ich war völlig fertig und wollte nur noch weg. Polizisten schleusten uns über den Hintereingang aus der Kneipe. Begleitet von dämlichen Bemerkungen der Faschos, wurden wir in ein Polizeiauto gesetzt, das uns nach Hause fuhr. Ich hatte Angst, die Straße zu betreten.

Wir hatten nur unseren Unmut über Kohls Wahlkampfversprechungen äußern wollen. Meine erste Begegnung mit der Demokratie war wenig verheißungsvoll verlaufen. Aber es sollte ja nicht die letzte bleiben. Und auch mit unseren so anständigen Bürgern hatte ich noch meine Erlebnisse.

Glücklicherweise hatten unsere Aktionen gegen den Einheitstaumel nicht immer gefährliche Folgen. Am Tag der Deutschen Einheit, dem 3. Oktober, kurz vor Helmut Kohls Auftritt in Greifswald und den Exzessen danach, hatten wir natürlich unbedingt etwas unternehmen müssen. Am Abend ging ich zunächst auf eine PDS-Veranstaltung, aber die war dröge, und so zog ich zur Mensa, wo ich mich mit meinen Kumpels treffen wollte. Wir tranken einen oder mehrere kräftige Schlucke auf die deutsche Einheit und zogen dann durch die Stadt. Wir schwenkten Transparente mit Parolen wie »Deutschland, verrecke« und »Alles Scheiße, alles Dreck, eine Bombe, alles weg«.

Irgendwann kam uns die Idee, wir könnten doch auf unserem Weg die gerade gehißten Deutschlandfahnen mitnehmen. Gesagt, getan. Von Fahne zu Fahne mit wachsender Begeisterung. Jedes Schwarz-Rot-Gold, das uns in die Augen stach, sammelten wir ein, oder es wurde auf Schwarz-Rot gestutzt. Da ich leicht und sportlich war, mußte ich diverse Fahnenmasten erklimmen. Bis heute habe ich ein schwarz-rotes Andenken von dieser Nacht in meinem Besitz. Das Gold hatten wir einfach auf der Erde liegen gelassen – glücklich, auch diese Deutschlandfahne zur Strecke gebracht zu haben.

Zu unserer Freude erregte die Aktion einiges Aufsehen. Am 4. Oktober stand im »Greifswalder Tageblatt« ein Artikel unter der Überschrift »Ein Nachruf auf einen Diebstahl«. Wir waren stolz darauf, wenigstens ein Zeichen gesetzt zu haben. Ein kleiner Akt des Widerstands, der zu diesem Zeitpunkt keine Hysterie auslöste.

Neben solchen Aktionen beschäftigten wir uns vor allem damit, einen Platz in Greifswald für uns zu finden. Viele Jugendeinrichtungen waren geschlossen worden, andere waren in der Hand von Faschos. Also wurden kurzerhand Häuser besetzt. Das hatten wir natürlich nicht erfunden, sondern aus anderen Städten »importiert«. Für Greifswald war das eine richtige Revolution. Öffentlichkeit und Stadtverwaltung konnten mit solchen Aktionen nicht umgehen.

Bei der ersten Besetzung war ich nicht dabei, dafür aber bei der folgenden. Irgendwann waren wir in der Pfarrer-Wachsmann-Straße 4 angekommen, in der Nähe des Bahnhofs. Die Besetzung fast mitten in der Stadt war nicht zu übersehen. Sie dauerte überdurchschnittlich lang und sollte nicht ohne Konsequenzen bleiben.

Ich verbrachte immer weniger Zeit an der Uni, dafür mehr auf der Straße und mit meinen Leuten. Die Zeitungen schrieben über uns. Das Jugendamt schickte regelmäßig jemanden vorbei, weil der Streit zwischen den Rechten und den Linken so zugespitzt war. Eines Nachts brannte sogar ein von den Faschos belegtes Haus lichterloh. Was sollten die Leute vom

Jugendamt machen? Sie waren gänzlich hilflos und unerfahren im Umgang mit der »Szene« und deren Gewaltbereitschaft. Die Gewalt schaukelte sich hoch, sie war wie ein Sog, aus dem der einzelne sich nicht mehr befreien konnte. Die oder wir – dazwischen gab es nichts mehr.

In der Öffentlichkeit betrachtete man die oft gewalttätigen Auseinandersetzungen zwischen uns und den Faschos als eine Art »Wendephänomen«. Das seien einzelne desorientierte Jugendliche. Solche Erklärungen waren aber zu einfach.

Wir stießen überall auf Ablehnung. Kaum einer interessierte sich für unsere Bedürfnisse. Wir wurden und fühlten uns ausgegrenzt. Die Stadtverwaltung gefiel sich darin, Gespräche zwischen links und rechts zu organisieren. Die Zeitungen tönten: »Gestern im Rathaus – Treffen ohne Gewalt« oder »Zeit der Gewalt soll vorbei sein«. Miteinander reden ist gut. Aber es ändert nichts daran, daß viele Jugendliche sich in dieser Gesellschaft nicht zu Hause fühlen. Damals nicht und heute nicht.

Beim Kramen in meinen Unterlagen für dieses Buch stieß ich auch auf das Foto von Mike Spiegelmacher. Er stand im April 1992 als Anführer der »Greifswalder Nationalsozialisten« vor Gericht. Auf sein Konto gehen mehrere Überfälle auf Ausländer. Auch mit ihm war gesprochen worden. An einem Gespräch habe ich teilgenommen. Es wird unten wiedergegeben.

Vielleicht war der Atem mancher Initiatoren von Gesprächen mit Jugendlichen nicht lang genug. Es reicht jedenfalls nicht, immer nur dann zu reagieren, wenn Gewalttaten die Öffentlichkeit erregen. Aber natürlich, reden ist gut. Auch ich habe es damals noch versucht. Wenn ich aber dieses Gespräch, an dem auch Mike Spiegelmacher teilgenommen hat, heute lese, staune ich darüber, wie naiv ich gewesen bin.

Intermezzo 1: ein Gespräch zwischen Punks und Nazis

Ein Gespräch zwischen rechten und linken Jugendlichen in Greifswald (Dezember 1990).

Moderator: Bernd Köllner, damals Leiter der Arbeitsgemeinschaft »Junge GenossInnen« Greifswald. Außer seinem und meinem wurden die Namen der Gesprächsteilnehmer verfremdet. Teilnehmer waren von seiten der Rechten: Klaus (Lehrling) und Paul (Abiturient), von seiten der Linken außer mir: Matthias (Abiturient), Stefan (arbeitslos) und Herbert (Heizer). Anwesend war auch ein Vertreter der Kriminalpolizei.

Bernd Köllner: Nicht erst dieser Vorfall [die gewalttätigen Auseinandersetzungen nach dem Kohl-Auftritt am 10. Oktober 1990 in Greifswald; A. M.] wirft die Frage auf: Sind wir schon so weit, daß sich extrem Linke und extrem Rechte nur noch mit Gewalt begegnen können?

Angela Marquardt: Aber zum Reden kann es doch oft gar nicht kommen, weil keine Argumente da sind. Denn in beiden Gruppen haben die Leute nicht automatisch politische Motive. Mancher ist nur links, weil er nicht rechts ist.

Klaus: Ich jedenfalls habe meine politische Meinung. Ich stehe ganz rechts. Und ich hasse Mitläufer.

Stefan: Ich sehe hier bei dem Typ von der NPD einen Aufnäher: »Geheiligt sei unser Vaterland«. Ich gebe zu: Als Linker bin ich in gewissen Punkten auch stolz, ein Deutscher zu sein. Aber spätestens bei Hitler hört mein Nationalstolz auf.

Bernd Köllner: Geht mir genauso. Ich kriege immer Schwierigkeiten, wenn ich Goethe und Goebbels zusammenbringen soll auf den Begriff »deutsch«. Ich bin vorbehaltlos ein Deutscher, wenn ich das Recht habe, mir meine kritische Haltung zu Deutschland zu bewahren.

Klaus: Typisch! Immer hält man uns diese zwölf Jahre Faschismus vor. Wer »Halt's Maul, Deutschland« ruft, kann ja woanders hingehen!

Matthias: Dieser Spruch will doch nur warnen, daß Deutschland nicht großkotzig werden soll. Ich jedenfalls bin stolz, ein Mensch zu sein. Jeder Mensch auf der Erde hat rotes Blut, und der Deutsche hat nicht mehr Gehirnwindungen als der Russe!

Paul: Warum kann der Pole nicht in Polen leben, der Deutsche in Deutschland, der Türke in der Türkei? Die Türken überrollen unser ganzes deutsches Land. Sie nehmen uns die Arbeit und die Frauen weg! Okay, Hitler hat manches Schlechte gemacht, aber alles war nicht schlecht. Die Jugend zum Beispiel hat er einwandfrei organisiert. Damals hat die Jugend noch was vollbracht für ihr Vaterland. Damals gab's das nicht, daß die Jugend rumgelungert, gesoffen und geraucht hat.

Stefan: Find' ich ja lustig. Ihr sitzt doch auch stundenlang an der Bushaltestelle, sauft und qualmt.

Matthias: Klar hat Hitler die Jugend organisiert. Aber warum? Um sie auf den Krieg vorzubereiten. Bist du etwa stolz auf diesen Krieg? Findest du den etwa gerecht?

Paul: Der Krieg war insofern gerecht, als er damals schon den Bolschewismus bekämpft hat, der jetzt am Zusammenbrechen ist.

Bernd Köllner: Ich meine: Gewalt fragt nicht nach Anschauungen. Ein Krieg führt doch am Ende nicht dazu, daß der Besiegte automatisch seine Anschauungen ändert! Ideen, die es nötig haben, mit Gewalt in die Köpfe der Menschen zu kommen, sind nicht wert zu überleben.

Matthias: Um noch mal auf den Nationalismus zu kommen: So, wie es deutsche Nationalisten gibt, gibt es auch türkische. Es gibt ja heute in Kreuzberg auch türkische Faschisten. Man darf nicht alle über einen Kamm scheren. Nicht nur die Polen sind in Scharen über unsere Warenhäuser hergefallen – die Deutschen haben das in Polen auch gemacht.

Angela Marquardt: Ich habe letztes Jahr erlebt, wie sich einige in unserer Reisegruppe in Spanien benommen haben. Wenn die Spanier jetzt von denen auf die Deutschen schließen – was müssen die für ein Bild haben?

Stefan: Genau das ist der Punkt. Es wird immer einer für alle genommen. Bevor ich nach Greifswald kam, waren alle Rechten für mich Faschisten.

Klaus: Wir selbst nennen uns »Faschos«. Aber das ist nichts als ein Name. Deshalb sind wir doch keine Faschisten.

Angela Marquardt: Und wie soll ich das erkennen? Wenn ich durch Berlin gehe und mir kommen solche Leute wie du entgegen, mit Schnürstiefeln und Bomberjacke, und die fordern ein viertes Deutsches Reich und erklären mir, daß sie mich ins KZ sperren würden – du, dann habe ich verdammte Angst!

Paul: Das Ding kannst du aber auch umdrehen!

Angela Marquardt: Ja, ich gebe ehrlich zu: Gewalt ist Mist – von beiden Seiten. Ob hinter meiner Meinung jeder andere aus meiner Gruppe steht, möchte ich noch bezweifeln. Wir sind ja nicht homogen.

Bernd Köllner: Ihr alle wißt, daß ich links stehe. Aber ich will mal eindeutig klarstellen, daß ich gegen jede Art von Extremismus bin – jede! Die einzige Gewalt, die ich akzeptiere, ist die »Sanfte Gewalt der Vernunft«, wie es Brecht mal ausgedrückt hat. Und die soll über die Demokratie walten. Laßt mich daran erinnern, daß die NPD und die REPs zusammen bei den Wahlen hier in Greifswald nicht mal ein Prozent Wählerstimmen gekriegt haben. Also habt ihr nicht das Recht zu sagen: 99 Prozent wollen uns zwar nicht, aber …

Klaus: Guck doch die rote Politik der letzten vierzig Jahre an! Für mich ist das Dritte Reich so was wie der real existierende Sozialismus gewesen. Im Verhältnis zur Idee, meine ich. Gut angedacht, aber schiefgegangen.

Angela Marquardt: Das darf doch nicht wahr sein!

Klaus: Wenn mich einer nach meinem Feindbild fragt, dann muß ich ihm sagen: Ich suche mir keinen Feind, sondern er ist da. Wenn ich abends durch Berlin gehe, muß ich aufpassen, in keine Ohrenjagd zu geraten.

Bernd Köllner: Bitte?

Klaus: Linke schneiden Rechten die Ohren ab.

Stefan: Im Knast wird das mit Anscheißern gemacht.

Bernd Köllner: Das ist doch ein ewiger Kreislauf. Immer haben die anderen angefangen. Das ständige Spiel von Aktion und Reaktion. Die Fronten verhärten sich, bis man den Gegner gar nicht mehr an den Tisch kriegt.

Kripo: Ein Feindbild – entschuldigt bitte – haben wir lange genug gehabt. Erst im Dritten Reich und später in vierzig Jahren Sozialismus. Ich denke, daß man ohne Gewalt miteinander leben kann. Gewalt potenziert sich. Es kann nicht Sinn der Sache sein, ohne Toleranz nebeneinander zu leben.

Herbert: Wir wurden einfach dazu erzogen, ein Feindbild zu haben. Jetzt, wo das alte weg ist, suchen wir uns eben ein neues.

Angela Marquardt: Davon distanziere ich mich ganz entschieden! Und die meisten Linken, die ich kenne, auch. Ich suche kein Feindbild, und ich will auch keines haben. Aber wenn ich angegriffen werde, ist der Feind ganz konkret da. Also muß ich mich verteidigen.

Bernd Köllner: Ein ganz großes Ergebnis hier und heute wäre doch, wenn wir nachher rausgehen und sagen können: Okay, unsere Anschauungen sind grundverschieden, aber wir können untereinander auf Gewalt verzichten.

Paul: Die Gewalt in Greifswald wird nie aufhören. Es reicht der kleinste Anstoß.

Bernd Köllner: Wenn du Gewalt akzeptierst, stellst du dich mit ihr auf die gleiche Stufe und bist bereit, Gewalt auszuüben. Aber wenn du sagst: Ich kann wenig machen gegen Gewalt, aber ich versuche es, dann ist das für mich ein Schritt weiter.

Matthias: Wir können ja den Versuch machen. Wir könnten als Gruppe, so, wie wir hier sitzen, diejenigen, die über die Stränge schlagen, selbst zurückpfeifen, oder?

Klaus: Aber ich sage gleich: Das wird verdammt schwer. Wenn du total Wut auf die anderen hast, vielleicht auch noch getrunken hast, dann ist dir plötzlich alles egal.

Bernd Köllner: Wenn ich in einer bestimmten Gruppe bin, politisch oder nicht, trage ich auch die Verantwortung für diese Gruppe!

Stefan: Ich schlage vor, daß wir alle Anzeigen, die gegen »Unbekannt« laufen und sowohl von den Rechten als auch von den Linken gemacht wurden, zurückziehen. Als Geste des guten Willens.

(Alle sind einverstanden.)

Bernd Köllner: Und ich schlage vor, daß wir diese Art von Gesprächen fortsetzen. Das ist eine Chance. Wenn wir sie nicht nutzen und die Gewalt regiert, wird es eine zweite Chance in einem Jahr nicht geben. Meine Meinung. Ich stehe als Kontaktperson für beide Seiten weiterhin zur Verfügung. So lange, wie ich das Vertrauen in beiden Gruppen habe, okay?

(Allgemeines Nicken in der Runde.)

Aber jetzt, wo ich mich als Linker öffentlich gemacht habe, als PDS-Mitglied und Leiter der AG Junge GenossInnen, will ich, verdammt noch mal, nicht morgen mit Angst auf die Straße gehen müssen, vielleicht eins auf die Schnauze zu kriegen. Bloß weil ich nicht in irgendein Feindbild passe.

Hausbesetzung in der Provinz

Inzwischen würde ich solche Gespräche mit Nazis nicht mehr führen, ich bin eines Besseren belehrt worden. Es bringt nichts. Rechte AktivistInnen wollen verhindern, daß wir über Strategien gegen Rechts diskutieren. Sie wollen uns auf ihre Themen festlegen und sind nicht wirklich für Argumente offen. Das gilt nach meinen Erfahrungen jedenfalls für die harten Kader dieser Szene, aber natürlich nicht für zwölf-, dreizehn- oder vierzehnjährige Kids. Zu solchen Gesprächen wie dem oben abgedruckten erscheinen grundsätzlich gut geschulte Neonazikader.

Im Rahmen meines Bundestagswahlkampfs 1998 hatte ich in Greifswald auch Veranstaltungen zum Thema Rechtsradikalismus. Es kamen natürlich auch Rechte, wie in ganz Mecklenburg-Vorpommern. Ich kannte sie fast alle. Schon während meines Abiturs hatte ich Mike Spiegelmacher kennengelernt, und auch von unserem gemeinsamen Gespräch 1990 (im Protokoll taucht er als »Paul« auf) kannte ich seine Auffassungen. Die haben sich inzwischen eher verschärft. Spiegelmacher ist bekannt in Greifswald. Er saß schon im Knast und organisierte 1998 den Wahlkampf für die NPD. Ich sehe keinen Grund, mit ihm heute noch das Gespräch zu suchen. Es würde an seinen Positionen nichts ändern, sondern in Teilen der Öffentlichkeit nur als ein weiteres Indiz für die These gelten, daß »rechts« und »links« letztlich doch eine Soße seien – alles Chaoten gewissermaßen. Sollen die sich doch die Köpfe einhauen.

Dieses weitverbreitete Vorurteil läßt sich nicht aufbrechen, wenn man freundliche Diskussionsrunden zwischen »Rechten« und »Linken« veranstaltet. So verschwimmen nur die Grenzen. Man muß die Rechtsextremisten inhaltlich bekämpfen und nicht nett mit ihnen parlieren.

Hört man sich Debatten über die Wahlerfolge von Rechtsextremisten in Ostdeutschland an, dann stellt man fest, daß für viele Leute PDS und DVU so ziemlich das gleiche sind. Das ist auch ein Ergebnis der Medienberichterstattung. Ich habe miterlebt, wie junge Leute von der CSU aus Bayern sagten, daß die Menschen in Sachsen-Anhalt zu fast vierzig Prozent »undemokratisch« gewählt hätten. Sie hatten die Stimmergebnisse für PDS und DVU einfach zusammengezählt.

Wer PDS und DVU oder andere rechtsextremistische Gruppen gleichsetzt, verharmlost den Neonazismus. Nicht einmal die diktatorische SED läßt sich mit der NSDAP gleichsetzen. In der DDR gab es kein Auschwitz, und die DDR hat keinen Weltkrieg angefangen, um nur auf zwei Punkte zu verweisen. Das macht die DDR kein bißchen besser, als sie war. Aber wer DDR und Drittes Reich in einen Topf wirft, relativiert den Massenmord, die Massenverfolgung und den Krieg der Nazis.

Manche tun das natürlich nicht ohne Grund. Wer den Rechtsextremismus verharmlost, macht ihn hoffähig. Das gilt auch für das Gerede von den »Protestparteien«. Wenn DVU und PDS gleichermaßen Protestparteien sein sollen, dann kann es dem protestierenden Wähler eigentlich egal sein, welche der beiden Parteien er wählt. Warum dann nicht auch mal DVU wählen?

Aber damit bin ich der Chronik der Ereignisse weit vorausgeeilt. Zurück nach Greifswald und zur Hausbesetzerei.

Wir waren also potentielle Gewalttäter und mehr nicht. Problem: erkannt. Ursachen: unklar. Aber laßt uns reden, dann wird alles wieder gut. Was uns bewegte, hat die Medien nicht interessiert, Hauptsache, sie konnten über Randale berichten. Mal waren es Prügeleien vor dem von uns besetzten Haus in der Wachsmann-Straße, wenn wieder die Faschos aus Stralsund und Rostock angereist waren, um uns aufzumischen. Dann gab es wieder irgendwelche Parolen an frisch gestrichenen Hauswänden. Laufend hatten wir die Polizei an der Hacke, zeitweise verstärkt durch Einsatzkräfte aus anderen Städten. Die Greifswalder Polizei kam oft allein nicht mehr klar.

Wir forderten von der Stadtverwaltung, die Besetzung unseres Hauses zu legalisieren. Dort wollten wir autonom leben in einem Jugendzentrum, uns so einrichten, wie wir es für gut hielten – ohne Konsumrausch und Faschos. Da es niemanden interessierte, was wir zu den Besetzungen, Gewalttätigkeiten und dem öffentlichen Streit darüber zu sagen hatten, schrieben wir einen offenen Brief an den Oberbürgermeister. Wir verteilten ihn an Presse und Rundfunk und auch als Flugblatt an die Bürger. Erstaunlicherweise wurde unser Brief überall abgedruckt, vor allem wohl aus Effekthascherei. Mal wieder eine kleine Sensation.

Hier der Wortlaut unseres offenen Briefs, den wir Hausbesetzer schrieben:

Greifswald, den 16. 8. 1991

Wachsmannstraße keine Mainzer Straße!!!

Werter Herr Oberbürgermeister!

Nach den Randalen in der Wachsmann-Straße vom 2.–4. 8. 1991 möchte ich mich nun im Namen der Hausbesetzer an Sie wenden. Ihnen ist sicherlich bekannt, daß wir das Haus Nr. 4 in der Wachsmann-Straße schon seit Februar diesen Jahres besetzen. Sie wissen auch, daß dieses Haus nunmehr zum Anziehungspunkt Rechtsradikaler geworden ist und wir schon des öfteren mit ihnen Auseinandersetzungen hatten. Diese wollen wir aber nicht!

Die Wachsmann-Straße ist nun auch mit zum Zufluchtsort anderer Gruppierungen, die im Verschiedenen die Intoleranz unserer Greifswalder Nationalsozialisten zu spüren bekamen, geworden. Der Artikel »Keiner hat so richtig Geld, aber alle haben Zoff« der »Tageblatt«-Ausgabe vom 26. Juli 1991 versuchte schon, den Bürgern der Hansestadt unser Innenleben und unsere Anschauungen näherzubringen und ihnen die

Angst zu nehmen. Leider wurden die Bürger aber kurze Zeit später durch den Vorfall vom 3. 8. wieder in Unruhe und Zweifel versetzt. Ich bitte Sie nun, mit uns oder mit mir in Verbindung zu treten.*

*Lassen Sie uns ins Gespräch kommen, um Unklarheiten und Sonstiges aus dem Weg zu räumen. Nicht Hausbesetzung ist das Problem, sondern die Lösung. Wir wollen keine Mainzer Straße, wie in Berlin**.*

Die Hausbesetzer

Dieser Brief wurde mehrmals kopiert und geklebt, um den Bürgern unser Bestreben nach Akzeptanz und Toleranz zu zeigen! Wir besitzen das Original.

Am 22. August 1991 schrieb das »Greifswalder Tageblatt«: »Auf den offenen Brief der Hausbesetzer aus der Pfarrer-Wachsmann-Straße war gestern im Rathaus noch keine konkrete Reaktion zu erfahren. Die Autonomen [wie wir inzwischen genannt wurden; AM] hefteten am letzten Freitag einen vervielfältigten Text an Bäume und Häuserwände. Darin unterbreiten sie ein Gesprächsangebot mit dem Tenor, in Greifswald einer Räumung analog der Mainzer Straße in Berlin vorzubeugen.«

Wir waren nicht autonom von Zeit und Raum, sondern hatten vielmehr die Berliner Ereignisse vor Augen. Wir hatten die massiven Polizeieinsätze gegen die Hausbesetzer dort zum Teil selbst miterlebt und wollten auf keinen Fall in eine ähnliche Lage geraten wie die Leute in Berlin. Deshalb schlugen wir ein Gespräch mit dem damaligen Oberbürgermeister Reinhard Glöckner (CDU) vor. Mal sehen, was er sagen würde.

---

* An diesem Tag hatten Faschos unser Haus angegriffen.

** In Berlin war ein besetztes Haus in der Mainzer Straße von der Polizei geräumt worden.

Der OB erklärte, er wolle sich in den nächsten Tagen mit uns treffen. Das hat er aber nie getan. Statt dessen gründete er eine Arbeitsgruppe »Gewaltbereite Jugendliche«, in der Experten und solche, die dafür gehalten wurden, über uns und unsere Lage diskutieren sollten. Es wäre besser gewesen, sie hätten mit uns diskutiert. Laut »Greifswalder Tageblatt« vom 22. August 1991 äußerte Glöckner in einer Pressekonferenz »Verständnis für die Verunsicherungen unter jungen Leuten angesichts unerhörter sozialer Spannungen in den neuen Ländern«. Generell sehe er bei den Jugendlichen »bisher nicht gekannte Schwierigkeiten auf dem Weg zum Erwachsenen«. Sich anzupassen und die Spielregeln des Zusammenlebens zu erlernen seien ein widerspruchsvoller Prozeß. Wie man sieht, konnte man sich mit unseren Problemen gut schmücken.

Im »Tageblatt«-Artikel steht weiter: »Von gestern datiert eine Presseerklärung der Staatsanwaltschaft Rostock. Bezüglich der Randale vor dem besetzten Haus von Anfang August heißt es: (...) Die eingesetzte Polizei nahm insgesamt sechs Personen aus der Gruppe der ›Skinheads‹ vorläufig fest und leitete Ermittlungsverfahren ein.«

Unsere Situation war mehr als beschissen. Wie sollten wir je zu einem Jugendzentrum kommen? In unserer Hilflosigkeit versuchten wir, Werbung für unsere Idee zu machen. Wir konkretisierten unser Projekt: Es sollte ein alternatives Zentrum werden, unter anderem mit Infoladen und Fahrradwerkstatt. Jugendliche, die nicht nach Hause wollten oder konnten, sollten darin wohnen können. Wir schrieben Konzepte, sprachen beim Jugendamt vor, diskutierten im Jugendhilfeausschuß der Stadt und mit SozialarbeiterInnen, um unser Konzept zu verteidigen. Die Parteien rissen sich darum, unser Vertrauen zu gewinnen.

Einige von uns fuhren regelmäßig nach Hamburg, Berlin, Rostock und Stralsund. Wir wollten Hausbesetzungen in anderen Städten kennenlernen, besonders in Hamburg. Schließlich hatten Hausbesetzungen dort schon eine viel längere Geschichte, und es gab Erfahrungen im Umgang mit

Stadtverwaltungen, der Polizei oder auch Überfällen von Rechten. Wir hofften auf gute Ratschläge. Besonders interessierte uns, wie Verhandlungen mit Stadtverwaltungen abgelaufen waren und welche rechtlichen Konsequenzen unsere Besetzung haben konnte.

Es gab aber noch einen ganz anderen Grund, nach Hamburg zu reisen. In einem Einkaufsgroßmarkt erstanden wir Polaroidkameras, Filzstiftpackungen und anderen Kram. In der Vorweihnachtszeit wurden wir dieses Zeug auf dem Greifswalder Wochenmarkt hervorragend los. Unsere Ossis kauften wie wild und ließen sich fast alles aufschwatzen. Die Polaroidkameras gingen am besten. Wir machten Gewinn, hatten ein gutes Auskommen und wechselten uns mit dem Verkauf auf dem Markt ab. Davon lebten einige von uns.

Ich bekam ein Stipendium in der Übergangszeit zum Bafög, etwa 400 Mark. Inzwischen hatte ich eine eigene Wohnung in Greifswald. Aber die habe ich selten betreten, nur ab und zu gingen wir zu mir, um zu baden oder fernzusehen, oder ich schlief mich mal richtig aus.

An der Universität tauchte ich immer seltener auf. Sport machte mir aber weiterhin Spaß, ich trainierte immer noch, aber auf den Rest hatte ich keinen Bock. Die verworrene Lage an den Hochschulen ermunterte selbst unsere ProfessorInnen nicht sonderlich zu guten Vorlesungen. Keiner der Lehrkräfte wußte, was aus ihm würde. Im Fach Geschichte war nun alles anders als zu marxistisch-leninistischen Zeiten, so daß unsere ProfessorInnen und DozentInnen keine Ahnung hatten, was sie noch lehren durften oder sollten. Es war ein seltsames Klima an der Uni; es förderte meine Lust nicht gerade, das Studium doch noch fortzusetzen.

Getrieben von Ereignis zu Ereignis, fiel mir gar nicht auf, wie schnell man Zeit ziellos vergeuden kann. Was aus mir würde, wußte ich nicht, es gab nur noch die Clique und Judotraining. Wir beschäftigten uns ausschließlich mit unserem

Jugendzentrumsprojekt und verteidigten unser besetztes Haus. Wir wurden immer mehr, inzwischen kamen auch Jugendliche von außerhalb zu uns. Unser Projekt hatte sich mittlerweile über Greifswald hinaus herumgesprochen.

Es war ein Versuch, die Stadt zu provozieren und zu zeigen: Wenn ihr keinen Platz für uns habt, nehmen wir uns, was wir brauchen. Wir mußten uns selbst um uns kümmern – das hatten wir begriffen. Vielleicht wollten uns die Leute vom Jugendamt wirklich helfen, aber die mußten eine Stelle nach der anderen abbauen und bekamen gleichzeitig immer mehr Problemfälle. Oft waren den MitarbeiterInnen die Hände gebunden. Viele Eltern waren so durcheinander, daß sie keinen Halt mehr geben konnten. Den hätten sie dringend selbst gebraucht. Oder sie hatten so schnell die Seite gewechselt, daß sie in den Augen ihrer Kinder nicht mehr glaubwürdig waren. So versuchten wir, mit uns und der neuen Situation selbst zurechtzukommen. Wir lebten von Augenblick zu Augenblick.

Ich kann nicht mehr genau beschreiben, was damals in mir vorging, was ich eigentlich wollte. »Lieber stehend sterben als kniend leben« und »Wer ewig schluckt, der stirbt von innen« stand damals auf meiner Lederjacke. Diese Sätze geben meine damalige Stimmung ziemlich gut wieder.

Immer öfter überkam mich ein Gefühl völliger Resignation, wenn ich beobachtete, was um mich herum passierte. Wir waren gegen Nazis, und doch standen wir diesem Phänomen bei allem Aktionismus hilflos gegenüber. Wir wollten frei sein angesichts immer enger werdender Spielräume, wie sie sich durch die Revolution in der DDR zunächst aufgetan hatten. Wir wollten unseren eigenen Weg gehen, wurden aber immer wieder autoritär gebremst.

Immerhin: Wir konnten endlich anders sein, bunte Haare, Irokesenschnitt, wild verzierte Lederjacken und antiautoritär. Wir verstanden uns als links, obwohl wir nicht genau wußten, was das eigentlich ist. Aber auch wenn wir Wert darauf legten, uns von allen anderen zu unterscheiden, so wollten wir doch nicht ausgegrenzt werden. Aber die Parteien von CDU bis PDS behandelten uns als Außenseiter, wenn nicht gar als Aussätzige.

Ganz unschuldig waren wir daran natürlich nicht. Wir suchten Anerkennung und taten alles, um sie nicht zu bekommen. Wir machten alle Leute an, ohne Rücksicht auf Verluste, und schauten nicht, wer uns vielleicht wirklich helfen wollte. Wir warfen die Erwachsenen in einen Topf, für uns waren sie alte oder neue Spießer, die uns sowieso nicht verstehen wollten oder konnten. Früher waren sie brave Bürger der DDR gewesen, und nun waren sie brave Bürger der BRD. Sie ließen ihre Fähnlein im Wind flattern, egal, woher er wehte. Und sie waren so intolerant geblieben wie früher. Häuser besetzen, das durfte nicht sein. Was wir denn eigentlich wollten, wo wir doch nun endlich in der Freiheit leben durften?

Manchmal fühlten wir uns wie zu DDR-Zeiten. Jedenfalls waren unsere Aussichten, unsere Wünsche durchzusetzen, vergleichbar gering. Wir wollten ein Jugendzentrum, in dem wir selbst bestimmen konnten, was passierte. Das genau jedoch war das Problem. Die Politiker redeten davon, daß die freie Jugendarbeit gefördert werden müsse. Aber uns und unsere Ideen von Freiheit und Antifaschismus meinten sie damit nicht.

Ich war deprimiert, weil wir mit unserem Jugendzentrumsprojekt nicht vorankamen. Ich kiffte mit den anderen, um wenigstens Spaß zu haben, wenn schon sonst nichts geschah. Wir schrieben Konzepte, diskutierten nächtelang, und ich verband damit die Hoffnung, eigene Vorstellungen umsetzen zu können. Es interessierte aber keinen, was wir wollten. Aufmerksamkeit bekam man nur, wenn man irgendwie auffiel; so ist es heute ja noch.

Ich lief Träumen hinterher und fühlte immer häufiger, daß es sich wohl ausgeträumt hatte. Ich ging allein auf Friedhöfe – nein, bevor Sie jetzt fragen, ich habe keine Leichen ausgegraben –, lief zwischen den Grabsteinen herum und hing meinen trüben Gedanken nach. Es war nicht die Sehnsucht nach dem Tod, die mich dort hintrieb, sondern die Ruhe und Einsamkeit, die ich fand. Aber seltsamerweise war meine Resignation immer wieder ein Grund, weiterzumachen, mich aus meinen Depressionen aufzurichten, weiterzusuchen nach einer Perspektive.

Damals merkte ich, daß ich mich auf Gruftipartys wohler fühlte als in meinem Punkdasein. Damit änderten sich auch meine Klamotten ein wenig. Irgendwie mußte es weitergehen, aber wie?

»Das Chaos war aufgebraucht, es war die schönste Zeit«, steht an einer Mauer in Berlin, nahe der heutigen PDS-Zentrale. In der Tat, die Grenzen wurden immer enger, und die vielgelobten Spielräume gab es längst nicht mehr, oder sie waren zumindest gefährdet. Sie wurden einer schnell aufkommenden Machtgier geopfert. Viele hatten gedacht, Zeit zu haben, sich zu besinnen und neu anzufangen. Aber diese Zeit gab es nicht.

Ich meine mit Spielräumen nicht das Chaos, sondern zum Beispiel die Runden Tische, diese urdemokratischen Einrichtungen. An den Runden Tischen entschied nicht irgendeine Regierung. Vielmehr wurden Beschlüsse nach eingehender Erörterung von den unterschiedlichsten politischen Kräften gefaßt. Diese wußten viel besser, was die Bürger wollten, als die meist abgehobenen Vertreter der heute regierenden Parteien. So dachte ich jedenfalls damals, auch wenn es aus heutiger Sicht ein wenig naiv erscheint.

Aber die neuen Bundesländer durften ihre politischen Eigenheiten, Ergebnisse der Revolution, nicht behalten. Es sortierte sich nun im Osten, wie es im Westen schon war. Vera Lengsfeld, Rainer Eppelmann und andere Bürgerrechtler sind heute in der CDU, vielleicht gehörten sie nie woanders hin? Gewiß hat auch das Bestreben mancher Bürgerrechtler, den Westen in den Osten zu importieren, dazu beigetragen, daß die Chancen, einen eigenen Weg zu gehen, so leichtfertig aufgegeben wurde. Der Wunsch nach der D-Mark hätte nicht zum Ausverkauf unseres gerade erworbenen Selbstbewußtseins führen dürfen. Menschen, die sich mit viel Kraft, Mut und Selbstbewußtsein befreit hatten von ihrem Schweigen, ließen sich zu Stimmvieh machen. Hätte jemand zu diesem Zeitpunkt die Welt angehalten, ich wäre ausgestiegen. Ich war so enttäuscht von dem, was übriggeblieben war vom großen Aufbruch.

Aber es ging doch irgendwie immer weiter. Wenigstens unser Jugendzentrum wollten wir haben. Wir gründeten einen Jugendverein, um öffentliche Fördermittel bekommen zu können. Der Verein mußte gemeinnützig sein, es galten schon Bundesgesetze, wenn es auch in einigen Fällen noch Übergangsregelungen gab. Unser Alltag bestand nun aus Formularen, Behördengängen, Diskussionsrunden, Vorschriften, Gesetzestexten, Kiffen und Demos. Der Versuch gelebter Anarchie endete allerdings häufig in abendlicher Lethargie. Wir stellten uns eine Gesellschaft ohne Unterdrückung, ein Leben ohne Zwang und ohne Faschos vor. Der Antrieb waren mehr unsere Träume als die Wirklichkeit, die mich wieder und wieder schnell und bedrohlich einholte.

Nachdem unsere Briefaktion gelaufen war, meldeten sich die verschiedensten Leute zu Wort, darunter auch einige, die uns helfen wollten, so etwa Mitglieder der PDS. Damals entstanden meine ersten Kontakte zur PDS. Mehr sollte daraus für eine Weile aber noch nicht werden.

Dann traten auch die Faschos an die Öffentlichkeit. Was für die Linken gelte, müsse auch für die Rechten gelten, sie brauchten ebenfalls einen Raum für sich, erklärten sie. Das sahen die anderen Jugendgruppen, die sich inzwischen auch um eigene Räume bemühten, genauso, außer uns natürlich. In der PDS wurde ebenfalls über den Umgang mit den Nazis diskutiert. Irgendwie konnte ich mich dort mit meiner Position durchsetzen.

Die Rechten waren auch dabei, als die Greifswalder Jugendgruppen über die Gründung eines Stadtjugendrings diskutierten. In ihm sollten alle Greifswalder Jugendgruppen Platz und Stimme haben, also auch die Faschos, wenn sie es denn wollten. Es war einer der unzähligen Versuche, mit ihnen ins Gespräch zu kommen, aber auch dieser ging aus wie das Hornberger Schießen.

Leute vom Jugendamt versuchten zu vermitteln, zwischen den Faschos und uns gab es jedoch nichts zu vermitteln. Die Fronten waren geklärt. Für uns kam es nicht in Frage, mit ihnen Räume zu teilen. Warum ihnen auch noch eine legale Basis für ihre Aktivität in Mecklenburg-Vorpommern geben?

Wohlgemerkt, hier ging es nicht um irregeleitete Jugendliche, mit denen wir uns inhaltlich auseinandergesetzt hätten, auch in einem Jugendzentrum. Hier ging es vielmehr um neonazistische Kader, die Möglichkeiten suchten, ihren Nachwuchs zu schulen. Diese bekamen sie dann auch. Ihnen wurde eine alte Jugendherberge plus Sozialarbeiterin zur Verfügung gestellt.

Noch heute gibt es eine große Naziszene und den entsprechenden Nachwuchs in Greifswald. Noch heute sind Leute von gestern dabei. Sie konnten ihre Strukturen kontinuierlich weiterführen. Es gab genug Jugendliche, die nur darauf warteten, einen ordentlichen Führer zu bekommen. Einer, der ihnen wieder sagte, wo es langging. So wie früher in der DDR, nur unter anderem Vorzeichen. Orientierungslosigkeit ist eine Einladung für Rattenfänger. Und die Ausländerfeindlichkeit fiel auf fruchtbaren Boden, denn in der DDR waren ausländische BürgerInnen keineswegs integriert worden, dem »proletarischen Internationalismus« zum Trotz.

Wir hofften, über den Stadtjugendring offiziell an den Sitzungen des Jugendhilfeausschusses der Bürgerschaft teilnehmen zu dürfen. Das wäre eine Möglichkeit gewesen, unsere Forderungen gegenüber der Stadtverwaltung direkt vorzutragen. Aber die Gründung des Stadtjugendrings zog sich hin,

Vorschriften über Vorschriften mußten beachtet werden. Bei den Stadtoberen fehlte auch der Wille.

Solange es kein gemeinsames Gremium gab, versuchten einzelne Gruppen, ihre Interessen durchzusetzen. Wir zum Beispiel durften mit einem Vertreter an den Jugendhilfeausschußsitzungen teilnehmen.

Aber viele von denen, die mit angefangen hatten beim Jugendzentrumsprojekt, hatten inzwischen aufgegeben. Wem kann man es verdenken? Ging der Streit doch bereits länger als zwei Jahre. Da brauchte man schon ein besonderes Stehvermögen, um die Nervereien zu ertragen. In den Ausschüssen der Bürgerschaft gab es immer das gleiche Gelaber: Wir können nicht, wir haben nicht, ihr müßt erst dies und das machen ...

Immer wenn wir Auflagen der Stadtverwaltung erfüllt hatten, kamen wie aus dem Nichts plötzlich neue. Am Ende waren wir gerade noch eine Handvoll Leute, die sich für das Projekt stark machten. Wir ließen nicht locker, und im Oktober 1991 wurden unsere Bemühungen endlich belohnt. Ein altes Kinderheim wurde geräumt und sollte uns nun zur Hälfte zur Verfügung stehen.

Bei der Besichtigung erzählte uns der Hausmeister, warum die Kinder auszogen und wir einziehen durften. Aus den Öfen trete Kohlenmonoxid aus, das sei Gift für den Menschen. Wir glaubten, nicht richtig zu hören, und beschwerten uns beim Jugendamt. Die Antwort kam prompt: Das Kohlenmonoxid verseuche nur die eine Hälfte des Hauses, und die bekämen wir nicht. Nun gibt es aber bekanntlich Türschlösser und meist einen Spalt zwischen Fußboden und Türabschluß, wir sollten offenbar verschaukelt werden.

Und doch war klar, daß wir das Haus nehmen würden. Wir bestanden aber darauf, daß die Öfen saniert wurden. Später geschah dies auch, zunächst mußten wir jedoch mit dem Kohlenmonoxid in der Nachbarhälfte leben. Um keinen Preis wollten wir dieses Objekt verlieren und wieder von vorne anfangen. Dann hätten wir unser Jugendzentrum bestimmt heute noch nicht.

So aber gibt es das Jugendzentrum in Greifswald immer noch, es nennt sich »Klex«. Unsere Hartnäckigkeit hatte sich gelohnt, aber so lange hätte es nicht dauern müssen. Es ist mir unverständlich, warum gerade die Jugendarbeit bis heute dermaßen bürokratisiert ist. Es ist ihr praktisch unmöglich, auf neue Herausforderungen zu reagieren. Dabei ist doch Flexibilität eine Voraussetzung für Erfolge in der Jugendarbeit. Jugend braucht Räume und Perspektiven, keine Bürokratie und Regeln, die sie in ihrer Selbstverwirklichung behindern.

Rentner ärgern

Im Januar 1992 wurde dann endlich der Stadtjugendring gegründet. Zu diesem Zeitpunkt wohnte ich schon mit einem Bein in Berlin. Ich war bei der Gründung als Vertreterin unseres »Greifswalder Jugend e. V.« dabei, aber mit der Namengebung und der Ausgestaltung unseres so hart erkämpften Hauses hatte ich leider nichts mehr zu tun. Mein Leben hatte schon wieder eine Wende genommen, und auch diese hatte einschneidende Folgen.

Ich hatte in Greifswald und während der Anti-Einheitsdemonstrationen 1990 PDS-Leute kennengelernt, besonders junge Mitglieder, die sich in der Arbeitsgemeinschaft »Junge GenossInnen« organisiert hatten. Bald nahm ich regelmäßig an Treffen der Greifswalder AG teil. Und schließlich wurde ich auch PDS-Mitglied. Das war damals ziemlich ungewöhnlich, verlor die PDS ihre Mitgliedschaft doch gerade scharenweise. Zu Zehntausenden traten einstige SED-Genossen aus.

Wenn alle austreten, kannst du ja eintreten und zeigen, daß es nicht nur Rentner in dieser Partei gibt, dachte ich mir. Das war keine Entscheidung für den Sozialismus – welcher Art auch immer –, sondern eher eine spontane Trotzreaktion.

Außerdem konnte ich mich mit der Kritik an der deutschen Einheit identifizieren, und die alternativen Vorstellungen der PDS dazu leuchteten mir ein. Auch hatte ich Achtung vor jenen, die in der PDS versuchten, eine kritische Diskussion über die SED-Vergangenheit zu führen. Das waren jüngere und ältere Mitglieder. Ich bildete mir ein, daß ich zur Aufarbeitung dieser Vergangenheit ein bißchen beitragen könnte. Man mußte ja nicht in der SED gewesen sein, um sich für die Geschichte der DDR zu interessieren und auch mitverantwortlich zu fühlen. Nachdem ich an einigen PDS-Veranstaltungen teilgenommen hatte, erschien mir gerade die Diskussion über die Geschichte als ein wichtiger Ausgangspunkt für neue

Ideen. Wie kann man klare Perspektiven haben, wenn man mit seiner Vergangenheit nicht im klaren ist?

Hinzu kommt noch etwas anderes: Ich war damals auf der Suche und meinte, etwas gefunden zu haben. Und zwar etwas, das ich die ganze Zeit vermißt hatte. Das war die Verknüpfung von Aktion, Diskussion und Zielen. In unserer Gruppe in Greifswald waren wir oft bei Aktionen stehengeblieben, ohne über eventuelle Folgen und vor allem Ziele nachzudenken. Immer öfter war ich an Grenzen gestoßen.

In der PDS dagegen gab es Leute, die Aktionen und die Diskussion über Ziele miteinander verbanden. Über das Morgen, das auch ich aus den Augen verloren hatte, wurde in der PDS gründlich gestritten. Es geht immer um Vergangenheit, Gegenwart und Zukunft. Die Nachfolgepartei der SED mußte und muß sich täglich mit dem gescheiterten Sozialismus auseinandersetzen. Dafür sorgten KritikerInnen von innen und außen. Gleichzeitig muß die PDS sich als in Kommunalparlamenten, in Landtagen und im Bundestag vertretene Partei in die Tagespolitik einmischen.

Die Zukunft lag für uns damals weit hinter der deutschen Einheit, besonders für die AG »Junge GenossInnen«. Was bedeutete uns noch Sozialismus? War er wirklich eine Alternative? Kann es Sozialismus überhaupt geben mit den Menschen, wie sie sind?

So stieß ich in vielen Diskussionen an vielen Abenden immer wieder auf Verknüpfungen zwischen Fragen der Vergangenheit, der Gegenwart und der Zukunft. In den Tag hineinzuleben war leicht, brachte einem aber am Ende eine Menge Leere ein. Wir hatten für den Moment gelebt, aber das reichte mir nicht mehr aus. Und wir hatten oft schon so reagiert und funktioniert, wie es von uns erwartet worden war.

Als jedoch im Oktober 1990 der Finanzskandal öffentlich wurde, bekam ich große Zweifel, ob es richtig gewesen war, in die PDS einzutreten. Der damalige stellvertretende Parteivorsitzende Wolfgang Pohl und der Leiter des Bereichs Parteifinanzen, Wolfgang Langnitschke, hatten versucht, 107 Millionen Mark aus der PDS-Kasse nach Moskau zu verschieben. Aus Angst vor einer Enteignung und der Arbeitsunfähigkeit der Partei wollten sie »Reserven« in Sicherheit bringen. Die Transaktion flog aber auf, und die Staatsanwaltschaft leitete Ermittlungen gegen die PDS und einzelne Parteivertreter ein. Es gab Hausdurchsuchungen in der Zentrale. Die beiden Finanzjongleure wurden vom Parteivorstand zur Rechenschaft gezogen und verloren ihre Ämter. Für viele Mitglieder war der Finanzskandal letzter Anstoß oder auch Grund, ihr Parteibuch zurückzugeben. Andere befürchteten wie Pohl und Langnitschke, daß die Partei bald in die Illegalität gehen müsse, und hielten es für richtig, gewissermaßen eine »schwarze Kasse« anzulegen. Wiederum andere forderten, daß das Geld aus Moskau zurückgeholt werden müsse. Auch ich vertrat diese Ansicht.

Ich war völlig verunsichert. Am 28. Oktober fuhr ich nach Berlin, um an einer PDS-Kundgebung zum Finanzskandal teilzunehmen. Nachdem es hieß, daß Pohl und Langnitschke ihre Transaktion am Parteivorstand vorbei und ohne Wissen der anderen Mitglieder des Präsidiums unternommen hatten, dachte ich mir, du kannst es ja doch mal versuchen mit dieser komischen PDS. Der Versuch dauert bis heute an.

Aber wieder zurück nach Greifswald. Auf einer Sitzung der AG »Junge GenossInnen« in Greifswald im Oktober 1990 wurde gefragt, wer Lust hätte, mit nach Berlin zu einer Bundeskonferenz der Arbeitsgemeinschaft zu fahren. Berlin war immer eine Reise wert, und ich meldete mich ganz spontan, ohne auch nur zu ahnen, daß diese Entscheidung mein Leben erneut umkrempeln würde.

Ich hatte keine Vorstellung, wie es auf einer solchen Bundeskonferenz zuging. Bestimmt anders als auf den Veranstaltungen meiner Greifswalder GenossInnen. Ich war gespannt.

Die Bundeskonferenz tagte im »Haus am Köllnischen Park« in Berlin-Mitte. Mehr als 500 junge Leute diskutierten über Geschichte, Gegenwart und Zukunft, über geplante Aktionen und über den PDS-Parteitag, der am 26. und 27. Januar 1991 in Berlin stattfinden sollte. In der Partei gab es heftige Auseinandersetzungen über die Aufarbeitung der Vergangenheit, über die Stasi und die Strategie. Davon hatte ich bis zu diesem Zeitpunkt noch nicht viel mitbekommen. Es interessierte mich auch nicht weiter. Da wurden Äußerungen damaliger PDS-Größen zitiert, und ich kannte gerade mal meine Greifswalder GenossInnen sowie Gregor Gysi und Hans Modrow aus dem Fernsehen. Ich begriff wenig bis gar nichts.

Neu war für mich auch die Art und Weise der Diskussion. Man brüllte durcheinander und beschimpfte sich auch. Es ging querbeet. Vor allem, wenn einzelne Redebeiträge sich nicht aufeinander bezogen, wurde es schwierig, der Diskussion zu folgen. Für mich stellte sich die Konferenz als ein einziges Chaos dar. Ich sollte diese Form der gelebten Anarchie später noch oft erleben. In Greifswald tickten die Uhren aber anders. Und Mecklenburg-Vorpommern hinkt der Zeit ja immer etwas hinterher.

Diskutiert wurde auch über die Frage, welche KandidatInnen wir für den neu zu wählenden PDS-Bundesvorstand auf dem kommenden Parteitag benennen sollten. Mir war das egal, warum sollte ich mir darüber Gedanken machen? Ich kannte sowieso kaum jemanden auf dieser Konferenz, und woher sollte ich also wissen, wer geeignet war, in den PDS-Vorstand zu gehen.

Ich kam während der Konferenz mit vielen ins Gespräch, meldete mich auch zu Wort, als es um Jugendarbeit in den Kommunen ging. Da hatte ich ja nun einige Erfahrungen sammeln können. Diese besaßen die meisten Anwesenden nicht, weil sie sich nur mit der »großen Politik« beschäftigten. Ich fühlte, daß ich trotz aller anfänglichen Fremdheit dazugehörte, als es um Themen ging, bei denen ich mitreden konnte.

Meine Diskussionsbeiträge hatten eine unerwartete Folge. Zumindest führe ich es auf sie zurück, daß irgend jemand vorschlug, mich zu einer der Delegierten für den anstehenden PDS-Parteitag zu wählen. Die Idee fand ich lustig und spannend, und ich ließ mich aufstellen. Rentner ärgern hatte mir schon immer Spaß gemacht.

Ich wurde gewählt, und so fuhr ich einige Wochen später wieder nach Berlin, diesmal zum PDS-Parteitag. Was eine Parteitagsdelegierung bedeutete, war mir nicht klar. Ich hatte mich mit Parteien und ihrer Funktionsweise nie beschäftigt. Wenn ich ehrlich bin, habe ich die Delegierung nur ein bißchen ernst genommen. Ich fand es prima, daß ich einfach so vorgeschlagen worden war, und es brachte Abwechslung in meinen Alltag. Irgendwelche Ambitionen hatte ich nicht.

Zufällig im Parteivorstand

Auf dem Parteitag amüsierte ich mich hin und wieder nicht schlecht. Ich verfolgte die Diskussionen, war aber eher damit beschäftigt, mir die anwesenden GenossInnen anzuschauen. Wie schon zuvor auf der Konferenz der Jungen GenossInnen konnte ich sowieso nicht viel mit den Diskussionen anfangen. Mir war zwar vorher erklärt worden, was auf diesem Parteitag anstand, aber tief in mein Gedächtnis haben sich die Debatten nicht eingeprägt. Es ging einmal mehr um das Scheitern des realen Sozialismus und vor allem um die Schlußfolgerungen, die die Partei daraus ziehen wollte.

Gregor Gysi erklärte in seinem Rechenschaftsbericht, »die ursprüngliche Idee des Sozialismus, daß sich die Menschen selbst eine sozial gerechte, demokratische und solidarische Gesellschaft schaffen«, sei nicht nur nicht eingelöst, sondern auch »auf wesentlichen Gebieten ins Gegenteil verkehrt« worden. So hatte ich die DDR auch erlebt. Der Parteitag protestierte gegen den Golfkrieg der USA und ihrer Verbündeten. Und natürlich war das Thema »Westausdehnung der PDS« Gegenstand der Debatten. Daraus wurde dann eine echte Hängepartie mit bis heute offenem Ende.

Die AG »Junge GenossInnen« fand die Bewertungen und Vorschläge des Parteivorstands keineswegs nur erfreulich. Die AG kritisierte in einem Papier, daß die Verhältnisse in der DDR »vereinfacht« und »tendenziell falsch dargestellt« würden. »Ausgeblendet werden politische Haft, Bespitzelung, Abschiebung.« Und weiter:

Zum solidarischen Gefühl, das uns als Geborgenheit erschien, gehörte fehlende Auseinandersetzung, ungenügende Leistungsmotivation. Es war auch die Geborgenheit der Stagnation! Dazu gehört auch Anpassung, Rückweg ins Private, Wohlstandsdenken, Untertanengeist.

Insgesamt war ich auf dem Parteitag hin- und hergerissen zwischen Begeisterung und Langeweile. Vieles kam mir dröge vor. Manche Referate klangen zu sehr nach SED. Aber an viele Wortmeldungen kann ich mich nicht mehr erinnern. Woran immer auch das liegen mag, an den Diskussionsbeiträgen oder an meinem schlechten Gedächtnis. Die parteioffizielle Chronik bescheinigt diesem Parteitag jedenfalls »Defizite in der Streitkultur«. So kann man das auch sagen.

Die KandidatInnen der Jungen GenossInnen für den 69köpfigen PDS-Vorstand waren bereits auf der AG-Konferenz im »Haus am Köllnischen Park« gewählt worden. Wir rechneten mit mindestens acht Sitzen und hatten auch acht KandidatInnen aufgestellt, vier Frauen und vier Männer. Aber während des Parteitags, kurz bevor die Listen für die Vorstandswahlen geschlossen wurden, zogen zwei Genossinnen ihre Kandidatur zurück.

Eilig wurde ein kleines Treffen der anwesenden AG-Mitglieder zusammengetrommelt, auch ich wurde dazugeholt. Nun wurde gerätselt, wer an Stelle der beiden Frauen antreten könnte. Auf einmal fielen einige Blicke in meine Richtung, und die Wahl war getroffen. »Wär' schön, wenn du es machen würdest, wir unterstützen dich. Wir müssen unsere Chancen voll ausschöpfen, es wäre schade, wenn wir auf Sitze verzichten müßten«, wurde mir erklärt, als ich Einwände erhob. Alle waren dafür, daß ich es versuchen sollte. Ich sagte nach einer Weile ja, ganz in dem Glauben, ohnehin nicht gewählt zu werden. Warum auch, mich kannte ja keiner, und zu Wort hatte ich mich auch nicht gemeldet?

Nicht jeder Kandidat und jede Kandidatin mußte sich auf dem Parteitag vorstellen. Bei 200 Bewerbungen wäre das auch nicht möglich gewesen. Die Namen der meisten KandidatInnen wurden lediglich verlesen. Dann wurden die Stimmzettel eingesammelt, und nach einer Weile verkündete der Wahlleiter das Ergebnis. Alle angetretenen Jungen GenossInnen waren gewählt worden, also auch ich. Und nun?

Gregor Gysi war erneut als Vorsitzender gewählt worden, Marlies Deneke und André Brie als StellvertreterInnen; Wolfgang Gehrcke war Bundesgeschäftsführer und Dietmar Bartsch Schatzmeister. Der Parteitag ging nach 33stündigen Beratungen zu Ende, ich fuhr zurück nach Greifswald und war Mitglied des Bundesvorstands der PDS. Ich fand das alles eher witzig und wußte gar nicht so recht, was es bedeutete, geschweige denn, daß ich mir im klaren darüber gewesen wäre, was ein Parteivorstand zu tun hat.

Nun reiste ich regelmäßig nach Berlin. Alle vier Wochen tagte der Vorstand öffentlich im ehemaligen ZK-Institut für Marxismus-Leninismus (IML) in der Wilhelm-Pieck-Straße, die heute Torstraße heißt. Meist nahmen rund 150 Leute teil, und oft wußte man gar nicht, wer Mitglied im Vorstand war und wer nur als Gast mitdiskutierte. Mit einem Mal sah ich mich Leuten gegenüber, die landesweit bekannt waren, wie zum Beispiel dem Parteivorsitzenden Gregor Gysi oder Hans Modrow, dessen Biographie mich sehr beeindruckte.

Damals schlitterte die PDS von einer Krise in die nächste, es gab Austritte und Streitereien übers Geld und über die Stasi. Mit diesen Dingen hatte ich in Greifswald nicht viel zu tun gehabt. Ich verstand zunächst meistens Bahnhof und fühlte mich auf den ersten Sitzungen des Parteivorstands ziemlich fehl am Platz.

Am 17. Februar 1991 verabschiedete der Parteivorstand ein Aktionsprogramm gegen den wirtschaftlichen und sozialen Niedergang in den neuen Bundesländern. Es fiel mir nicht leicht, mir eine Meinung zu bilden über die Situation in der Landwirtschaft, den ostdeutschen Ländern und Kommunen oder über die Abwicklungen in Wissenschaft und Kultur. Außerdem wurde ein achtzehnköpfiges Präsidium des Vorstands gewählt. Ich kannte die meisten Kandidaten nicht. Trotz aller Unkenntnis mußte ich mich in Sach- und in Personalfragen für irgend etwas und für irgend jemanden entscheiden. Meine GenossInnen von unserer AG versuchten mir so gut wie möglich unter die Arme zu greifen.

Vielleicht glauben Sie mir ja nicht, daß man auf die beschriebene Art und Weise Mitglied des nach dem Parteitag höchsten Beschlußgremiums einer bundesweit arbeitenden Partei werden konnte. Auch ich halte diesen Vorgang für ziemlich unglaubwürdig, aber es war so. Bei aller Unprofessionalität, die hier möglicherweise auch zutage trat, bewundere ich die damaligen Funktionäre der PDS für ihren Mut, sich auf solche Unwägbarkeiten einzulassen. Das hätte es in der SED nun wirklich nicht gegeben.

Solche ungewöhnlichen Facetten haben die PDS spannend gemacht für mich, und sie haben die Attraktivität der Partei generell nur erhöht. Ihrem unkonventionellen Erscheinungsbild verdankt die PDS viele neue Mitglieder, und es gibt bis heute nichts, was die Partei dringender braucht.

Viele Vorstandssitzungen habe ich als ziemlich langweilig und ermüdend empfunden. Stundenlange Diskussionen wurden geführt, oft weil jeder sich zu allem äußern mußte, egal, ob er wirklich etwas zu sagen hatte. Bei mehr als sechzig Vorstandsmitgliedern und zahlreichen Gästen kann sich jeder vorstellen, was ich ertragen mußte. Es waren kleine Parteitage.

Und manchmal artete die Vorstandsmitgliedschaft trotz aller Rederei richtig in Arbeit aus. Als die Vorstandsmitglieder der AG »Junge GenossInnen« beantragten, eine Sitzung zum Thema Jugend durchzuführen, sollten wir die Leitung und die Einführungsreferate übernehmen. Das war auch richtig. Wie so oft jedoch waren einige mit dem Mundwerk schneller dabei als mit Taten. Als es an die Umsetzung der eigenen Ziele ging, hielt sich die Bereitschaft, etwas zu tun, bei den meisten MitgenossInnen doch arg in Grenzen.

Das Einstiegsreferat sollte ich halten. Knapp zwölf Stunden vor Beginn der Sitzung existierte davon nicht eine einzige Zeile. Das war die traurige Voraussetzung meines ersten großen Auftritts im Vorstand auf seiner Tagung am 11. und 12. Mai 1991 in Berlin. Ich hatte eine Dreiviertelstunde Redezeit. Aber was sollte ich in dieser langen Zeit sagen? Wie sollten wir ein so langes Referat bis zum nächsten Morgen hinkriegen?

Uns blieb nichts anderes übrig, als anzufangen. Wir konnten den Tagesordnungspunkt ja nicht wegzaubern. Und so schrieben wir zu zweit, zeitweise zu dritt die ganze Nacht an meinem Referat. Es war ein richtiger Gewaltritt, aber keiner, der mir am nächsten Vormittag zuhörte, wäre auf die Idee gekommen, daß das Manuskript erst zehn Minuten vor Sitzungsbeginn fertig geworden war. Ich fühlte mich hundeelend und war völlig übernächtigt, aber glücklich, daß wir es doch noch hinbekommen hatten. Aufgeregt trat ich ans Mikrophon.

In diesem Referat sprach ich kritisch über meine FDJ-Zeit. Ich berichtete von Erfahrungen in der Jugendarbeit in Greifswald, wies auf den aufkommenden Rechtsextremismus hin und auf die sich daraus ergebenen Herausforderungen für die PDS. Außerdem ging es um Fragen der Ausbildung und der Bildung an den Schulen. Am Ende formulierte ich Schlußfolgerungen für die PDS-Jugendpolitik.

Wir von der AG wollten keinen Jugendverband der Partei gründen. Das war unsere Lehre aus dem unsäglichen Dasein der FDJ als »Kampfreserve« und Spiegelbild der SED. Die FDJ hatte kein eigenes Profil gehabt. Statt eines Verbands wollten wir das Modell der offenen Arbeitsgemeinschaft in der PDS fortführen und gleichberechtigter Partner der Partei sein.

In der anschließenden Diskussion kritisierten natürlich manche das Referat: Es greife zu kurz und habe nicht alle wichtigen Aspekte berührt. Aber nach einer langen Auseinandersetzung kam der Vorstand zu dem Ergebnis, daß unsere AG noch selbständiger werden sollte. Ich war froh, daß die Nachtarbeit nicht umsonst gewesen war und ich das Referat ohne Stottern vorgetragen hatte. Auf der Rückfahrt nach Greifswald konnte ich es immer noch nicht glauben, was man in einer einzigen Nacht schaffen kann.

Es gab allerdings auch Reisen nach Berlin, die weniger erfreulich ausgingen. Die Sitzungen des Parteivorstandes dauerten zwei Tage. Weil viele PV-Mitglieder werktags arbeiteten, fanden die Tagungen am Wochenende statt. An irgendeinem Sonntag hatten wir schon wieder lange debattiert, und alle wollten nach Hause. Es war oft anstrengend, mit so vielen Leuten über so viele wichtige Fragen zu streiten. Als die Sitzung gegen siebzehn oder achtzehn Uhr endlich fertig war, mußte ich zum Bahnhof Lichtenberg, wo mein Zug nach Greifswald abfuhr. Keiner von den Parteivorständlern hatte Zeit, mich zum Bahnhof zu bringen. Also stieg ich am Alexanderplatz in die S-Bahn.

Der Waggon war proppenvoll, Leute standen im Gang. Müde und abgespannt, war ich froh, einen Sitzplatz zu ergattern. Ich saß da und döste vor mich hin, in Gedanken schon in Greifswald. Der Zug hielt am Nöllendorfer Platz, eine Station vorm Bahnhof Lichtenberg. Mit einem Mal sprangen alle S-Bahn-Türen auf, auch die zur bahnsteigabgewandten Seite. Durch die Türen sprangen Glatzen in den Waggon. Zielstrebig setzte sich ein Fascho zu mir, nachdem er die alte Dame neben mir verscheucht hatte.

Ich trug wie üblich schwarze Klamotten, Stern auf der Hose, einen alten DDR-Sticker im Ohr (als Provokation, nicht aus Nostalgie) und hatte bunte Haare. Im ersten Augenblick hatte ich nicht gemerkt, daß diese Aktion ausschließlich mir galt. Ich saß am Fenster, für jeden zu sehen.

Die Bahn fuhr an und mit ihr rund zwanzig Faschos in meinem Wagen. Innerlich aufgewühlt, versuchte ich ganz cool aus dem Fenster zu gucken. Richtige Angst hatte ich noch nicht, weil ich mir sicher war, daß bei so vielen Fahrgästen mir schon jemand helfen würde. Großer Irrtum, wie sich bald herausstellen sollte.

Um mich herum standen inzwischen fünf, sechs Glatzen, zogen mich an den Haaren, beschimpften mich und schlugen mir in die Seite. Die anderen Leute in der S-Bahn schauten aus dem Fenster und taten so, als wäre nichts. Dann griff einer der Faschos ein und sagte, wir schlagen doch keine jungen deutschen Frauen. Ich atmete auf in der Hoffnung, dieses Mal entkommen zu sein. Aber ich hatte die Rechnung ohne die Begleiterinnen der Glatzen gemacht. Die Gruppe bestand nämlich etwa zur Hälfte aus Frauen. Die sagten nun, sie seien ja schließlich auch noch da, und Frauen dürften doch wohl mal Meinungsverschiedenheiten unter sich austragen. Und: »Wir wollen auch ein bißchen Spaß haben!«

Die Fahrt wurde immer länger, ich dachte, die Bahn müßte doch längst in Lichtenberg sein. In meiner Panik stand ich auf und ging zur Tür. Das sollte an diesem Tag mein größter Fehler sein. Ein Fascho riß während der Fahrt die S-Bahn-Tür auf, an der ich mich gerade postiert hatte. An mir vergriffen sich die Männer nicht, aber sie sicherten die nun folgende Aktion ab. Ich fand mich mit einem Mal zwischen Fahrtwind und S-Bahn-Wagen wieder. Eine der Frauen nahm ihr Feuerzeug und hielt es mir abwechselnd an die Haare und an meine Finger, mit denen ich mich krampfhaft an den Griffen der S-Bahn-Tür festzuklammern versuchte.

Ich hing aus der fahrenden S-Bahn heraus, aber niemand zog wenigstens die Notbremse. Endlich sah ich den Bahnhof. Im gleichen Moment knallte mein Rucksack auch schon gegen eine Betonwand. Ich schaffte es gerade noch, mich festzuhalten, um nicht heruntergerissen zu werden. Als ich das Feuerzeug an den Fingern nicht mehr aushielt, ließ ich los und fiel auf den Bahnsteig. Zwei Faschofrauen sprangen hinterher und schlugen auf mich ein. Jetzt schlug ich zurück, ganz automatisch. Etwas hatte ich ja schließlich in den über zehn Jahren meiner Judoausbildung gelernt.

Plötzlich suchten die Faschos das Weite. Die Bahnpolizei rückte an. Der Inhalt meines Rucksacks war inzwischen auf den S-Bahn-Gleisen vor dem Bahnhof verteilt, und ich wußte nicht, wie mir geschah. Ich lag am Boden und blutete. Jemand, den ich schon im Waggon gesehen hatte, wollte mir nun hochhelfen. Ich schubste ihn unwirsch zur Seite. Jetzt wollte ich auch keine Hilfe mehr. Ich raffte mich auf, ging zu einer Bank und setzte mich erst einmal hin, unfähig zu begreifen, was gerade geschehen war. Ich dachte an die vielen Leute, die wahrscheinlich auch noch zugesehen hätten, wenn ich früher aus dem Waggon gefallen wäre. Jetzt, da ich blutüberströmt auf der Bank saß, kamen einige zu mir. »Können wir helfen?« – »Sollen wir bei der Polizei aussagen?« – »Geht es Ihnen gut?« drang an mein Ohr. Ich weiß noch, daß ich sagte: »Verpißt euch, ihr seid Arschlöcher, auf diese Hilfe kann ich verzichten.« Waren sie doch erst bereit, Hilfe zu leisten, als die Gefahr längst vorüber war.

Ich saß verstört auf der Bahnhofsbank, merkte, daß ich am Ohrläppchen blutete und an der Lippe. Sie hatten mir den Ohrring abgerissen. Ich hatte nur Verachtung für die Leute übrig, die gegafft und nichts getan hatten. Ich wollte, daß sie mich in Ruhe ließen. Sie waren feige, und auf ihr Mitleid konnte ich pfeifen. Sie waren bestimmt dreimal so viele gewesen wie die Faschos im Waggon.

Ich stieg in den Zug nach Greifswald und zitterte während der gesamten Fahrt aus Angst, es würde jeden Augenblick wieder passieren. Diese Angst wird mir immer bleiben, fürchte ich. Um so mehr kann ich nachfühlen, wie sich viele ausländische MitbürgerInnen, Andersdenkende, anders Aussehende und anders Liebende fühlen müssen heute, wo die Faschos noch stärker und aggressiver geworden sind.

Es genügt nicht, Gewaltexzesse zu verurteilen. Man muß öffentlich dagegen protestieren. Es nutzt nichts, sich mit schlechtem Gewissen hinter Gardinen zu verstecken. Wenn wir schweigen, lassen wir viele Menschen allein mit der täglichen Bedrohung durch Übergriffe. Und alle politischen Organisationen müssen aufpassen, nicht die Tendenz zur Gewalt zu verstärken. Ich denke da etwa an ein Flugblatt des Rings Christlich Demokratischer Studenten (RCDS) vom Frühjahr 1998, auf dem eine Faust eine Nickelbrille zerschlägt, die so aussieht wie die Sehgläser Gregor Gysis. Die Ähnlichkeit dürfte kein Zufall sein, denn das RCDS-Flugblatt setzt sich im Text mit Gregor auseinander.

Ich könnte noch unzählige Beispiele von der Feigheit vieler Menschen bringen, aber ich will ja nicht jammern. Nur, wie schön wären ein bißchen mehr Zivilcourage und Widerstand. Nach dieser Devise versuche ich zu leben. Ja, das geht, auch wenn Sie sich das vielleicht nicht vorstellen können. Ein kleines bißchen des Aufbegehrens von 1989 würde so manchem heute wieder gut zu Gesicht stehen. Aber vielleicht verlange ich zuviel? Ist Anpassung ein Menschenrecht? fragt Günter Gaus hin und wieder seine GesprächspartnerInnen.

Intermezzo 2: die Voraussage einer Revolution

Gespräch zwischen Günter Gaus und Angela Marquardt, 15. März 1998
Moderation: Charlotte Wiedemann

Charlotte Wiedemann: Eingangs eine Frage an Sie beide: Was erwarten Sie von den nächsten zehn Jahren? Sie können das im Hinblick auf Deutschland oder auf Europa beantworten. Sind Sie eher besorgt, bedrückt oder optimistisch?

Angela Marquardt: Ich bin bis September 1998 verhaftet im derzeitigen Bundestagswahlkampf. Ich hoffe, daß die PDS wieder in den Bundestag kommt. Wenn ich an die Zeit darüber hinaus denke, bin ich eher bedrückt – gerade, was Deutschland betrifft. Da ist zum Beispiel die Diskussion über die Standortpolitik und über die Wirtschaft. Die Arbeitslosigkeit wird wohl eher steigen. Die rechten Parteien werden in den nächsten zehn Jahren noch mehr Stimmen bekommen.

Ich glaube, daß die Linke – wenn man von einer Linken überhaupt sprechen kann – schwächer werden wird, sie ist ja schon schwach, oder auch peinlicher in ihren Äußerungen, ihrer praktischen Politik, in ihren Antworten. Sie reagiert häufig nur noch oder hat sich aus der öffentlichen Diskussion zurückgezogen. Einige meinen die soziale Marktwirtschaft, was auch immer das ist, propagieren zu müssen. Die anderen versuchen sich in der Beschwörung und Neuauflage der 68er und der »tollen« APO von damals, ohne die veränderten Bedingungen zu berücksichtigen. Besonders unsere autonomen Freunde habe ich bei letzterem im Blick.

Aber die Integration Europas wird wahrscheinlich voranschreiten. Ich kann mir vorstellen, daß die Einführung des Euro, wenn sie denn nicht übereilt erfolgt, Teil eines positiven Integrationsprozesses wird. Man muß dabei aber auf die wirtschaftlich schwächeren Länder und die schwächeren

Währungen eingehen, sonst erreicht man das Gegenteil von Integration. Wenn es mit dem Euro jedoch klappt, dann könnte das solchen Tendenzen wie dem Nationalismus vielleicht auch in Deutschland entgegenwirken. Ich würde deshalb schon auf Europa setzen, aber mit ganz anderen Vorstellungen, als es die jetzige Europapolitik der Bundesregierung verkörpert.

Günter Gaus: Ich denke, daß es eine zunehmende, ja fast schon etablierte Polarisierung geben wird: die Trennung der Gesellschaft in sehr Arme und sehr Reiche. In diesem Sinn werden wir uns weiter amerikanisieren. Ich denke, daß wir in den kommenden zehn Jahren eine Partei links von der SPD haben werden – ob das die PDS ist oder ob das Teile der SPD sein werden. Dies wird Teil der Polarisierung sein. Die Gesellschaft wird durch wachsende Gewalt von rechts und durch eine zunehmende Nationalisierung Europas gekennzeichnet werden. Es ist wahrscheinlich, daß durch die neuen Integrationsstrukturen so viele soziale Verwerfungen in den einzelnen Mitgliedsstaaten der Europäischen Union auftreten, daß unter einem europäischen Mantel eine starke Ellbogennationalisierung entstehen wird – Nation gegen Nation. Das geht einher mit wachsender Ratlosigkeit und einem Ansturm der Armen aus der Dritten Welt und aus der untergegangenen Zweiten Welt gegen die Wohlfahrtsinsel Europa. Auf der sind zwar viele auch sehr arm, aber nicht so arm wie die Menschen in der Dritten Welt.

Dabei wird das beibehalten, was wir als repräsentative Demokratie entwickelt haben und praktizieren. Das ist der Unterschied zur Weimarer Republik. Man muß keine Einparteienherrschaft begründen, man muß nicht Parteien verbieten, außer es erscheint einem nützlich – ob nun nach links oder nach rechts hin –, Extreme zu unterdrücken, weil das für eine gewisse Zeit wie eine Lösung aussieht. Die Politik in Deutschland und dann auch in Europa wird sich strukturell absondern. In der Politik, aber auch in der Wirtschaft, werden zunehmend kleine Gruppen von Experten herrschen. Die Grenzen zwischen den Gruppen in Wirtschaft und Politik werden fließend sein, aber gegenüber allen anderen werden sie das Prinzip des Closed Shop praktizieren. Die Parteien werden weiterhin ihren Eiertanz um die Wähler machen, aber entschieden wird pseudodemokratisch. Es wird zunehmend plebiszitäre Formen geben. Aber eigentlich nur bei Fragen, die nicht wirklich von Bedeutung sind. Damit wird man den Wählern Sand in die Augen streuen.

Angela Marquardt: Ich glaube aber, daß unter diesen Bedingungen das Engagement von jungen Leuten wachsen wird. Es wird sogar in Parteien zunehmen, und die Parteien werden sich auf dieser Grundlage ändern in den nächsten vier, fünf, sechs oder auch zehn Jahren. Deswegen gebe ich Ihnen nicht in allen Punkten recht. Es wird auf Dauer nicht gutgehen, wenn man die jungen Leute oder auch die Armen einfach links liegenläßt. Die Herrschenden werden sich etwas einfallen lassen müssen. Aber ich will damit nicht sagen, daß das demokratisch sein wird.

Günter Gaus: Die Polarisierung, von der ich gesprochen habe, wird gewiß einhergehen mit einer Politisierung, mit dem Entstehen einer ziemlich ohnmächtigen, aber hochengagierten politischen Klasse, die nicht zum Closed Shop der Berufsmanager in Politik und Wirtschaft gehört. Unter den nicht vollkommen manipulierten jüngeren Leuten wird es auch eine Politisierung geben. Aber sie wird sich nur mühsam in politische Fakten ummünzen lassen. Die Fakten werden lange Zeit von anderen gesetzt werden.

Wenn uns jetzt aber unsere Moderatorin dahin bringen könnte, nicht über zehn, sondern über zwanzig Jahre zu reden, dann würde ich zwar nicht viel sagen über die zweiten zehn Jahre, aber doch soviel: Es wird eine Reideologisierung auf der linken Seite stattfinden, und es wird gesellschaftliche Veränderungen geben. Die Armutsmehrheit wird andere politische Antworten suchen, als das ziemlich ausgehöhlte System noch anbieten kann. Die Frage ist, ob es zu einer »Globalisierung« – ein Modewort, ich würde es vorziehen zu sagen »Internationalisierung« – der Benachteiligten kommen kann. Ob begriffen wird, daß die, die von Osten und von Süden gegen Europa anrennen, den Benachteiligten in Europa näher sind als Europas Reiche.

Wenn das geschieht, dann gibt es eine neue Wende, und zwar eine wirklich radikale. Aber dafür braucht es mehr als zehn Jahre. Das hat nichts Bedrückendes. Es ist wunderbar. Es ist die Voraussage einer Revolution.

Charlotte Wiedemann: Von der Revolution der Zukunft zu den Umbrüchen der jüngsten Vergangenheit. Glauben Sie nicht, daß die Linke in Ost-, aber auch in Westdeutschland ein sehr bedrückendes Erbe hinterlassen hat?

Angela Marquardt: Das ist so. Ich habe mich im Affekt entschieden, in die PDS einzutreten. Links war ich schon vorher. Die Punks waren für mich explizit links, aber sie hatten natürlich nichts mit dem zu tun, was ich aus der Geschichte als links kannte. Als ich in die PDS ging, mußte ich Diskussionen über Geschichte führen. Dort begegnet mir die Vergangenheit tagtäglich, was die DDR betrifft und noch weiter zurück. Je länger ich in der PDS bin, um so schwerer fällt es mir zu sagen, ich sei Sozialistin oder Kommunistin. Ich will mich nicht so festlegen und bleibe lieber bei dem Begriff links. Ich bin links. Aber gerade angesichts der finsteren SED-Geschichte muß ich mich immer wieder von neuem befragen, warum ich links bin, warum ich heute so denke und ob ich das noch mit ehrlichem Herzen vertreten kann. Den jungen Leuten, die sich heute links engagieren, wurde ein bitteres, bedrückendes Erbe hinterlassen. Das ist für mich aber kein Grund, aufzugeben.

Günter Gaus: Ich denke, daß sich in den nächsten zehn Jahren eine Diskussion entwickeln wird, die die Erblast der traditionellen Linken verringert. Es gibt keinen Dissens mehr zwischen den politischen Parteien links und rechts, daß die alte, sozialverträgliche Bundesrepublik nicht mehr zu finanzieren ist, daß sie sich ändern muß und daß sie sich ja schon täglich ändert. Also wird man früher oder später nicht umhinkönnen, neu zu begründen, warum denn das scheinbar so siegreiche System der alten Bundesrepublik – siegreich über die DDR und über die Zweite Welt, die mit der Sowjetunion zusammengebrochen ist – immer noch das bessere System sei. Es wird nicht genügen, zu sagen, die »Bild«-Zeitung sei viel lesbarer, als es das »Neue Deutschland« war. Das ist zwar richtig, aber es reicht nicht aus, um die Überzeugung zu bewahren, daß die DDR den Vergleich mit der Bundesrepublik in keiner Hinsicht aushalte.

Immerhin sind manche mittlerweile nachdenklich geworden und haben Felder entdeckt, in denen, vorsichtig formuliert, die DDR nicht schlechter war als die Bundesrepublik. Ein paar Institutionen des Bildungssystems etwa hätte man vielleicht doch ins vereinte Deutschland übernehmen sollen.

Aber im großen und ganzen muß überhaupt nicht bewiesen werden, daß das siegreiche System zu Recht gesiegt hat. Wenn es sich nun jedoch radikal verändert mit dem Ende des Sozialstaats – wie es ja schon heute geschieht –, dann wird irgendwann einmal von unten, von den Armen, von links, im Hinblick auf dieses System gefordert werden: Nun begründe dich mal neu! Erkläre, warum du weiterhin als das überlegene System gelten willst! Wenn diese Diskussion in Gang kommt, dann erscheint die Erblast der Linken weniger gewichtig.

Es ist beispielsweise einfach nicht wahr, daß es dem Dauerarbeitslosen in Mecklenburg heute besser geht, als es ihm in der LPG im Bezirk Schwerin gegangen ist. Es ist immer noch so, daß die Tonangebenden im Land, zu denen wir alle drei auf unterschiedliche Weise gehören, die eigenen Werte und Bedürfnisse für die Werte und Bedürfnisse aller halten. Nun ist es aber nicht das Bedürfnis eines Dauerarbeitslosen, Kafka zu lesen, wann er es will. Er hat naturgemäß ein ganz anderes Bedürfnis. Dieses wird jedoch nicht wirklich aufgenommen in unserer Werteskala.

Einem Mecklenburger, der seit sechs oder sieben Jahren arbeitslos ist, ging es in der DDR besser, wenn er sich auf seine Nische beschränkt und den Kopf nicht zu weit herausgestreckt hat. Leider gehört immer noch Mut dazu, eine so schlichte Wahrheit auszusprechen. Es ist kein Zeichen von Toleranz, sondern skandalös, daß viele in der heutigen Bundesrepublik solche Tatsachen nicht hören wollen.

Charlotte Wiedemann: Hören Sie das nicht auch aus der PDS?

Angela Marquardt: Das würde bestimmt vielen Genossinnen und Genossen gefallen.

Günter Gaus: Das kann doch aber kein Grund sein, daß man es nicht sagt.

Angela Marquardt: Das ist richtig. Meine Schulbildung ist gut, und ich hätte auch eine gute Ausbildung in der DDR genossen. Und ich wäre mit Sicherheit nicht arbeitslos geworden. Aber ich finde, das darf man nicht losgelöst sehen.

Günter Gaus: Wovon darf man es nicht loslösen? Von dem Recht, zu Kafka zu greifen, wann immer man will?

Angela Marquardt: Ich denke, daß man es nicht loslösen darf von der allgemeinen Situation in der DDR. Ich will mich nicht als Richterin aufspielen, weil ich dort nicht gelitten habe und relativ friedlich aufgewachsen bin. Gut, man ist nicht arbeitslos geworden, aber wenn man etwas machen wollte, was nicht in den Kram der SED paßte, gab es Repressionen.

Günter Gaus: Sagen Sie mir, wo der Unterschied zu heute ist. Das ist doch der Ansatzpunkt meiner Analyse, daß sie heute, wenn sie arbeitslos und vierzig Jahre oder älter sind, gleichermaßen Zwängen unterliegen, wenn auch diese Zwänge anders aussehen als in der DDR. Sie können doch nicht sagen, ich will mich verändern, ich will umziehen, ich will eine andere Wohnung, ich will dies, ich will jenes, wenn sie arbeitslos sind und das auch bleiben. Zumal die Sozialhilfe weiter gekürzt wird und die Gleichheit der Chancen – die einzige Gleichheit, über die man real reden kann – immer mehr verschwindet.

Das Großartigste, was die SPD in der alten Bundesrepublik zustande gebracht hat, war, daß sie die Scheu der Unterschicht vor der höheren Bildung ihrer Kinder zerstreut hat. Es haben mehr Unterschichteltern ihre Kinder höheren Bildungseinrichtungen anvertraut, und sie haben die Entfremdung, die darin als Gefahr ruht, nicht mehr als ausschlaggebend angesehen. Sie haben sich getraut, ihre Kinder in Bildung und Ausbildung über sich hinauswachsen zu lassen.

Ein Dauerarbeitsloser hat diesen Mut nicht mehr, er bekommt diesen Gedanken gar nicht mehr in den Kopf. Die Gleichheit – wenigstens der Bildungschancen – ist in Wahrheit schon verloren.

Es ist Agitation, zu behaupten, daß es diese Gleichheit noch gebe und daß man in der DDR nicht habe werden können, was man wollte. In der DDR wurde man in Berufen ausgebildet, für die es Arbeitsplätze gab. Als ob das bei uns anders wäre! Bei uns wird man nicht einmal mehr ausgebildet.

Viele glauben immer noch, daß die Bundesrepublik seit der Wende gänzlich unverändert geblieben sei. Aber das stimmt nicht. Ich habe mit meinen Argumenten nur die unumkehrbare Entwicklung, die die Bundesrepublik eingeschlagen hat, in Gedanken in die Zukunft verlängert. Man wird eben dem einstigen LPG-Bauern in Mecklenburg erklären müssen, warum es ihm trotz allem besser geht. Mit den Begründungen in den Feuilletons unserer führenden Blätter oder dem Hinweis auf die Freizügigkeit kommt man nicht mehr aus, wenn man bei der Wahrheit bleibt. Es sei denn, man akzeptiert, daß es künftig innerhalb einer Nation zwei ganz und gar voneinander verschiedene Gesellschaften gibt. Die Teilung der kleinen reichen Gesellschaft von der großen armen Gesellschaft ist mindestens so massiv, wie die Teilung der beiden deutschen Staaten war, nachdem wir angefangen hatten, die Sprachlosigkeit zwischen der DDR und der BRD zu überwinden und es halbwegs manierlich zugehen zu lassen.

Natürlich kann man sagen: Gut, wenn ich Kafka lesen kann, weil ich es jetzt will und nicht dann, wenn die Zensurbehörde es mir erlaubt, ist es nach wie vor besser, als es in der DDR für mich gewesen wäre. Mir wäre in der DDR wahrscheinlich etwas passiert, weil ich nicht dazu neige, den Kopf in der Nische zu behalten, sondern ihn herauszustrecken. Das tue ich ja gerade. Wenn ich nicht unabhängig wäre, würde ich es mir überlegen, ob ich ihn so herausstrecke, wie ich es jetzt tue. Das kann man doch nicht verkaufen als das freiheitlichere System. Die Annäherung an das, was ich in der DDR unerträglich gefunden habe, ist weit fortgeschritten. Wir sind der DDR in den letzten zehn Jahren ähnlicher geworden. Wenn dann auch noch die soziale Sicherheit wegfällt, worin liegt dann der Vorteil unseres Systems? Für den, der die soziale Sicherheit braucht und nicht den freien Zugang zu Kafka?

Angela Marquardt: Sie machen den Vergleich der beiden Systeme an der sozialen Sicherheit und an der Arbeit fest.

Günter Gaus: Ich mache ihn fest an den Bedürfnissen der Schwächsten und nicht an den Bedürfnissen der Gebildeten.

Angela Marquardt: Kann es nicht sein, daß in der DDR scheinbar Schwache schon das Bedürfnis nach Bildung hatten, aber ...

Günter Gaus: ... Sie hatten ja die Möglichkeit, es zu befriedigen, mit Ausnahme der verbotenen Schriftsteller. Daß Schriftsteller unterdrückt wurden, ist eine große Schweinerei. Für mich war das unerträglich. Meine Erfahrungen mit Menschen sprechen dafür, daß die soziale Sicherheit den Menschen wichtiger ist als die Freiheit, wenn nicht gerade Sonntag ist und Parteipropaganda gemacht wird.

Angela Marquardt: Darin sind wir uns einig. Was soziale Sicherheit bedeutet, merkt man ja nicht umsonst gerade jetzt. Der Mensch vergleicht seine aktuelle Situation meist mit der in der Vergangenheit, die Zukunft kann er nicht voraussehen.

Die meisten Leute, die heute sagen, daß es ihnen in der DDR besser gegangen sei, begründen dies damit, daß sie Arbeit hatten und sozial abgesichert waren.

Günter Gaus: Haben sie darin unrecht?

Angela Marquardt: Was heißt unrecht? Ich finde nicht, daß man die DDR relativieren darf, indem man darauf verweist, daß es früher wenigstens soziale Sicherheit und Arbeit gegeben habe. Aber geht es nicht auch um andere Bedürfnisse, und zwar solche, die unterdrückt wurden oder angeblich nicht mehr existierten. Immer wieder diese Aufrechnung von sozialen und politischen Freiheiten. Sie müssen doch eine Einheit bilden.

Günter Gaus: Ich glaube, daß Sie mich falsch verstehen. Ich relativiere nicht die DDR in ihrer Miserabilität, sondern ich relativiere die Bundesrepublik in ihrem Selbstlob. Ich spreche hier über die Zustände in der Bundesrepublik und sage: Woher nehmen wir eigentlich den Mut, uns so, wie wir uns entwikkeln, für besser zu halten als das, was wir überwunden haben. Meine Ansprüche an die Bundesrepublik sind größer.

In der DDR war die soziale Sicherheit für die Schwachen und Hilfsbedürftigen größer als in der heutigen Gesellschaft, in der ich als Privilegierter, Unabhängiger gut leben kann, besser, als ich in der DDR hätte leben können. Die Schwachen hingegen haben es nicht so gut in einer Gesellschaft, in der der Markt mehr oder weniger schrankenlos herrscht. Heute gelten immer weniger Schranken als immer größerer Fortschritt. Das relativiere ich. Nicht die DDR.

Angela Marquardt: Das ist richtig. Ich habe auch nie verstanden, warum die Bundesrepublik sich als Sieger definiert hat, weil ich nicht finde, daß die Bundesrepublik gesiegt hat. Vielmehr ist die DDR an sich selbst zugrunde gegangen.

Charlotte Wiedemann: Erklären Sie doch einmal, warum Sie links sind. Was ist für Sie wichtig? Es gab doch auch für Sie eine Abwägung im Hinblick auf soziale und politische Rechte und die Schattenseiten der beiden Systeme.

Angela Marquardt: An erster Stelle steht, daß ich immer das machen möchte, was ich machen will. Nicht das, was mir vorgeschrieben wird. Ich möchte mich nur nach mir selbst richten müssen und nicht nach jemand anderem, einem Chef, einem System, einem Ideologen. Das ist für mich Selbstverwirklichung, Freiheit.

Als zweites kommen Fragen der Gleichheit, soziale Dinge, Humanismus und so weiter. Für mich sind alle Menschen gleich. Ausländerfeindlichkeit ist nicht mein Ding, die Lösung von Problemen durch Diktatur auch nicht. Links heißt für mich Toleranz, Freiheit, Emanzipation und ist der Versuch, in Analysen und Gesprächen ganzheitlich an die Wirklichkeit heranzugehen, mit dem gesamten Für und Wider. Ich suche keine einfachen Antworten, sondern komplizierte, bei denen ich hinterher noch mehr Fragen habe.

Günter Gaus: Selbstverwirklichung ist an materielle Sicherheit gebunden, die man als Sockel braucht, oder an asketische Enthaltsamkeit in materiellen Dingen. Das sind die beiden Voraussetzungen, die gesellschaftlich unabhängige Selbstverwirklichung ermöglichen. Entweder sind Sie Erbe eines Multimillionärs, dann können Sie sich selbst verwirklichen. Es kann Ihnen dann egal sein, ob Sie das Ganze links oder rechts nennen. Oder Sie führen ein Einsiedlerleben und verzichten auf vieles, was heute als selbstverständlich angesehen wird.

Außer diesen beiden Möglichkeiten der Selbstverwirklichung kann es nur noch die Selbstverwirklichung innerhalb eines gesellschaftlichen Systems geben. Für mich beginnt die Frage, ob man links oder nicht links ist, damit, daß man nicht seine individuelle Selbstverwirklichungsmöglichkeit in den Mittelpunkt stellt, sondern sich fragt, in welchem System es die größtmögliche Chance für die größtmögliche Zahl auf relativ weitgehende Selbstverwirklichung gibt. Das erst ist für mich die Antwort auf die Frage links oder nicht links.

Meine Definition von Freiheit ist: Das Maß an Freiheit in der Gesellschaft bemißt sich daran, wie viele Lippenbekenntnisse man zur herrschenden Lehre ablegen muß, damit man in Ruhe gelassen wird. Vor der Wende mußten wir in der alten Bundesrepublik weniger Lippenbekenntnisse zur herrschenden Lehre ablegen als seither. In der DDR mußte man, damit man in seiner Nische in Ruhe gelassen wurde, eine Reihe von Lippenbekenntnissen zur herrschenden Lehre und zu den Ritualen der herrschenden Lehre ablegen. Heute, angesichts der unsicheren Verhältnisse auf dem Arbeitsmarkt, muß man in diesem vereinigten Land mehr Lippenbekenntnisse ablegen als früher, wenn man nicht anecken will.

Ich glaube nicht, daß Sie Ihren beruflichen Möglichkeiten sehr dienlich sind, wenn Sie sich in einer kleinen Gemeinschaft offen zur PDS bekennen. Das ist zum Beispiel eine Freiheit, die wir nicht haben. Meine Freiheitsdefinition ist bescheiden, aber konkret. Und dann habe ich auch noch höhere Ansprüche an eine Gesellschaft, in der ich mich wohl fühlen soll, als die heutige Gesellschaft sie erfüllt. Daß sie immer noch weniger Lippenbekenntnisse verlangt als die DDR, kann doch nicht ausreichen, um sie zu rechtfertigen.

Angela Marquardt: Was Ihren Zugang zu links betrifft, haben Sie recht. Ich denke nur, daß jüngere Leute oder Leute, die aus der DDR kommen, unabhängig vom Alter, einen ganz anderen Zugang zu links haben. Ich habe mir viele Gedanken darüber gemacht. Ich bin ja nicht links durch die Wende geworden oder weil ich in der DDR aufgewachsen bin. Mein Zugang zu links ist damals die Konfrontation mit Rechten gewesen. Ich bekam mit, was das bedeutet, was für eine Ideologie dahintersteckt. Da habe ich gemerkt, daß das nicht meine Sache ist. Dann war ich antifaschistisch, war in einer Antifagruppe und habe mich automatisch links definiert, weil es immer heißt: Antifa ist links.

Sie bezeichnen sich ja als nicht praktizierenden Anarchisten. Wir haben uns damals mit Anarchismus beschäftigt, mit Freiheit, ohne wirklich zu wissen, was das ist. Es ist links, die Freiheit zu haben. Deshalb steht für mich, wenn ich über links rede, Selbstverwirklichung im Mittelpunkt. Wichtig ist, daß sich alle Menschen selbst verwirklichen können.

1989 war links für mich zunächst eher ein dubioser Begriff. Ich wollte dieses Wort gar nicht benutzen, merkte aber, daß ich nach einem Jahr nach links gerutscht war, weil ich mit den herrschenden Zuständen nicht zufrieden war und weil ich nicht rechts sein wollte. Inzwischen mache ich mir mehr Gedanken, auch weil links ein Wort ist, das erst einmal nichts aussagt. Für mich hängen Selbstverwirklichung und Toleranz daran.

Der große Zusammenhang, den Sie entworfen haben, ist heute weniger der Zugang für Leute, die sich links definieren. Es ist ein langer Prozeß, das Wort »links« mit Inhalt zu füllen. Ich bin in der kurzen Zeit seit 1989 nicht in der Lage, diesen großen Inhalt in das Wort hineinzustecken, wie Sie das tun.

Günter Gaus: Das geniert mich nun geradezu. Ich will nicht als derjenige erscheinen, der ganz selbstgewiß den Begriff »links« inhaltlich ausfüllen kann. Ich denke, daß wir im Moment weniger Dissens haben, als es Ihnen erscheint. Ich habe nur Ihre Antwort auf die Frage, warum Sie sagen, daß Sie links sind, ins Gesellschaftliche verlängert, ohne daß es im Widerspruch zu Ihrer Antwort steht. Natürlich gibt es einen Unterschied, je nachdem, welche Sozialisationserfahrungen man hat, ob man aus der DDR kommt oder aus der BRD. Ich stelle nur an mir fest, der ich mich früher immer links von der Mitte aufgehalten habe im politischen Spektrum, daß ich heute in meinem alten Bekanntenkreis fast links außen stehe. Da ich mich aber nach meiner Selbstbeobachtung nicht so sehr verändert habe, gibt es nur eine einzige Erklärung: Die Gesellschaft muß mit hoher Geschwindigkeit an mir vorbei nach rechts gerückt sein. Ich bin da stehengeblieben, wo früher die linke Mitte war. Das ist heute schon links außen. Es macht mich mißtrauisch, wenn ich von der »Neuen Mitte« reden höre. Wenn ich links außen bin, der ich früher linke Mitte war, wie weit rechts ist denn dann die »Neue Mitte«?

Angela Marquardt: Da müssen wir uns nur die SPD ansehen.

Günter Gaus: Ich will Ihnen ja nicht widersprechen.

Charlotte Wiedemann: Ich habe herausgehört, daß Linkssein für Sie das Recht bedeutet, sich nicht anzupassen, auch in ganz banalen Dingen, die Selbstverwirklichung bedeuten. Nicht im materiellen Sinn, sondern etwa dahingehend, daß man auch solche Haare haben kann und trotzdem darauf besteht, daß man nicht zusammengeschlagen wird. Habe ich Sie da richtig verstanden?

Angela Marquardt: Auf jeden Fall ist das Recht auf Verweigerung für mich mit links verbunden, oder auch sich nicht anzupassen – wobei das nicht unbedingt das gleiche ist. Ich bestehe auf diesem Recht, auch weil ich schon ernste Probleme mit Rechtsextremisten in der Öffentlichkeit hatte. Ich bin einmal zusammengeschlagen worden. Danach haben Leute zu mir gesagt, daß das ja meine eigene Schuld sei, weil ich so herumliefe. Jeder könne sehen, daß ich links sei. Ich sollte mich anpassen, mich ordentlich anziehen, meine Haare verändern. Wichtig sei doch nur, was ich im Herzen trüge, und nicht, was ich nach außen zeigen würde.

Diesen Leuten kam gar nicht in den Sinn zu sagen: Jetzt erst recht. Weil ich diese Erlebnisse hatte, verändere ich mich nicht. Jene Rechten wollten ja damals erreichen, daß ich nicht mehr auffalle, daß ich nicht mehr meine linke Haltung nach außen trage. In diesem Punkt will ich mich nicht anpassen. Ich möchte aber damit nicht sagen, daß ich in meinem Leben frei von Anpassung wäre.

Günter Gaus: Halten Sie sich für eine Ausnahme in dieser Verweigerung von Anpassung?

Angela Marquardt: Nein. Ich stehe in der Öffentlichkeit und agiere auch dort. Ich denke, daß es weniger sichtbar noch viele Leute gibt, die sich einer Anpassung verweigern. Meine Nichtanpassung wird nur in der Öffentlichkeit stärker wahrgenommen. Eine Ausnahme bin ich nicht.

Ich werde nie vergessen, was mir eine Bekannte erzählt hat. Sie arbeitete bei der AOK. Dort wurden Stellen abgebaut, und von den Mitarbeitern wurde gleichzeitig verlangt, daß sie auf Gehalt verzichten. Alle verzichteten auf Gehalt, weil sie Angst vor Entlassung hatten. Ich habe diese Bekannte gefragt, ob sie denn alle verrückt seien. Vielleicht sind das zu hohe Maßstäbe, die ich anlege. Die Leute sind eben froh, Arbeit zu haben. Das sind Erlebnisse, wo ich sage, daß ich hoffe, mich niemals so anpassen zu müssen.

Günter Gaus: Nehmen Sie den Leuten die Anpassung übel?

Angela Marquardt: Teilweise ja, teilweise nein. Es hängt auch davon ab, in welcher Situation sie sich angepaßt haben. Aber zum Beispiel beim Thema Rechtsextremismus nehme ich es vielen Leuten übel, daß sie sich dieser Lethargie hingeben. Ich reagiere allergisch, wenn Leute sagen, laßt die Chaoten auf die Straße gehen, sollen sie sich gegenseitig verprügeln. Wohingegen ich dann doch begreife, daß die Leute bei der AOK Angst um ihre Arbeitsplätze haben.

Charlotte Wiedemann: Was hat Ihr Unwille, sich anzupassen, mit der DDR zu tun?

Angela Marquardt: Ich glaube, der hat viel damit zu tun, was ich mit meiner Mutter erlebt habe. Meine Mutter war in der DDR Lehrerin für Staatsbürgerkunde und Deutsch. Sie hatte in den achtziger Jahren einen Freund aus Hamburg, der aus der DKP kam und Berufsverbot hatte. Er besuchte uns öfter. Er hat meiner Mutter auch mal Sozialkundelehrbücher mitgebracht. Diese Bücher hat sie zur Abschreckung ihren SchülerInnen gezeigt. Daraufhin durfte sie ein Jahr lang keine Staatsbürgerkunde mehr unterrichten, weil sie westliche Unterrichtsmittel benutzt habe. Außerdem bekam sie ein Parteiverfahren angehängt. Es gab später noch ein zweites Verfahren, das genauso schwachsinnig war.

In dieser Zeit hatte ich viele Diskussionen mit meiner Mutter. Wir waren allein, es gab keinen Vater. Meine Mutter hat gesagt: »Wenn ich in dieser Partei bin, wenn ich mich im Prinzip anpasse an dieses System, habe ich auch die Möglichkeit, vielleicht Veränderungen herbeizuführen.« Sie hat mit mir politisch sehr offen gesprochen und stand der DDR kritisch gegenüber. Ihre Anpassung war recht groß, mir aber doch begreiflich. Daher habe ich meine Abneigung gegenüber Anpassung. Ich habe es nie verstanden, daß meine Mutter versuchte, die SED über Anpassung zu verändern. Es war klar, daß das nicht funktioniert. In der achten oder neunten Klasse habe ich beschlossen, daß ich nie in die SED eintreten würde, obwohl ich gleichzeitig Offizier der NVA werden wollte. Und das hätte ohne Mitgliedschaft nicht funktioniert.

Günter Gaus: Anpassung ist ein Menschenrecht der Schwachen. Ich würde mir Anpassung nicht verzeihen, weil ich mich nach meiner Selbsteinschätzung nicht als schwach innerhalb der Gesellschaft bezeichnen kann.

Ich könnte nie Kommunist sein. Hauptsächlich, weil ich nicht an den Neuen Menschen glaube, der notwendig ist, damit man Kommunismus praktizieren kann. Ein anderer Grund ist, daß ich nicht soviel Selbstdisziplin gegenüber Dogmen aufbringen will und kann, wie es die geschlossene Lehre kommunistischer Parteien alten Typs oder die geschlossene Lehre der katholischen Kirche vor dem II. Vatikanum und inzwischen wieder unter dem polnischen Papst verlangt.

Was Ihre Mutter getan hat und was Sie Anpassung genannt haben, ist in vielen Fällen Anpassung gewesen, aber in manchen Fällen auch Selbstdisziplin. Ich habe Hochachtung vor denen, die unter den Nazis bei Gefahr für Leib und Leben Widerstand leisteten, die sich also nicht angepaßt haben, sich nicht geduckt haben, um unauffällig durch die schweren Zeiten zu kommen. Und die gleichen Leute haben danach Selbstdisziplin geübt gegenüber der Parteilinie – das ist etwas anderes als Anpassung. Ich weiß nicht, ob Ihre Mutter sich angepaßt verhalten hat oder ob sie etwas so Schweres wie Selbstdisziplin zustande gebracht hat. Sind Sie inzwischen sicher, daß es immer Anpassung war? Oder halten Sie es für möglich, daß Sie es falsch definiert haben?

Angela Marquardt: Das halte ich für möglich.

Charlotte Wiedemann: Liegt in dieser Art von Selbstdisziplin auch eine Beschönigung?

Günter Gaus: Kann sein.

Angela Marquardt: Man kann natürlich schon einiges mit Selbstdisziplin entschuldigen.

Günter Gaus: Ganz sicher. Ich habe – wenn Sie manche meiner Interviews gesehen haben, wo meine Partner aus der kommunistischen Ecke kamen – öfter gefragt, ob es nicht so ist, daß Selbstdisziplin gesagt wurde, wo es um Anpassung und Feigheit ging. Wenn man aber nicht sicher sein kann, gilt im Zweifelsfall die Version des unter Verdacht Stehenden. Interessant ist das Phänomen als solches.

Angela Marquardt: Ich habe das Verhalten meiner Mutter als Anpassung wahrgenommen. Prägend war für mich auch ein Satz, den man heute häufig hört: Ich hatte ja gar keine andere Wahl. Das wird oft gesagt, wenn es um die DDR geht, auch in der PDS. Wenn all die Leute, die glauben, daß sie nichts hätten machen können, etwas gemacht hätten, wären es schon recht viele gewesen. Diese Anpassung werfe ich manchen Leuten heute vor, obwohl ich letztlich nicht weiß, ob ich das Recht dazu habe. Ich weiß ja auch nicht, wie ich mich noch entwickeln werde. Vielleicht sagt man mir später auch, daß es eine Art von Anpassung ist, sich in den Bundestag wählen zu lassen.

Günter Gaus: Was werden Sie tun, um einen Listenplatz zu bekommen? Wieviel Anpassung werden Sie leisten?

Angela Marquardt: Falls Sie jetzt auf meine Haare anspielen, die werde ich sicherlich nicht ändern.

Günter Gaus: Nein, so einfach ist das ja nicht mit der Anpassung. Die Haare, wenn sie so auffällig geworden sind wie Ihre, die sind ja inzwischen eine Marke, die dürfen Sie auf keinen Fall ändern.

Charlotte Wiedemann: Sie würden es als Anpassung verstehen, wenn Angela Marquardt ihre Haare veränderte?

Günter Gaus: Ja. Aber die Anpassung, nach der ich frage, ist eine andere: Würden Sie sich in einer nicht besonders wichtigen parteiinternen Streitfrage gegen Ihre Überzeugung auf die Seite der stärkeren Bataillone stellen, um Ihre Aussichten auf einen guten Listenplatz zu verbessern? Würden Sie sagen, für den Listenplatz ist das schon mal zulässig?

Angela Marquardt: Nein.

Günter Gaus: Dann sind Sie doch aber nicht politikfähig, oder? Dann sind Sie nicht kompromißfähig.

Angela Marquardt: Kompromißfähig bin ich, sonst hätte ich als Bundesvorstandsmitglied und als stellvertretende Vorsitzende früher das Handtuch geworfen. Ich mußte immer wieder damit leben, daß ich mit meiner Meinung allein stand. Das hatte ich zu akzeptieren, ohne mich verbiegen zu müssen. Einen Platz auf einer Landesliste für die Bundestagswahlen möchte ich bekommen, weil ich bestimmte Positionen und Ziele vertrete.

Günter Gaus: Sind Sie in Ihrer Zeit als stellvertretende Parteivorsitzende irgendwann in die Situation gekommen, daß Sie sich selbst in Verdacht hatten, sich anzupassen?

Angela Marquardt: Die Frage, ob ich dabei bin, mich anzupassen, stelle ich mir häufig, gerade im Hinblick auf die PDS. Es ist ja nicht neu, daß bestimmte Leute oft danach gefragt werden, was sie in dieser Partei eigentlich zu suchen hätten?

Kurz nach meiner Wahl zur stellvertretenden Parteivorsitzenden im Februar 1995 habe ich mich einmal selbst erschreckt. Eine Genossin, die neu in den Bundesvorstand gewählt worden war, regte sich über bestimmte Verfahrensweisen dort auf. Und ich habe gesagt: Das ist halt so, das kann man nicht ändern, so funktioniert nun einmal der Bundesvorstand. Danach war ich sehr erschrocken über diesen Satz, weil ich mich an Zeiten erinnerte, als ich neu war und mich mit genau solchen Auskünften nicht zufriedengegeben habe. Weil es so ist, muß es nicht so bleiben. Aus dieser Erfahrung habe ich Konsequenzen gezogen.

Charlotte Wiedemann: Ist es eine Altersfrage, oder können Sie sich vorstellen, daß es etwas gibt, wie ein Leben lang unangepaßt zu sein? Daß das ein Leitbild ist, unabhängig davon, ob man zu den gesellschaftlich Starken oder zu den Schwachen gehört?

Angela Marquardt: Mein Leitbild ist das, wobei ich nicht behaupten will, daß es mein ganzes Leben lang so bleibt. Altersabhängig ist es aber nicht. Wenn ich mir etwa Inge Meysel ansehe, ohne daß ich ihre gesamte Biographie kenne, dann finde ich schon, daß sie ein Leben frei von Anpassung gelebt hat. Sie hat immer gemacht, was sie wollte. Zwar auf einer anderen Ebene, als Schauspielerin, aber auch in den Zeiten, als sie sich in der SPD engagierte ...

Günter Gaus: ... das hätte ich gern mal erlebt, daß man sie genötigt hat.

Angela Marquardt: Es geht darum, eine freie Entscheidung durchzuhalten, ohne sich nach bestimmten Dingen zu richten wie zum Beispiel nach einer Parteilinie. Ich will natürlich diesen Listenplatz, aber ich will ihn bekommen, ohne Kompromisse machen zu müssen, die ich nicht vertreten kann. Das ist ein Leitbild.

Günter Gaus: Muß sich die Partei mit der Kommunistischen Plattform arrangieren? Hat die Kommunistische Plattform einen Anspruch darauf, in der PDS zu sein?

Angela Marquardt: Einen Anspruch darauf hat erst einmal jeder, der in der PDS sein möchte. Ein Rechtsextremist sicherlich nicht, dessen Positionen entsprechen aber auch nicht dem Statut, dem Parteiprogramm usw.

Charlotte Wiedemann: Würden Sie Gaus in die PDS lassen?

Angela Marquardt: Ja.

Günter Gaus: Danke.

Angela Marquardt: Würden Sie mich in die SPD lassen?

Günter Gaus: Ganz sicher.

Angela Marquardt: Die Bedeutung der Kommunistischen Plattform ist zu gering, als daß man davon reden könnte, daß die PDS sich mit der KPF arrangiert hat. Sie wird sich ihre Nische auf jeden Fall erhalten. Sie hat ihr Büro und ihre Persönlichkeiten, die die KPF ausmachen. Ich denke nicht, daß sich die PDS mit der KPF arrangiert hat, sondern umgekehrt.

Günter Gaus: Wird die PDS nach Ihrem Eindruck angemessen in dieser Gesellschaft behandelt? Wird Sie mehr als die Rechten diffamiert? Wie findet diese Diffamierung statt, falls Sie mehr als die Rechte diffamiert wird? Wie kann man das ändern, wenn man es überhaupt ändern kann?

Angela Marquardt: Angemessen behandelt wird sie mit Sicherheit nicht. Eine Partei muß nicht so behandelt werden wie die PDS, auch wenn sie unbeliebt ist. Die PDS wird in der Öffentlichkeit stärker diffamiert als die Republikaner. Rechts und links werden gleichgesetzt, aber NPD und PDS sind nicht vergleichbar. Erstaunlich, daß sich kaum einer aufregt über die unzähligen NPD-Demos.

Günter Gaus: Werden Sie abgestraft für Stalin, während die NPD nicht abgestraft wird für Hitler und den Zweiten Weltkrieg? Wie erklären Sie sich die Ungleichbehandlung?

Angela Marquardt: Der Zweite Weltkrieg liegt weiter zurück als die DDR. Diese ist noch gegenwärtig in den Vorstellungen der Menschen. Hitler ist zu weit weg. In der DDR und in der BRD gab es eine Auseinandersetzung mit dem Hitlerfaschismus, jeweils mit anderen Gewichtungen.

Günter Gaus: Sie denken nicht, daß eine Mehrheit der Deutschen aus vielerlei Gründen – die meisten sind sicherlich historischer Natur – eher nach rechts als nach links neigt?

Angela Marquardt: Die Mehrheit der Deutschen neigt eher nach rechts.

Günter Gaus: Das wird auch so bleiben, wenn der Abstand zur DDR größer geworden ist. Oder kann das überwunden werden?

Angela Marquardt: Ich glaube, daß es so bleiben wird. Das Wort »Sozialismus« wird eben von vielen mit Unfreiheit und Intoleranz verbunden.

Günter Gaus: Kann es sein, daß die Linke einen schweren Fehler macht, weil sie die Menschenrechte des 19. Jahrhunderts in ihrem programmatischen Gepäck mitschleppt, während die Rechte die soziale Frage viel ungenierter angeht?

Angela Marquardt: Das würde ja bedeuten, daß die Linke viel zu kompliziert ist.

Günter Gaus: Das frage ich. Neigt die Linke dazu, aus Anstand kompliziert zu sein, wo es günstiger wäre, wenn man vereinfachte?

Angela Marquardt: Das Komplizierte hat erst mal relativ wenig mit Anstand zu tun. Man darf auf wirtschaftliche und soziale Fragen usw. keine einfachen Antworten geben, wie es die Rechten tun. Sonst wird man den gesellschaftlichen Herausforderungen nicht gerecht. Man muß diese komplizierten Antworten suchen und finden. Die Frage ist nur, inwieweit man in der Lage ist, anderen eigene Gedankengänge verständlich zu machen, also zu erklären, wie man zu komplizierten Antworten kommt und wie diese Antworten aussehen. Darin liegt eine Möglichkeit zur Vereinfachung. Wenn ich zeigen kann, wie ich denke, vereinfache ich.

Günter Gaus: Nehmen wir die fünf Mark pro Liter Benzin.

Angela Marquardt: Dafür kann ich durchaus sein. Aber es genügt eben nicht, das einfach zu fordern. Sondern ich muß das genau begründen und die Voraussetzungen dafür nennen.

Günter Gaus: Gibt unser System denen, die dazu den Mut und den Anstand haben, überhaupt die Chance, in der Öffentlichkeit zu erklären, warum sie für fünf Mark pro Liter Benzin in zehn Jahren sind? Ist es nicht eher so, daß diese Gesellschaft eine Öffentlichkeit hat, in der die Kompliziertheit der Probleme und die angemessenerweise komplizierten Antworten überhaupt nicht mehr transportiert werden? Ist es nicht so, daß die Pragmatiker, die Machtpolitiker, die rechts Eingestellten eher zur Simplifizierung neigen als die Linken, als die Grünen, als Teile der PDS, als Teile der SPD? Schröder ist ein größerer Vereinfacher als Lafontaine. Kann überhaupt die Antwort »fünf Mark pro Liter Benzin« in zehn Jahren in dieser Öffentlichkeit transportiert werden?

Angela Marquardt: Nein.

Charlotte Wiedemann: Ich würde Sie gern noch auf ein anderes Thema bringen, und zwar darauf, was Deutschsein für Sie beide bedeutet. Sie haben sich beide viel mit dem Thema Identität und Geschichte der Deutschen, Ost und West, befaßt. Von Ihnen, Frau Marquardt, ist mir so ein Satz im Ohr: Ich definiere mich nicht deutsch, ich lebe hier zufällig. Ist das für Sie eine gestrige Frage: Identität der Deutschen? Hat das was mit Ihrem Leben, Ihrem Denken zu tun?

Angela Marquardt: Nein, das glaube ich nicht. Es stimmt schon, ich bin hier zufällig geboren. Das ist für mich aber ziemlich irrelevant. Ich definiere mich als Mensch, mehr als Frau, als Jugendliche als über meine Nationalität. Wenn ich mich mit Deutschsein auseinandersetze, dann meist im Widerspruch zu Rechten, die Deutschsein für ihre Politik benutzen. Links ist aber nicht frei davon, es ebenfalls zu benutzen. Sonst spielt Deutschland für mich keine Rolle. Man darf nicht überbewerten, wo man geboren ist.

Günter Gaus: Kein Widerspruch, bin mit Ihnen vollkommen eines Sinnes, aber mit einer Ergänzung: Es ist in der Tat ganz und gar zufällig, daß Sie und ich in Deutschland geboren sind. Nur, in die jeweilige Sozialisation fließen Lasten und Vorteile ein, die sich zum Teil subsumieren lassen unter deutsche Geschichte, die eine andere gewesen ist als die dänische oder die norwegische. Es ist ein Unterschied, ob Sie als Norweger geboren sind und dann mit der norwegischen Vergangenheit leben, ob Sie als Sizilianer geboren sind, wozu die Mafia gehört, oder ob Sie als Deutscher geboren sind, wobei bei mir dazu gehört, daß Auschwitz jetzt ein deutscher Ort ist. Auf alle Zeiten, jedenfalls solange ich hier lebe und

Schuldbewußtsein haben werde, wird Auschwitz ein deutscher Ort sein.

Damit – das ist nur eine Ergänzung zu dem, was Sie sagen – wird es relevant, ob Sie sich deutsch ausdrücken, weil es hinter der Sprache Voraussetzungen gibt, damit Sie sprechen können. Da schleppen Sie eine Menge Auschwitz mit. Insofern ist die Frage der nationalen Identität für mich politisch relevant, weil es für mich eine Frage unserer Zivilisationshöhe ist, ob wir imstande sind, es so zu definieren und zu ertragen und damit umzugehen.

Ich halte es für einen großen politischen Fehler, daß die Linke in Deutschland die sogenannte nationale Frage, weil sie großen Abscheu hat vor deren Mißbrauch, distanziert betrachtet und sie der Rechten überläßt. Sie hat diesen Platz mehr oder weniger kampflos der Rechten überlassen. Das halte ich nach wie vor für einen Fehler.

Angela Marquardt: So was zu besetzen heißt doch nicht, daß es dadurch positiver wird. Ich finde nicht, daß dadurch das, was hinter Nationalbewußtsein steckt, besser wird. Ich halte es aber für richtig, daß die Auseinandersetzung um Nation und Nationalität in der Linken heute geführt wird – die Linke hätte es auch in der Vergangenheit tun sollen.

Günter Gaus: Ich hätte es besser gefunden, wenn die Linke in Weimar sich nicht nur international organisiert, sondern auch ihren Platz innerhalb der Nation beansprucht hätte, um es den Nazis schwerer zu machen, sie auszugrenzen.

Die PDS ist größtenteils streng national, sie ist an der Basis genauso ausländerfeindlich wie andere. Es gehört zu meinen großen Entdeckungen, die ich bereits 1983 niedergeschrieben habe, als ich die DDR privilegiert, aber aufmerksam studierte, daß viele lokale FDJ- und SED-Funktionäre mit den gleichen Verengungen und Scheuklappen durchs Leben liefen wie manche ländlichen Bürgermeister und Ortspfarrer in Niederbayern oder Niedersachsen.

Charlotte Wiedemann: Sie wollen nicht die PDS von heute gegen den Vorwurf des Nationalismus verteidigen?

Angela Marquardt: Nein.

Charlotte Wiedemann: Warum sind Sie denn da drin?

Günter Gaus: Sie will sie verändern.

Angela Marquardt: Nein, so nicht. Aber in erster Linie ist die PDS für mich Mittel zum Zweck. Ich habe kein Heimatgefühl in dem Sinn, daß ich sagen würde, das ist meine Heimat und dort suche ich meine Identität, wie es für viele in der PDS wichtig ist. Für meinen Großvater etwa würde eine Welt zusammenbrechen, wenn er nicht mehr in der PDS sein könnte, ohne daß ich negativ darüber sprechen will. Ich aber begreife die Partei als Mittel, mit dem ich versuche, Politik zu machen, Öffentlichkeit zu bekommen.

Übrigens will ich noch anmerken, daß keineswegs die gesamte PDS-Basis ausländerfeindlich ist.

Günter Gaus: Natürlich nicht. Ich habe das nur gesagt, weil oft vergessen wird, daß es das in der PDS genauso gibt.

Angela Marquardt: Das gab es in der DDR ganz stark.

Günter Gaus: Ihr wertfreies Verhältnis zur Partei ist mir sehr sympathisch. Aber ich möchte wissen, ob die überwiegende Mehrheit der Leute, die in der PDS sind, soweit Sie es erkennen können, auch dieses wertfreie Verhältnis zur Partei hat, oder ob diese Leute dazu tendieren, die Partei als mehr als nur eine Organisation anzusehen, ob sie sie mehr in ihrem Herzen tragen, so, wie Ihr Großvater es tut.

Angela Marquardt: Ich denke schon. Ich habe nicht nur von Älteren häufig Kritik geerntet für diesen Satz, daß für mich die PDS Mittel zum Zweck sei, sondern auch von Jüngeren. Man merkt auch, wenn ich die Jugendtreffen kurz Revue passieren lasse, daß da schon mehr dahinter ist. Nun bin ich aber in einer etwas privilegierten Situation, weil ich alle Vorzüge genießen konnte: Die Vorzüge der Öffentlichkeit, des Gefördertwerdens und höherer Positionen, wohingegen viele junge Leute einfach nur Mitglied in dieser Partei sind. Sie entwickeln ein Heimatgefühl: Auf den Versammlungen treffen sie diejenigen, mit denen sie gern Bier trinken oder zu einer Antifademo fahren. Das ist die Zahlabendmentalität, die ich nicht immer positiv finde, aber auch nicht kritisieren kann, weil ich in einer ganz anderen Situation bin.

Ich habe auch einen anderen Zugang zur PDS als viele junge Leute, die heute in der Partei sind. Für manche ist der Zugang die DDR-Fahne, mit der sie zu Karl und Rosa gehen, was ich nicht gut finde. Manchen sagen die Eltern: Geh doch mal zu den Jungen GenossInnen.

Ich verstehe nicht, wie man heute mit einer DDR-Fahne zu einer Demonstration gehen kann. Das zeigt auch, daß junge Leute, oft unter dem Einfluß ihrer Eltern oder ihrer Großeltern, einen nostalgischen Zugang zur DDR haben und damit auch zur PDS. Sie nehmen die PDS nicht als politische Kraft, sondern hoffen, dort das wiederzufinden, was sie in ihrer Kindheit bei den Eltern erlebt haben.

Der Zugang zur PDS ist aber politisch. Sie ist eine sozialistische Partei, mit Fehlern. Mein Zugang damals war, daß die PDS meiner Antifagruppe in einer bestimmten Situation geholfen hat. Sie hatte als Partei eine gewisse Bedeutung, sie konnte in der Stadt etwas machen. Heute dagegen habe ich häufig das Gefühl, daß junge Leute zur PDS gehen, weil da Freunde sind, die sie woanders nicht finden.

Günter Gaus: Wird die PDS früher oder später über die Station einer Regionalpartei verschwinden? Wird sie sich noch eine Weile halten und sich dann wie der Bund der Heimatvertriebenen und Entrechteten in der Bundesrepublik mangels erkannter Notwendigkeit auflösen, dahinschwinden?

Angela Marquardt: Ich denke, das hängt stark davon ab, ob die PDS 1998 und 2002 in den Bundestag kommt. Wenn die PDS aus dem Bundestag verschwindet, wird sie kaum eine Zukunft haben. Sie würde nicht wie die Grünen wieder in den Bundestag geschrieben und gesprochen über die Medien. Sie wäre tot. Dann gibt es nämlich kaum einen Grund mehr, sich mit ihr zu reiben. Dann muß man sie nicht mal mehr kritisieren. Sie wird dann im Osten untergehen.

Die Entwicklung hängt auch davon ab, ob ein Generationswechsel in der PDS geschafft wird. Das ist weniger eine Altersfrage, sondern es müssen neue Leute dazukommen in Funktionen und in Parlamenten. Solche Leute wie Modrow, Bisky, Gysi, die ich sehr schätze, haben die Partei durch eine Zeit geführt, in der sie doppelt so schnell aufgebraucht wurden wie ich heute. Man spürt die Last, die sie mit sich herumschleppen. Wenn die PDS es nicht schafft, neue Leute zu etablieren, dann hat sie auf Dauer ein Problem. Die Kluft zwischen den Funktionären, die in Parlamenten Politik machen, und den GenossInnen, die an der Basis ihr »Neues Deutschland« lesen und über Gott und die Welt diskutieren, ist unheimlich groß. Häufig ist es so, daß PDS-Parlamentarier wenig mit dem zu tun haben, was an der Basis in der PDS passiert. Wenn die PDS es auf Dauer nicht schafft, die Kluft kleiner zu machen, dann geht das verloren, worauf die PDS noch bauen kann. Unabhängig übrigens davon, ob sie im Bundestag sitzt oder nicht.

Charlotte Wiedemann: Ich wollte zum Thema PDS und SPD etwas fragen: Wenn ich Ihr Statement am Anfang richtig verstanden habe, gehen Sie davon aus, daß sich eine Partei links von der SPD in Deutschland etablieren wird.

Günter Gaus: Das ist meine Wunschvorstellung, oder die SPD muß sich sehr ändern. Sie muß sich dann sozusagen eine Kommunistische Plattform zulegen, und die muß stark sein. Ich behaupte, daß die Deutschen, die ja in diesem Jahrhundert mehrmals, zuerst zu ihrem Schaden und dann zum Schaden ihrer Nachbarn, aus der europäischen Normalität herausgefallen sind, auch darin im europäischen Zivilisationssinn nicht normal waren, daß sie einen totalitären Antikommunismus entwickelt haben. Dafür gibt es Gründe. Die DDR ist nur einer davon. Und dieser totalitäre Antikommunismus ist so von Übel, wie alles Totalitäre von Übel ist. Die Deutschen haben, anders als die Franzosen oder die Italiener, die Zivilisationsfähigkeit nicht entwickelt, sie können nicht entspannt mit der Vorstellung leben, daß es links von der SPD eine ganz normale Partei gibt.

Ich halte es für einen Schritt hin zur Normalisierung, wenn bei uns das politische Weltbild nicht links bei Herrn Schröder endet und wenn das, was sich links von Herrn Schröder artikuliert, nicht allein deswegen, weil es sich links von Herrn Schröder artikuliert, dauernd von Erstickungsanfällen bedroht ist, da es in unserer Öffentlichkeit nicht durchkommt. Ich halte es nicht für normal, daß die Personalisierung, die Amerikanisierung der politischen Verhältnisse so weit geht, daß Lafontaine geradezu zu einer Unperson gemacht wird, weil er linker als Schröder ist. Ich möchte aber gerne in einer möglichst normalen Gesellschaft leben, soweit die Umstände das erlauben, und die sind ohnehin nicht dazu geeignet, die Zukunft rosig erscheinen zu lassen mit der Teilung in Arm und Reich. Dann will ich wenigstens im Parlament links eine Stimme dagegen haben.

Charlotte Wiedemann: Dann haben Sie aber die SPD als Stimme schon jetzt aufgegeben?

Günter Gaus: Nein. Ich habe ein Verhältnis zur SPD, das mindestens so wertfrei ist wie das von Frau Marquardt zur PDS. Mein Verhältnis zur SPD wird dadurch bestimmt, daß ich zwar immer links von der Mitte war, aber niemals das Bedürfnis hatte, mich in irgendeiner Partei aufzuhalten. Ich bin 1976 in die Partei eingetreten, als ich den für mich wichtigsten Posten meines Lebens hatte, nämlich Ständiger Vertreter des einen deutschen Staates bei dem anderen, dem kleineren. Damals verlor die SPD eine Landtagswahl nach der anderen. Da hat meine Frau, die nie in einer Partei war und es auch heute nicht ist, gesagt: Eigentlich bist du ein Zechpreller, wenn du jetzt nicht in die SPD eintrittst. Dich hat ein sozialdemokratischer Bundeskanzler, Willy Brandt, ins Kanzleramt geholt, damit du als Ständiger Vertreter nach Ostberlin gehst. Ein anderer sozialdemokratischer Bundeskanzler, Helmut

Schmidt, läßt dich hier arbeiten. Ganz offenbar hast du deinen Beruf gefunden.

Das fand ich einleuchtend. Und dann bin ich, als ich das nächste Mal in Bonn war, zu meinem Freund Egon Bahr gegangen, damals Bundesgeschäftsführer der SPD, und habe gesagt: Egon, du kannst dir eine Werbeprämie verdienen. Ich möchte in deine Partei eintreten. Es gab einen Ortsverein in der Baracke, beim SPD-Parteivorstand, für die nicht so zahlreichen Diplomaten, die sich trauten, der SPD beizutreten. In diesem Ortsverein war ich. Viel mehr ist mein Verhältnis zur SPD nie gewesen.

Ich habe mich amüsiert bei dem, was Angela Marquardt über die Einstellung ihres Großvaters zur PDS gesagt hat. Immer wenn ich hier alte Bekannte und Freunde aus der ehemaligen DDR treffe, mit denen ich – sagen wir, im Außenministerium der DDR – beruflich zu tun hatte und die jetzt bei der PDS sind, dann fragen die mich: Ja, wie ist denn das mit Ihrer Partei? Sie sind richtig erschrocken, wenn sie merken, die Partei ersetzt mir nicht die Muttermilch und ist für mich nicht der strenge oder gerechte Vater, sondern eine Einrichtung, vor deren Geschichte ich Respekt habe. Aber mehr ist sie nicht.

Ich würde eine Partei oder eine Koalition, die den Mut zu komplizierten Artworten auf komplizierte Fragen hat, vorziehen. Ich glaube, daß eine Partei links von der SPD dazu beitragen kann.

Angela Marquardt: Ich sehe in dieser Rolle zur Zeit die PDS. Es gibt keine Parteien ohne Makel.

Günter Gaus: Mir ist die PDS gut genug dafür. Ich bin kein Mitglied, will es auch nicht werden. So gut ist sie dann doch nicht. Aber ich will – anders als Sie, Frau Marquardt – mit der PDS auch nicht Politik machen. Ich wünsche mir nur, daß die Mehrheit meiner Landsleute auch am Stammtisch den Gedanken erträgt, daß es links von der SPD noch etwas gibt.

Angela Marquardt: Wobei ich da noch einen Unterschied machen würde – nämlich daß das, was es links neben der SPD noch gibt, zur Zeit die PDS ist.

Günter Gaus: Ja. Ich bin doch hier immer der, der die Fahne der PDS hochhält.

Charlotte Wiedemann: Ich möchte noch einen Punkt nachtragen zu dem Thema »deutsch sein«, schuldbewußt sein. Haben Sie eigentlich ein Schuldbewußtsein aufgrund des Nationalsozialismus?

Angela Marquardt: Ja. Als ich im Sommer 1989 in Georgien war, habe ich eine Geschichte erlebt, die mich sehr berührt hat. Ich fuhr mit meiner Cousine Tanja mit dem Bus. Wir hatten uns von unserer Reisegruppe abgesetzt. Da war ein altes Mütterchen im Bus, die uns deutsch reden hörte und anfing, uns wüst zu beschimpfen, daß wir Deutsche seien, Hitler usw. Der Versuch, ihr zu erklären, daß wir aus der DDR kämen und auch zu jung seien, um für das verantwortlich zu sein, was im Krieg passiert ist, half überhaupt nichts. Über allem stand sozusagen das Deutschsein. Wir stiegen aus dem Bus und waren erschüttert.

Dieses Erlebnis hat in mir Schuldbewußtsein geweckt. Vorher war diese Geschichte für mich völlig irrelevant gewesen. Und doch sind diese schrecklichen Ereignisse zu weit weg, als daß ich mich ständig damit beschäftige. Und wenn, dann vor allem, weil von rechts versucht wird, die Nazivergangenheit schönzureden oder zu fordern, es müsse ein Schlußstrich gezogen werden. Und Gaskammern habe es ja nie gegeben. Daher sollte ich sensibler werden gegenüber diesem Thema.

Charlotte Wiedemann: Aber eigentlich ist es doch Ihr Gefühl, daß Sie damit nichts zu tun haben? Es fällt Ihnen nur ein bißchen schwer, das hier zu sagen.

Angela Marquardt: Sie haben mich richtig verstanden: Ich habe mich gerade beim Reden dabei erwischt, daß ich so argumentiert habe, wie junge Nationale heute argumentieren, nämlich daß sie damit nichts zu tun haben.

Charlotte Wiedemann: Man muß das also differenzieren. Eigentlich müßte es die Möglichkeit geben zu sagen: Ich bin zu jung. Das ist zu lange her. Ich habe damit nichts zu tun. Aber daraus darf kein Argument für irgend etwas werden.

Angela Marquardt: Genau das ist es. Aber trotzdem weiß ich, daß es Auschwitz gab. Allerdings habe ich mir zum Beispiel nie »Schindlers Liste« angesehen.

Günter Gaus: Das muß man auch nicht tun. Ich halte den Film nicht für gut. Aber das ist völlig unwichtig. Relevant ist in diesem Zusammenhang für mich eines: Sie, Frau Marquardt, ertappen sich beim Sprechen, daß Sie genauso argumentieren wie junge Nationale. Hier beginnt das, was man die Identität, die eine Nation vermittelt, nennen kann. Junge Rechte neigen dazu, an den Satz »Damit habe ich nichts zu tun, weil ich zu jung bin« die Schlußfolgerung anzuhängen, daß man dadurch von dieser Geschichte befreit sei. Statt dessen heben sie Seiten der deutschen Geschichte hervor, die das Nationalgefühl heben sollen. Genau hier werden Sie, Frau Marquardt, genötigt zu sagen: Ja, aber zur deutschen Geschichte gehört die Tatsache, daß Auschwitz auf alle Zeiten ein deutscher Ort geworden ist, auch wenn er in Polen liegt. Es ist immer ein deutscher Ort, ein Ort der deutschen Schande. Sie kommen nicht darum herum, darauf hinzuweisen, und dann haben Sie die deutsche Geschichte im Gepäck, ganz egal, wann Sie geboren sind. Ist das nicht so?

Angela Marquardt: Ja. Ich habe ja auch die Geschichte der PDS im Gepäck, ganz egal, ob ich in der SED gewesen bin oder nicht, und ich muß damit umgehen.

Ich habe aber noch ein ganz anderes Problem mit dem Nationalsozialismus. Ich bin zwar gleich nach der Wende in eine Antifagruppe gegangen, aber nicht wegen der deutschen Geschichte, sondern weil die Nazis auf der Straße waren. Eigentlich hatte ich von der Diskussion über den Nationalsozialismus und seinen Auswirkungen die Nase voll. Ich bin von klein auf damit zugetütet worden, ob das im Kindergarten war, in der Pionierorganisation oder in der FDJ. Dabei waren die Parallelen, gerade zur FDJ und ihren Fackelmärschen, an denen ich glücklicherweise nie teilnehmen mußte, doch offensichtlich.

Wir haben Filme über den Nationalsozialismus und über die Jugend, wie sie damals erzogen wurde, gesehen. Da gibt es das berühmte Bild, wo die Hitlerjugend mit Fackeln ein Hakenkreuz formt. 1988/89 habe ich angefangen, vor diesem Hintergrund über die Fackelmärsche der FDJ nachzudenken.

Es hat in der DDR keine wirkliche Auseinandersetzung mit dem Nationalsozialismus gegeben, jedenfalls habe ich keine erlebt. Da gab es den alten Antifaschisten, mit dem ich groß geworden bin, der kam in den Kindergarten, in die Schule, zum FDJ-Nachmittag, in die Judogruppe, und irgendwann hatte man es dann ja auch mal begriffen. Er kam aber trotzdem noch. Solche Veranstaltungen mit alten Antifaschisten, wie sie es ja auch in der PDS gibt, habe ich nach der Wende nie wieder besucht. Ich werde nie vergessen, wie ich im Rahmen eines Projekts nach der Wende im Konzentrationslager Buchenwald gewesen bin. Das hat mich sehr bewegt. Aber als angesagt wurde, daß jetzt der alte Antifaschist, der in diesem KZ gesessen hat, sprechen würde, da bin ich hinausgegangen.

Erneuerer und Poststalinisten

Am 1. Juni 1991 trat der auf dem 2. Parteitag beschlossene Parteirat der PDS zum erstenmal zusammen. Dieses Gremium besteht aus geheim gewählten VertreterInnen der Landesverbände, der bundesweit agierenden Interessen- und Arbeitsgemeinschaften, Plattformen und ähnlicher innerparteilicher Zusammenschlüsse, der Bundestagsfraktion sowie dem Rat der Alten. Mit dem Parteirat sollte dem Vorstand ein repräsentatives Vertretergremium der Mitgliedschaft zur Seite gestellt werden, zur Beratung und zur Kontrolle. Der Parteirat war ein Bestandteil einer Reform der Parteistruktur. Ein anderer war die Verkleinerung des Bundesvorstands. Er sollte künftig nur noch aus zwanzig Mitgliedern bestehen statt aus fast siebzig. Immer wieder hatte es Bestrebungen gegeben, die Zahl der Bundesvorstandsmitglieder zu verringern. Nicht nur wir, die Jungen GenossInnen, forderten dies. Darüber wurde damals heftig gestritten.

Aber das war zu dieser Zeit nicht der einzige Streitpunkt in der PDS. Am 9. Juni erwog Gregor Gysi öffentlich seinen Rücktritt als Parteivorsitzender. Schon im Zusammenhang mit dem Finanzskandal hatte er mit diesem Gedanken gespielt. Aber die Partei hatte ihm das Vertrauen ausgesprochen, die krummen Finanztransaktionen waren hinter seinem Rükken durchgeführt worden.

Dieses Mal ging es um ernstere Gründe. Die Auseinandersetzungen um die Geschichte der PDS wurden immer schärfer, auch im Parteivorstand. Die AG »Junge GenossInnen« veranstaltete Anfang Juni eine Bundeskonferenz in Berlin. Auch wir diskutierten über den Umgang mit der Vergangenheit in der PDS und beschlossen eine Erklärung unter der Überschrift »Es reicht!«. Unserer Meinung nach war der Erneuerungsanspruch der PDS gescheitert. Als Gründe für unsere Haltung führten wir neben dem Finanzskandal auch die gerade bekanntgewordenen MfS-Kontakte Wolfram Adolphis, des damaligen PDS-Landesvorsitzenden von Berlin, an. Zeitgleich mit unserer Konferenz beschloß ein Parteitag der Berliner PDS, daß politische Funktionsträger in der Partei ihre politische Biographie offenlegen müssen. Aber er sprach Adolphi das Vertrauen aus – ein denkwürdiges Signal. Auf unserer Konferenz forderten wir den Rücktritt von Wolfram Adolphi. Wir glaubten, daß sein spätes Eingeständnis, Inoffizieller Mitarbeiter (IM) der Stasi gewesen zu sein, nur durch öffentlichen Druck zustande gekommen war. Es war kurz vor der 2. Tagung des 2. Parteitages.

Unsere Bundeskonferenz empfahl allen Jungen GenossInnen, aus Leitungsgremien zurückzutreten, wenn die innerparteilichen Auseinandersetzungen »weiter gedeckelt« würden. Wir verwiesen besonders auf die Schulterschlußmentalität, die in der PDS inzwischen gang und gäbe war. Wir waren empört, daß über Vergangenheit nicht offen geredet wurde. Aussprachen wurden meist in internen Kreisen geführt, und man bekam wenig davon mit. Und immer lauter ertönte die Forderung, man müsse nun endlich einen Schlußstrich ziehen. Keine zwei Jahre nach dem wohlverdienten Ende der DDR. Ich hielt die Drohung, sich aus Leitungsgremien zurückzuziehen, nicht für richtig. Wenn wir dies taten, mußten die anderen sich nicht mehr mit uns auseinandersetzen.

Gysi erklärte angesichts dieser Entwicklungen auf einer Sitzung des Parteivorstands am besagten tagungsreichen Juniwochenende, daß wir »an einem Scheideweg« stünden, »weil das Politikverständnis dieser Partei, weil das Verständnis der Programmatik, weil das Verständnis der Bewertung der Geschichte, weil das Verständnis des Umgangs miteinander sehr, sehr unterschiedlich und differenziert in dieser Partei geworden« sei.

Das zielte auch auf die schmerzhaften Diskussionen im Parteivorstand, wie sie etwa Rainer Börner immer wieder initiiert hatte. Wir unterstützten seine Position, offen über die Vergangenheit zu reden. Aber seine und anderer GenossInnen Vorwürfe an einzelne Mitglieder des Parteivorstandes hatten dazu beigetragen, das Klima im Vorstand zu belasten. So fand Gregor Gysi, daß »ein ganz beachtliches Maß an Mißtrauen und Unterstellungen« im Vorstand herrsche.

Die GenossInnen in der PDS teilten sich gegenseitig in Gruppen ein. Auf der einen Seite standen die »Reformer« und »Erneuerer«, auf der anderen »Poststalinisten«, »Dogmatiker« und »Konservative«. Die Jungen GenossInnen spielten dabei fröhlich mit. Häufig eskalierten die Kontroversen in wüsten Beschimpfungen und Unterstellungen. Hinzu kamen die Differenzen zwischen ostdeutschen und westdeutschen PDS-VertreterInnen. Bis heute sind die Meinungsverschiedenheiten in Sachen Westaufbau der PDS nicht geklärt.

Hinter all diesen Auseinandersetzungen standen unterschiedliche Auffassungen über den Umgang mit den Finanzen, über die Geschichte und über unsere zukünftige Politik. Oft mußte man sich auch anhören, daß die PDS jetzt keine Zeit habe, sich mit sich selbst zu beschäftigen, statt dessen sollten wir uns lieber den akuten sozialen Problemen zuwenden. Dieses Argument war Bestandteil eines schleichenden Verdrängungsprozesses und Selbstbetrugs vieler Mitglieder. Aufgrund der vielen Anfeindungen von außerhalb gegen die PDS wollten viele GenossInnen die deutlich sichtbaren innerparteilichen Widersprüche so stark wie möglich zudecken. Nichts sollte das Bild nach außen stören. »Wir müssen uns gegenseitig hochhalten«, lautete eine weitverbreitete Durchhalteparole. Was sind schon die kleinen Flecken in unserer Vergangenheit im Vergleich mit diesem Kapitalismus!?

Die Präsidiumsmitglieder Rainer Börner und Helga Adler sprachen diese Erscheinungen offen an und mußten dafür viel Kritik einstecken. Auch Gregor Gysi wollte die Widersprüche austragen und nicht übertünchen. Nur unter dieser Voraussetzung wollte er als Parteivorsitzender weitermachen. Seine Erklärung richtete sich vor allem auch an uns, die AG »Junge

GenossInnen«. Nicht nur einmal hatten wir Diskussionen über Vergangenes und Gegenwärtiges initiiert. Meine Beteiligung daran war allerdings eher gering, da ich noch in Greifswald wohnte und nur alle vier Wochen zu den Bundesvorstandssitzungen nach Berlin kam. Ich war zu weit weg, und mir reichten schon die Rentnerveranstaltungen in Greifswald.

So nahm ich leider nur an ein oder zwei Treffen des sogenannten »Montagskreises« teil. Diese Gruppe gab es seit Anfang des Jahres, und sie bestand aus Leuten aus ganz unterschiedlichen Organisationen. Darunter waren Leute von der PDS und der Vereinigten Linken, ehemalige Mitglieder der Alternativen Liste und Unabhängige. Auch Mitglieder der AG »Junge GenossInnen« nahmen an den Gesprächen teil. Der »Montagskreis« kam zusammen, um über Erfahrungen, Interessen, Standpunkte und Ziele zu debattieren. Dabei ging es vor allem um die Arbeit mit und in der PDS. Aber auch über Wirtschaftspolitik, Bündnisarbeit, Geschichtsaufarbeitung oder den Paragraphen 218 wurde gestritten.

Einige GenossInnen in der PDS witterten schnell eine Verschwörung des »Montagskreises«, andere hielten ihn gar für eine Fraktion in der PDS. Solche Diskussionsforen der Linken unter Beteiligung von PDS-Mitgliedern gab es nicht nur in Berlin, sondern auch in anderen Städten. In Dresden zum Beispiel fand am 11. Juni 1991 die sogenannte DADA-Konferenz (Dresdner Alternatives Diskussions-Angebot) statt. Auch hier ging es um die halbherzige Vergangenheitsaufarbeitung und das von DDR-Nostalgie bestimmte Oppositionsverständnis der PDS.

Die Glaubwürdigkeit der PDS stand auf dem Spiel. Es gab wenig Akzeptanz gegenüber innerparteilichen Minderheiten, und statt nach Meinungspluralismus riefen die ersten schon wieder nach »Einheit und Geschlossenheit«. Damit hatten sie in der DDR bequemer gelebt. Einigen widerstrebte es, sich andere Meinungen auch nur anzuhören. Und ihnen paßten die Störenfriede nicht wie Rainer Börner oder Jan

Bloch, der damalige Bundesgeschäftsführer der AG »Junge GenossInnen«.

Kurze Zeit nach unserer Bundeskonferenz, am 21. bis 23. Juni 1991, wurde in Berlin unter dem Motto »Wer Zukunft will, muß die Gegenwart verändern« der 2. Parteitag fortgesetzt. Im Vorfeld hatte es Spekulationen darüber gegeben, ob die PDS an ihren inneren Widersprüchen zugrunde ginge. In den Medien war von einer bevorstehenden Spaltung der Partei die Rede. Dieser Druck von außen blieb nicht ohne Folgen. Auf der Tagung wurde das Parteitagsmotto um die Worte »und sich der Vergangenheit stellen« erweitert.

Für mich war auf dem Parteitag direkt spürbar, daß die PDS sich nicht spalten würde, sondern einen Schritt vorwärts ging. Trotz der unterschiedlichen Standpunkte herrschte ein Klima der Toleranz unter den Delegierten. Die verschiedenen Gruppierungen in der Partei bekannten sich zu Pluralismus und zum Respekt vor Minderheitspositionen. Die Delegierten taten kund, daß sie Mehrheitsentscheidungen akzeptieren würden. Und doch war ich von diesem Parteitag, der nach außen hin so harmonisch ablief, enttäuscht. Denn wieder wurde viel zuviel unter den Teppich gekehrt.

Rainer Börner stellte ein sogenanntes Strömungspapier vor unter der Überschrift »Für eine radikale Aufarbeitung der Geschichte und eine konsequente Opposition oder Warum wir Strömungen in der PDS politisch für notwendig halten«. Dieses Papier war auch in den Debatten des »Montagskreises« entstanden. Es sollte einen organisierten Diskussionsprozeß in der PDS einleiten. Im Papier heißt es unter anderem:

Die seit 1 1/2 Jahren propagierte Erneuerung befindet sich in der Phase der Stagnation. Die Partei war in diesem Zeitraum kaum in der Lage, die auf sie zukommenden Probleme zu antizipieren. Finanzskandal, Umgang mit dem MfS-Erbe, Parteiarchiv und § 218 sind Ausdruck dafür. (...) Die UnterzeichnerInnen dieses Papiers ergreifen deshalb die Initiative zur Bildung eines Diskussionszusammenhanges von Mitgliedern der PDS, SympathisantInnen und mit der PDS kooperierenden unabhängigen Linken, mit dem Ziel, ihre politischen Positionen und Vorschläge in den Diskussions- und Entscheidungsprozeß der Gesamtpartei einzubringen und sich dort der politischen Auseinandersetzung zu stellen. (...) Aus dem beschriebenen Zustand der Partei und der Hoffnung, dem rapiden Prozeß der Resignation bei denjenigen, die für rückhaltlose Vergangenheitsaufarbeitung und radikales Oppositionsverständnis eintreten, etwas entgegensetzen zu können, leiten wir die Notwendigkeit ab, uns als Strömung in und außerhalb der Partei zu organisieren.

Als Rainer dieses Papier vorstellte, war viel Unruhe im Saal. Ich erschrak, als ich erkennen mußte, daß viele KritikerInnen seiner Positionen sich überhaupt nicht dafür interessierten, was er sagte. Sie warfen ihm außerdem vor, sich nicht an die Tagesordnung gehalten zu haben. Man wollte über die eigene Vergangenheit so genau nun auch nicht reden. Zur Debatte standen die Diskussionsgrundlage für ein neues Parteiprogramm, das Statut sowie die Schieds- und Finanzordnung. Aber hätte am Anfang eines neuen Programms und eines neuen Statuts nicht eine intensive Erörterung der eigenen historischen Wurzeln stehen müssen? Mir wollte es nicht in den Kopf, daß nur so wenige bereit waren, in diese Debatte einzusteigen. Per Geschäftsordnung wurde die Diskussion über Börners Papier abgebrochen, und der Parteitag verlief, oberflächlich betrachtet, ruhig weiter. Aber in manchen brodelte es weiter. Einige junge GenossInnen kündigten an, sich aus den Vorständen zurückzuziehen. Sie würden sich künftig auf »das Eigentliche« beschränken, »nämlich selbst Alternativen praktizieren und etwas Neues beginnen«.

Ich weiß es noch wie heute, daß wir nächtelang über dieses Vorgehen diskutierten. Ich war mir unsicher, was ich machen sollte. Es verließen nach dem Parteitag Menschen die Leitungsgremien, die für mich dort wichtig gewesen waren. Dazu gehörte auch Jan Bloch. Später folgten Helga Adler und Rainer Börner, die nicht mehr für den Vorstand kandidierten. Börner und die anderen hatten recht mit ihrem Papier, aber es war falsch, daß sie sich zurückzogen.

Ich blieb nach dem Parteitag noch ein oder zwei Tage in Berlin und fuhr dann nachdenklich nach Greifswald zurück. Ich entschied mich, nicht aus dem Bundesvorstand auszuscheiden. Schon auf der Bundeskonferenz der AG »Junge GenossInnen« hatte ich diese Drohung nicht mitgetragen. Ich glaubte, daß wir die Krise der PDS nur bewältigen konnten, wenn wir uns nicht aus den Parteigremien verabschiedeten. Wir durften die Partei nicht zur Freude der »Poststalinisten« den anderen Strömungen überlassen. Aber ich konnte es Jan und den anderen nicht verübeln, daß sie sich für einen anderen Weg entschieden hatten. Vielleicht lag mein Entschluß zu bleiben auch daran, daß ich mich dem Streit noch nicht so lange und intensiv wie sie hatte stellen müssen. Ich bin bis heute traurig über ihren Weggang.

Der Parteitag hatte die Probleme nicht gelöst. Auch deshalb traten immer wieder GenossInnen aus der PDS aus. So auch Sonja Kemnitz, die am 1. Juni gerade erst zur Sprecherin des Parteirats gewählt worden war.

Ende September wurde im Parteivorstand beantragt, das Präsidium von seiner Funktion zu entbinden. Zu deutlich waren die Probleme im Umgang miteinander geworden. Das Präsidium konterte, stellte die Vertrauensfrage und erhielt die Mehrheit der Stimmen. Wir beriefen auf dieser Sitzung auch die 3. Tagung des 2. Parteitages für den 14. und 15. Dezember ein. Dort sollte ein neuer und möglichst kleinerer Vorstand gewählt werden. Am 23. November diskutierte der Parteivorstand erneut über die Verkleinerung. Die AG »Junge GenossInnen« hatte sie schon mehrfach gefordert. Die Diskussion lief darauf hinaus, den Bundesvorstand auf achtzehn Mitglieder zu reduzieren. Ein Präsidium sollte es nicht mehr geben.

Nach dem Juniparteitag war ich öfter als sonst in Berlin. Ich diskutierte mit Jan Bloch und den anderen Jungen GenossInnen darüber, wie es in der PDS weitergehen solle. Aber auch in der AG waren große Probleme aufgebrochen. Die GenossInnen an der Basis konnten den oft abgehobenen Debatten im Berliner Bundesarbeitsausschuß und manchen seiner Erklärungen nicht mehr folgen. Viele wollten konkrete Politik in ihren Orten machen und erwarteten dazu Unterstützung. Einigen gefiel es auch nicht, daß wir uns an der Strömung von Rainer Börner orientierten. Die Meinungsverschiedenheiten in der PDS widerspiegelten sich auch in der AG. Es tobten die wildesten Diskussionen über unsere Zukunft: ob wir als Strömung auftreten oder so etwas wie ein Jugendverband sein sollten usw. usf. Mißtrauen und gegenseitige Vorwürfe nahmen zu.

An einem dieser Tage, als wir im Büro der AG »Junge GenossInnen« im Karl-Liebknecht-Haus gerade mal wieder über all diese ungeklärten Fragen sprachen, klingelte das Telefon. Irgend jemand richtete mir aus, daß ich zu Gregor Gysi kommen solle. Ups, dachte ich, was ist denn nun los? Das war bis dahin in meiner Vorstandszeit noch nie passiert. Hatte ich etwas falsch gemacht?

Ich machte mich gleich auf den Weg und traf Gregor schon auf der Treppe. Er kam sofort zur Sache: Wir hätten ja nun im Dezember mal wieder Wahlen zum Bundesvorstand, in dem dann nur noch etwa zwanzig GenossInnen sitzen sollten. Ich solle für diesen verkleinerten Vorstand kandidieren. Völlig überrascht folgte ich ihm in sein Büro. Dort angekommen, ließ ich meinen spontanen Bedenken freien Lauf: Wer soll mich denn wählen? Wer kennt mich überhaupt? Und vor allem die Alten! Deren Stimmen würde ich nie kriegen. Ich fand es komisch, daß er ausgerechnet mich fragte, fühlte ich mich doch noch reichlich unbedarft für so eine Aufgabe. Von den politischen Auseinandersetzungen ganz zu schweigen.

Cleverer Schachzug, werden Sie jetzt vielleicht denken. Aber sind Sie wirklich der Meinung, daß Gregor damals schon einschätzen konnte, was bei dieser Sache herauskommen würde? Zumal er mich damals noch gar nicht richtig kannte.

Aber ich konnte sagen, was ich wollte, Gregor blieb bei seiner Meinung. Ich versprach, mal darüber nachzudenken, richtig ausdiskutiert hatten wir es an diesem Tag nicht. Er hatte, wie immer, wenig Zeit, und nach ein paar Minuten war ich schon wieder vor seiner Tür. Ich ging ganz langsam wieder zurück zu Jan in unser Büro und erzählte ihm von meinem kurzen Gespräch mit Gregor. Er war auch erstaunt und sah mich lange an. Wir waren beide ratlos, was ich nun tun sollte. Jan zog sich gerade zurück von der Leitungsarbeit, andere waren schon weg. Jan riet mir schließlich, nicht zu kandidieren. Er sah keinen Sinn mehr darin, im Vorstand zu arbeiten, solange die Partei historische und politische Grundsatzfragen nicht klären wollte.

Grübelnd fuhr ich nach Greifswald zurück. Ich fragte viele GenossInnen nach ihrer Meinung, und es begannen wochenlange quälende Diskussionen. Niemand konnte und wollte die Verantwortung dafür übernehmen, eine Vertreterin von uns in den Bundesvorstand zu schicken. Die AG war in verschiedene Grüppchen zersplittert, meine Bezugspunkte waren vor allem die Jungen GenossInnen in Berlin und Mecklenburg-Vorpommern. Es gab kaum mehr bundesweite Diskussionen in der AG. Jeder machte, was er wollte, die einen Gruppen setzten sich fast ausschließlich mit der PDS auseinander, andere fingen an, Jugendarbeit vor Ort zu machen. Wir schafften es damals nicht, beide Ansprüche miteinander zu verbinden.

Die Bundeskonferenz der AG »Junge GenossInnen« im November 1991, kurz vor dem PDS-Parteitag, in Halle an der Saale endete in einem Desaster. Wir waren völlig zerstritten. Das war aber schon vorher absehbar gewesen. In der »O. T.« (»Ohne Titel«), unserem damaligen Mitgliedermagazin, zum

Beispiel schrieb ein AG-Mitglied im Vorfeld der Bundeskonferenz:

VertreterInnen des BAA [Bundesarbeitsausschuß] haben selbst den Kontakt zu Berliner AGen, aus denen sie gekommen sind, mehr und mehr verloren. (...)

(...) sollten wir außerdem die Frage aufwerfen, ob sich bundesweite Strukturen der AG »Junge GenossInnen« zukünftig mehr der Vertretung von jugendspezifischen Interessen widmen sollte. (...)

Es versteht sich von selbst, daß es MitgliederInnen bzw. Arbeitskreisen der AG »Junge GenossInnen« als solche/n freisteht, ihre Haltung zu Plattformen/Strömungen zum Ausdruck zu bringen bzw. in Plattformen/Strömungen zu wirken. Ich halte es aber für bedenklich, wenn die bundesweite Interessenvertretung der jungen GenossInnen/SympathisantInnen in/bei der PDS pauschal und ultimativ zum Sprachrohr einer Strömung gemacht wird.

Wir wollten in Halle eigentlich über unsere zukünftige Arbeit reden, aber wir waren nur noch eine Ansammlung verschiedener Gruppen, so daß eine strukturierte Diskussion nicht mehr möglich war. Die einen definierten sich als »in«, die nächsten als »bei der PDS«. In manchen Städten arbeiteten sie als eingetragener Verein, und andere verstanden sich wieder ganz anders. Der Krach um die Orientierung des Bundesarbeitsausschusses an der Strömung von Rainer Börner nahm an Schärfe zu. Hinzu kam, daß an diesem Wochenende außer unserer Konferenz drei PDS-Landesparteitage stattfanden, so daß viele Junge GenossInnen gar nicht nach Halle gekommen waren.

In Halle zerstritten wir uns weiter, und die Probleme wurden größer statt kleiner. Frauen verließen die Konferenz, weil Männer sich über Redebeiträge zum Feminismus lustig gemacht hatten. Die Auseinandersetzung über unsere Struktur

Im Kindergarten (1. v. r.), 1975

Einschulung (Mitte), 1978

Die Judotrainingsgruppe des Dynamo Greifswald (2. Reihe, 1. v. l.), 1986

Nach dem Judotraining neben meiner damals besten Freundin, Manuela (2. v. l.), 1988

Ich leite das Geschichtsplenum des PDS-Parteitags, Dezember 1991

Mit Gregor Gysi auf dem PDS-Parteitag, Dezember 1991

Auf dem 2. Einhei(z)markt der PDS in Potsdam, unter anderem mit Stefan Gebhard (2. v. r.), heute Landtagsabgeordneter in Sachsen-Anhalt, 1993

Am Ende einer Sitzung des PDS-Bundesvorstands, Dezember 1993

Auftritt auf dem PDS-Wahlparteitag, Januar 1994

Mein kleiner Freund Stefan Köllner
hilft mir zurück auf die Erde, April 1994

Mit Inge Meysel in einer Talkshow, Januar 1995

In einer Polizeikontrolle auf dem Weg zu den Chaostagen in Hannover, August 1995

Amtsgericht Berlin-Tiergarten: Verhandlungspause im Internet-Prozeß; mit PDS-Bundesgeschäftsführer Dietmar Bartsch (links) und Rechtsanwalt Volker Ratzmann, Juni 1997

Nach einer Pressekonferenz in Berlin, März 1998

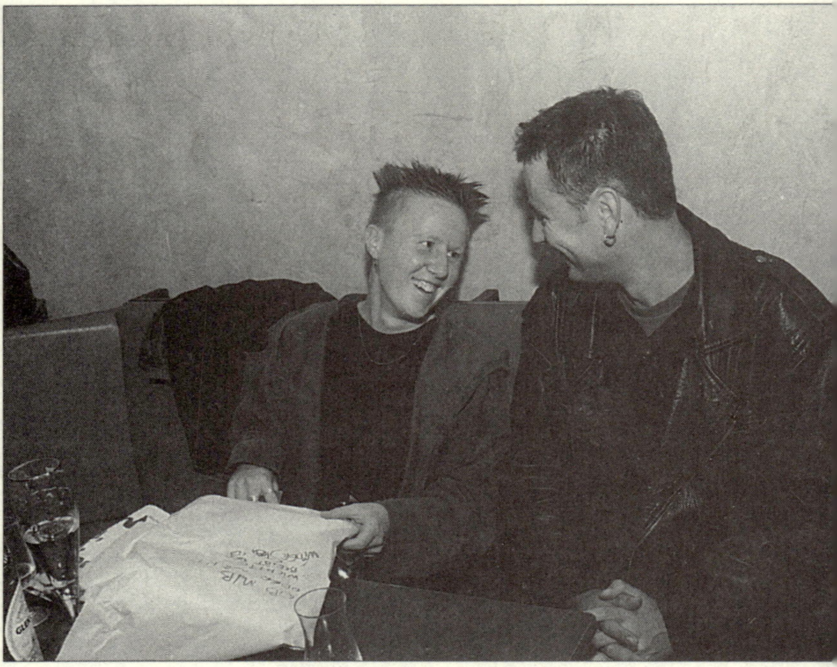

Auf meiner Geburtstagsparty, mit Ivo Bozic, September 1998

PDS-Abschlußkundgebung zur Bundestagswahl, Berlin, September 1998

wurde zu einem Streit über unsere Vergangenheit und zur Arbeit einzelner Personen im Bundesarbeitsausschuß. Einige GenossInnen um Jan Bloch wollte die AG gar von der PDS trennen, weil sie die Politik- und Erneuerungsfähigkeit der Partei bezweifelten. Dagegen sprach sich aber die Mehrheit der TeilnehmerInnen aus. Die Konferenz mußte jedoch schließlich ohne weitere Ergebnisse abgebrochen werden, da während des elend langen Streits über unsere Stellung zur PDS und unsere Rolle viele genervt die Konferenz verließen, bis wir nicht mehr beschlußfähig waren. Es gab nun keinen Bundesarbeitsausschuß mehr, und die Zukunft der AG war ungewiß. Schmerzhaft war auch, daß Jan Bloch die AG verließ, in der er trotz seiner wachsenden Distanz zur PDS noch mitgearbeitet hatte. Über meine Kandidatur zum Parteivorstand konnte ich an diesem Wochenende kaum diskutieren. Aber nach der Katastrophenkonferenz rieten mir noch mehr Leute ab, weil ich nun ja keine Basis mehr hätte.

Nach langem Hin und Her, nach vielen weiteren Diskussionen und sich widersprechenden Ratschlägen entschied ich mich für die Kandidatur. Der Landesverband der PDS von Mecklenburg-Vorpommern und viele GenossInnen in Greifswald wollten mich unterstützen. Aber warum ich mich zu diesem Schritt entschlossen hatte, weiß ich heute gar nicht mehr richtig. War es vor allem die Neugier auf eine neue Herausforderung? War es die Hoffnung, vielleicht doch etwas in der PDS verändern zu können? Waren es Eitelkeit und Stolz auf die Anerkennung durch Gregor? Es war wohl von allem ein bißchen. Ich fuhr am 13. Dezember nach Berlin zum Parteitag und hatte keine Ahnung, ob ich die richtige Entscheidung gefällt hatte und was auf mich zukommen würde.

Schon auf der letzten Tagung des Parteitags hatten die Jungen GenossInnen ein offenes Plenum zu Fragen der Geschichte der PDS beantragt. Dieses Plenum sollte nun stattfinden. Leute von der AG sollten es leiten, und wir hatten uns darauf verständigt, daß ich dies tat. Dazu gehörte auch, daß ich den Einleitungsbeitrag halten mußte.

Am Samstag, in den späten Abendstunden, wurde das »Plenum zu Geschichte und Gegenwart« durchgeführt. Ich saß zum erstenmal vor so vielen Menschen und mußte auch noch eine Rede halten. Auf dem Podium waren außerdem der Schriftsteller Stephan Hermlin, der Historiker Stefan Doernberg und Antje Ziebell von den Jungen GenossInnen. In meiner Einleitung kritisierte ich, daß viele GenossInnen ihre Verantwortung für die Vergangenheit wegschieben wollten, aus Angst, angreifbar zu sein. Ich erklärte, daß man nur dann angreifbar werde, wenn man unbequeme Wahrheiten vertuschte, statt sie offen auszusprechen. Diese Offenheit vermißte ich in der PDS.

Anschließend wurden verschiedene Kurzreferate gehalten, dann ging die Diskussion los. Besonders am Beitrag von Michael Nelken, seinerzeit maßgeblicher Autor des neuen Parteistatuts und heute Mitglied des Berliner Abgeordnetenhauses, entzündete sich eine heftige Debatte. Nelken hatte unter anderem erklärt:

Eine solidarische Geschichtsbetrachtung wird gefordert, statt der zersetzenden. Abgesehen davon, daß jeder vor diesem Stereotyp der Geschichtsklitterung der realsozialistischen Historiographie erschaudern müßte, sollte die Frage beantwortet werden: Solidarität mit wem? Mit den Verantwortlichen, Tätern und Mitläufern von gestern? Mit uns? Allein eine kritische, ehrliche und auch bitter offene Auseinandersetzung mit der Geschichte in unseren Reihen eröffnet den Weg für Solidarität unter uns und ermöglicht es anderen politischen Kräften, auch solidarisch mit uns zu sein. (...) Die PDS ist nicht nur von ihrer sozialen Zusammensetzung her eine alte Partei, sondern auch hinsichtlich der in ihr vorherrschenden Ideologie und Kultur ist sie eher konservativ und im obigen Sinne auch restaurativ.

Sie können sich vielleicht vorstellen, was im Plenum los war, als Nelken seinen Beitrag hielt. Er wurde teilweise angepöbelt. Es gab massiven Widerspruch: Schonungslose Aufarbeitung, haben wir denn jetzt in der Gesellschaft die Atmosphäre dazu? Ist die Geschichtsaufarbeitung nur eine Aufgabe der PDS? Müssen nicht auch die anderen ihre Geschichte aufarbeiten? Wer was gemacht hat, ist nicht entscheidend, sondern wichtig ist, was falsch war usw.

Einmal mehr stritten wir heftig über den Umgang mit der Vergangenheit. Aber Streit gab es nicht nur darüber. Zur Debatte standen auch der Beschluß, daß die PDS für offene Grenzen für Flüchtlinge ohne jede Einschränkung ist, und strategische Fragen. Die Wahlen zum Vorstand rückten immer näher, und die Gefechte wurden immer schärfer. Jeder wußte, daß die Vorstandswahlen eine Weichenstellung für die innerparteilichen Auseinandersetzungen waren. Personalentscheidungen sind auch immer Entscheidungen über den politischen Weg, den die verschiedenen Kandidaten verfolgen, soviel hatte ich begriffen.

Das zeigte sich schon bei der Wahl zum Bundesgeschäftsführer. Gregor Gysi und die ostdeutschen Landesverbände, an der Spitze Brandenburg, wollten unbedingt Lothar Nicht aus Potsdam zum Bundesgeschäftsführer machen. Er sollte in diesem Amt Wolfgang Gehrcke aus Hamburg ersetzen. Lothar Nicht war in der Mitgliedschaft aber weitgehend unbekannt. Ganz im Gegensatz zu Wolfgang Gehrcke. Der hatte nicht nur den Bonus des Amtsinhabers, sondern auch kurz vor dem Parteitag in einer »ND«-Beilage seine vielbeachteten »Novembergedanken« publiziert. Manche wollten Gehrcke aber nicht mehr als Bundesgeschäftsführer, stand er doch auch für die Westausdehnung der PDS. Viele wollten sich aber auf den Osten konzentrieren.

Gregor Gysi und andere beantragten nun auf dem Parteitag, die Tagesordnung zu ändern. Sie wollten vor der Wahl des Bundesgeschäftsführers ein Konzept über organisatorische

Verbesserungen innerhalb der Partei diskutieren und beschließen lassen, an dem Lothar Nicht maßgeblich mitgearbeitet hatte. So sollte ihr Kandidat in den Augen der Delegierten Profil gewinnen und Wolfgang Gehrcke bloßgestellt werden.

Der Antrag wurde aber abgelehnt. Gregor setzte sich bei der Kandidatenvorstellung für Lothar Nicht ein. Er stellte Nicht die Frage, ob dieser ihm als Bundesgeschäftsführer garantieren könne, daß er sich künftig ungestört seiner Arbeit als Parteivorsitzender widmen könne? Damit wurde Gregors Haltung zu Wolfgang drastisch deutlich. Trotzdem gewann Wolfgang Gehrcke am Ende mit einer Stimme Vorsprung.

Ich muß heute zugeben, daß ich die meisten Auseinandersetzungen nicht durchschaute. Ich wußte viel zuwenig über die internen Personalstreitereien und beispielsweise die Kritik an Wolfgangs Arbeit. Ich beobachtete vieles, ohne eine eigene Meinung zu haben. Im Zweifelsfall schloß ich mich dem Votum der anderen Jungen GenossInnen an. Erst später habe ich diese Konflikte begriffen.

Viele zweifelten nach der Wahl des Bundesgeschäftsführers die Arbeitsfähigkeit des neuen Vorstands an. Dieser Eklat vertiefte die Zerstrittenheit in der Parteiführung. Rainer Börner trat auf diesem Parteitag aus der PDS aus. Wieder hatte sich einer verabschiedet, der mir wichtig geworden war, nicht nur politisch. Trotz heftiger Bedenken blieb ich bei meiner Kandidatur. Ich bekam im ersten Wahlgang bei den Frauen knapp neunzig Prozent, die meisten Stimmen von allen (bei Vorstandswahlen gibt es in der PDS eine Frauenquote von fünfzig Prozent). Gregor Gysi wurde als Vorsitzender wiedergewählt. Im neuen, achtzehnköpfigen Vorstand saßen unter anderem noch André Brie, Kerstin Kaiser, Karin Dörre und Sahra Wagenknecht.

Mit diesem Ergebnis hatte ich nicht gerechnet. Was für mich meist immer noch Spaß gewesen war, wurde nun Ernst. Diesem Ernst war ich bisher recht erfolgreich aus dem Weg gegangen. Es hatte mir Spaß gemacht, alte GenossInnen zu ärgern und zu provozieren. Damit war jetzt Schluß. Denn ein solches Wahlergebnis bedeutete Verantwortung, das begriff ich sofort. Viele gratulierten mir, andere wie Rainer Börner sprachen mir ihr Beileid aus. So wurde der 15. Dezember 1991 für mich Last und Neuanfang zugleich.

Schnell stellte es sich heraus, daß es schwierig für mich wäre, die Vorstandsarbeit von Greifswald aus zu bewältigen. Der Vorstand sollte alle zwei Wochen tagen, und dazwischen war viel zu tun. Deshalb führten Wolfgang Gehrcke und Gregor Gysi einige Gespräche mit mir, an deren Ende die Entscheidung stand, daß ich künftig hauptamtlich für die PDS arbeiten solle. Das bedeutete auch, daß ich nach Berlin umziehen mußte.

So packte ich im Februar 1992 meine Sachen in Greifswald, verabschiedete mich von FreundInnen und GenossInnen und zog nach Berlin – in eine ungewisse Zukunft. Ich wohnte bei einer Tante, bis mir ein Zimmer im ehemaligen Gästehaus des ZK der SED vermittelt wurde. Es war ein komisches Gefühl, dort zu wohnen.

Ungewohnt war auch, daß ich auf einmal Geld verdiente. 4500 Mark im Monat betrug mein Gehalt. Außerdem bekam ich ein eigenes Büro im Karl-Liebknecht-Haus. Die MitarbeiterInnen des Parteivorstands guckten mich ziemlich blöd an. Ich war für sie ein Kulturschock, so was wie mich hatte es im ZK nicht gegeben. Mancher sprach nicht einmal mit mir, und ein Fahrer weigerte sich sogar, mich zu fahren. Es sei ihm peinlich, so seine Begründung.

Sie können sich vielleicht vorstellen, daß ich mich in der ersten Zeit nicht wohl gefühlt habe. Ich mußte mich in die neue Aufgabe einarbeiten, mich in Berlin zurechtfinden, und Heimweh nach Greifswald hatte ich auch. Mein Leben hatte sich schlagartig verändert: aus einer Kleinstadt in die Großstadt, aus einem besetzten Haus in ein ehemaliges SED-Gästehaus und in eine Parteizentrale, statt Herumhängen eine hauptamtliche Parteianstellung. Und ich verdiente mit meinen zwanzig Jahren eine utopische Summe. Anfangs habe ich mich für das Geld geschämt. Im Parteivorstand wurde ich von einigen MitarbeiterInnen deswegen angemacht. Die waren der Meinung, es sei zuviel für mich. Man müsse sich ein gutes Einkommen durch langjährige Mitarbeit und Fleiß erst einmal verdienen. Mein Vertrauen zum Apparat des Parteivorstands stärkte dieses Mobbing nicht. Irgendwann sagte ich mir aber, daß Alter und Erfahrung in der Parteiarbeit nichts mit Qualität zu tun haben müssen. Sonst gäbe es die DDR heute noch. Ich habe mich schließlich nicht mehr um das Gezeter gekümmert. Wenn die lieben MitarbeiterInnen sich zu fein waren, mir zu helfen, organisierte ich meine Projekte eben mit anderen. Ich war für Kinder- und Jugendpolitik und die Reste der AG »Junge GenossInnen« verantwortlich und fand immer wieder die Unterstützung von GenossInnen im Bundesvorstand und von Mitgliedern der Berliner AG.

Mein Ressort bewahrte mich natürlich nicht davor, mich mit allen möglichen anderen Fragen zu befassen. Nun mußte ich auch über Finanzen, das neue Parteiprogramm, Wirtschaftspolitik oder Geschichtsaufarbeitung diskutieren. Ich wurde zu Veranstaltungen eingeladen und mußte Vorlagen und Vorschläge für Sitzungen des Bundesvorstands erarbeiten. Immer wieder überkamen mich Zweifel, ob ich das alles schaffen würde.

Zu meinen ersten Aufgaben gehörte es, eine Vorstandssitzung zum Thema Kinder- und Jugendpolitik vorzubereiten. Außerdem mußten wir dringend eine neue Bundeskonferenz der AG »Junge GenossInnen« vorbereiten. So blieb mir nicht viel Zeit, Angst vor der Herausforderung zu haben. Es mußte einfach losgehen.

Im Sommer kam ich durch einen Zufall zu einer weiteren spannenden Aufgabe. Seit Frühjahr 1992 gab es viele Diskussionen über die Frage, wie sich ostdeutsche Interessen am besten vertreten ließen. Am 11. Juli stellten 69 ErstunterzeichnerInnen aus Ost und West einen Aufruf zur Gründung von »Komitees für Gerechtigkeit« vor. Unter ihnen die SängerInnen Tamara Danz und Rio Reiser sowie Stefan Heym, Peter-Michael Diestel und Gregor Gysi. Die Komitees sollten helfen, die Defizite im Einigungsprozeß abzubauen. Die soziale Situation der Ostdeutschen spielte genauso eine Rolle wie der Umgang mit ostdeutschen Biographien. Außerdem wandten sich die Komitees gegen eine weitere Ausgrenzung der Ostdeutschen. Dieser Gründungsaufruf erzeugte viel Aufregung. Einhelliger Tenor in der Presse war, daß die Komitees für Gerechtigkeit Tarnorganisationen der PDS seien. Sie sollten trickreich Menschen instrumentalisieren, die mit der Partei eigentlich nichts zu tun haben wollten.

Schnell wurde ein Komiteebüro in Berlin eingerichtet, das als Zentrale für die Komitees fungierte, von denen sich nun viele in ganz Ostdeutschland gründeten. Die Leute im Büro arbeiteten ehrenamtlich. Sie kamen einfach vorbei und fragten, ob sie helfen könnten. Die PDS wollte dem Berliner Büro einen Computer spendieren. Da wir Hochsommer hatten, waren im Parteivorstand viele im Urlaub. So kam es, daß ich die Spende zum Komiteebüro bringen sollte.

Allerdings konnte niemand dort mit einem PC umgehen. Ich schloß ihn also an und versuchte den Leuten zu erklären, wie sie mit dem Gerät umgehen sollten. Sehr erfolgreich war ich damit nicht, so daß ich mich schließlich selbst an den Computer setzte, um die notwendigsten Dinge zu erledigen. Unter anderem mußte eine Adressendatei erstellt werden.

Als ich damit fertig war, versprach ich, am nächsten Tag noch einmal vorbeizuschauen, um eventuelle weitere Fragen zu klären. Aus diesem nächsten Tag wurden nächste Tage und Wochen. Der Computer mit der Adressendatei wurde zum Herzstück der Komiteeverwaltung. Bald bekam ich Verstärkung. Stefan Michalek, ein junger Mann, der auch einfach aufgetaucht war, um zu helfen, und ich verstanden uns vom ersten Tag an. Auch er konnte mit dem PC umgehen. Wir verwalteten gemeinsam die Adressendatei und erledigten sämtliche Aufgaben, die bei der Betreuung der Komitees anfielen. So hatten wir beide den besten Überblick über alle Neugründungen und Projekte. Wir fuhren in andere Städte, um Ratschläge und Informationen zu geben, oder bereiteten ErstunterzeichnerInnentreffen mit vor.

Der Zufall hatte mich in die Zentrale der Komitees für Gerechtigkeit gebracht. Aber das hätte uns keiner geglaubt. So mußte ich jedesmal schnell verschwinden, wenn sich MedienvertreterInnen angesagt hatten. Sonst hätte mich die Presse gleich als Beweis dafür präsentiert, daß die Komitees PDS-Tarnorganisationen seien. Das waren sie mit Sicherheit nicht. Aber die PDS hat viel zu ihrer Existenz beigetragen. Viele ErstunterzeichnerInnen waren nicht gerade erklärte PDS-Feinde, und es gab vielfältige personelle Verflechtungen. Die Komitees hatten jedoch ein berechtigtes Anliegen. Außerdem haben sie viele motiviert, sich endlich wieder einmal für die eigenen Interessen zu engagieren.

Ich verbrachte den ganzen Sommer mit der Arbeit für die Komitees. Für mich war es faszinierend, zu beobachten, wie viele Menschen kurzfristig aus ihrer Lethargie gerissen werden konnten. Mich ärgerte damals, daß schon wieder viel zu viele resigniert hatten. Die Komitees zeigten, daß es auch anders ging. Und es war bitter nötig, auf die Straße zu gehen. Vieles konnte nicht hingenommen werden: Arbeitslosigkeit, Ausgrenzung Ostdeutscher oder der aufkommende Rechtsextremismus.

Am schlimmsten waren die rechtsextremistischen Ausschreitungen am 22. und 23. August 1992 gegen AsylbewerberInnen in Rostock-Lichtenhagen. Unter dem johlenden Beifall von bis zu tausend AnwohnerInnen setzten Neonazis die dortige zentrale Sammelstelle für AsylbewerberInnen in Brand. Ich war sprachlos und einer Reaktion unfähig, als ich die Fernsehbilder aus Rostock sah. Wenige hundert AntifaschistInnen versuchten, die AsylbewerberInnen zu schützen und den Verletzten Erste Hilfe zu leisten. Zum Dank marschierte ein großes Polizeiaufgebot gegen sie auf. Als aber der Sturm auf die Sammelstelle richtig losbrach, war keine Polizei mehr zu sehen. AnwohnerInnen freuten sich, daß endlich jemand die Initiative gegen die »Schmarotzer« ergriff. Die Neonazis und ihre zahlreichen Bewunderer hätten auch den Tod von Menschen in Kauf genommen.

Seit Monaten schon hatten Organisationen und BürgerInnen in Rostock auf die unhaltbaren Zustände in dieser Sammelstelle hingewiesen und auf Veränderung gedrängt. Das Heim in Lichtenhagen war mit nahezu 300 AsylbewerberInnen überbelegt. Aber die verantwortlichen PolitikerInnen vor Ort taten nichts. Und was die PolitikerInnen in Bonn taten, förderte den Wahnsinn nur. Die Bundesregierung setzte auf Abschreckung und Abschottung gegenüber Flüchtlingen. Das paßte den Nazis in den Kram.

Die Begeisterung rechtsextremistischer Organisationen über die Heldentaten gegen wehrlose AsylbewerberInnen hält bis heute an. Die NPD wollte im Bundestagswahlkampf 1998 ihre Abschlußkundgebung vor der ehemaligen Sammelstelle, dem heutigen »Sonnenblumenhaus«, abhalten. Was wollte sie dort demonstrieren? Ihre Freude darüber, daß AusländerInnen hier fast verbrannt worden wären?

Das ist übel, aber noch weniger begreife ich bis heute, daß im August 1992 so viele schwiegen oder sogar Beifall klatschten. Die Rostocker Pogromnacht löste eine beispiellose Welle von Überfällen auf AusländerInnen und ihre Unterkünfte aus. Schon damals war Mecklenburg-Vorpommern das Bundesland mit den meisten rechtsextremistischen Gewalttaten (9,52 pro 100 000 EinwohnerInnen; an zweiter Stelle lag Brandenburg mit 8,83).

Den Anschlägen folgten die Lichterketten. Ich faßte meine Eindrücke über beides in ein Gedicht:

Dezember 1992 in Deutschland

Wir hüllen
unser bißchen Leben
in eine tödliche Atmosphäre.

Wir weinen
in der Dunkelheit unseres Schweigens.

Im Magen
ein flaues Gefühl?

Wir spüren
ein Toben im Kopf?

Ich werde nicht mehr fertig
damit.

Ihr zündet
Flammen der Hoffnung.

Kerzen, sie
leisten euch Gesellschaft!

Ihr träumt mit ihnen?
Mir reicht das nicht!

Ich fand die Lichterketten verlogen. Denn wann immer, damals wie heute, junge AntifaschistInnen auf der Straße waren, wurden sie allein gelassen. Gewiß, viele haben Angst vor Gewalt, die bei solchen Demonstrationen immer wieder aufkommt. Aber der Charakter dieser Demonstrationen würde sich ändern, wenn viel mehr »normale« Leute mitliefen. Im zweiten Halbjahr 1992 war ich zunehmend damit beschäftigt, in antifaschistischen Organisationen mitzuarbeiten. Ich half,

Demonstrationen vorzubereiten, und nahm an vielen in verschiedenen Städten teil.

Noch eine andere Aufgabe war in diesem Jahr wichtig für mich. Im Januar 1992, kurz nach unserer Katastrophenkonferenz, hatten sich rund dreißig Leute getroffen, die von der AG »Junge GenossInnen« übriggeblieben waren. Wir beschlossen, einen neuen Anlauf zu versuchen. Am 21. und 22. Juni veranstalteten wir eine Bundeskonferenz in Potsdam. Es kamen aber nur etwa siebzig Leute. Trotzdem wollten wir nicht aufgeben, nachdem wir unseren Deprianfall überwunden hatten. Wir versuchten die inhaltliche Diskussion anzuschieben. Aber es war ein zähes Geschäft, in den Landesverbänden gab es nur noch einsame »KämpferInnen«. Wir organisierten an vielen Orten Veranstaltungen und sammelten neue wie alte Mitglieder.

Die Geschichtsdebatte lief ebenfalls auf vollen Touren weiter. Eine Auseinandersetzung folgte auf die andere. Aber das war gut so, besser jedenfalls als in den Jahren danach, als in der Partei kaum mehr über Geschichte gestritten wurde. Für Stoff sorgte 1992 vor allem Sahra Wagenknecht mit einem Artikel in den »Weißenseer Blättern« (Nr. 4/1992). Sahra schreibt darin unter anderem:

Und was immer man – berechtigt oder unberechtigt – gegen die Stalin-Zeit vorbringen mag, ihre Ergebnisse waren jedenfalls nicht Niedergang und Verwesung, sondern die Entwicklung eines um Jahrhunderte zurückgebliebenen Landes in eine moderne Großmacht während eines weltgeschichtlich einzigartigen Zeitraums. (...) Das in der Sowjetunion während der Stalin-Zeit entstandene und später von den osteuropäischen Ländern in den Grundzügen übernommene Gesellschaftsmodell ist die auf Grundlage unterentwickelter bzw. zerstörter Produktivkräfte, allgemeiner Not und existentieller Gefährdung der Grundfesten des neuen Systems historisch notwendige und – soll eine bürgerliche Gegenrevolution wirksam verhindert werden – einzig mögliche Form eines realisierten Sozialismus.

Das war nicht mehr und nicht weniger als eine Rechtfertigung des Stalinismus. Die AG »Junge GenossInnen« schaltete sich gleich in die nun entbrennende Debatte ein. Was das Bundesvorstandsmitglied Sahra Wagenknecht vertrat, war in unseren Augen mit dem PDS-Programm nicht zu vereinbaren. Das erklärte unsere Programmkonferenz, die wir Anfang Dezember 1992 zur Vorbereitung des 3. PDS-Parteitags durchführten. Der Parteivorstand verabschiedete eine Erklärung ähnlichen Inhalts. Aber nicht wenige PDS-Mitglieder stellten sich hinter Sahras Artikel, der im »Disput«, dem Mitgliedermagazin der PDS, nachgedruckt wurde. Deshalb verfaßten wir einen Antrag für den Parteitag, in dem Sahras Auffassungen verurteilt werden sollten. Das war eine notwendige Konsequenz aus der Stalinismusdebatte in der Partei. Das höchste Beschlußgremium der PDS mußte sich klar von der Rechtfertigung Stalins distanzieren. Sonst war jede weitere Diskussion überflüssig.

Das Thema paßte gut, sollte der Parteitag doch auch über das neue Parteiprogramm abstimmen, genauso wie über einen Antrag »Zur konsequenten offenen und öffentlichen Auseinandersetzung mit der Problematik der Staatssicherheit«. Und nicht zuletzt mußten wir einen neuen Parteivorsitzenden wählen. Gregor hatte Ende November erklärt, er wolle nicht mehr antreten.

Der 3. Parteitag fand vom 29. bis 31. Januar 1993 in Berlin statt. Aufgrund unseres Antrags zu Sahras Artikel entspann sich eine emotionsgeladene Diskussion. Sahra verteidigte ihre Aussagen, und wir liefen Sturm dagegen. Aber unser Antrag wurde abgelehnt. Das war einer von den Momenten, in denen ich alles hinschmeißen wollte. Ich verstand nicht, warum der Parteitag unserem Antrag nicht gefolgt war. Aber immerhin wurde nach einer kontroversen Debatte im Vorfeld des Parteitags der Antrag zur »Offenlegung der politischen Biographie« angenommen. So hatte unsere AG wenigstens einen wichtigen Erfolg erzielt, hatten wir diesen Antrag doch vehement unterstützt.

Lothar Bisky wurde zum neuen Parteivorsitzenden gewählt, seine Stellvertreter waren Wolfgang Gehrcke und Christine Ostrowski. Martin Harnack wurde neuer Bundesgeschäftsführer.

Christine war jedoch nicht lange Stellvertreterin. Sie traf sich nach dem Parteitag mit Führern der Neonaziszene in Sachsen zu vertraulichen Gesprächen. Als ich davon erfuhr, glaubte ich, nicht richtig zu hören. Viele PDS-Mitglieder, auch im Parteivorstand, forderten ihren Rücktritt. Ich kenne keinen Grund, der es rechtfertigen könnte, sich mit solchen Leuten zu treffen. Es gibt keine Gemeinsamkeiten zwischen denen und uns. Daran ändert auch das antikapitalistische Gebaren der Nazis nichts. Übrigens gab es schon einmal eine rechtsextremistische Partei, die sich auch als antikapitalistisch verkaufte: die National-Sozialistische Deutsche Arbeiterpartei. Manche in der PDS haben das offenbar schon vergessen. Auch jene zum Beispiel, die Rechtsextremisten im »ND« schreiben lassen.

Wegen Christine Ostrowskis Neonazikontakten gab es auch im Parteivorstand Krach. Diese Diskussion zeigte, daß viele Mitglieder nicht die notwendige Sensibilität und keine praktischen Erfahrungen im Umgang mit Neonazis haben. In meinen Augen stellten diese Kontakte den antifaschistischen Grundkonsens in der PDS in Frage. Es war wie ein Schlag ins Gesicht. Ich kämpfte gemeinsam mit anderen gegen Neonazis, und Christine Ostrowski traf sich mit Führern dieser Szene, um Gemeinsamkeiten auszuloten. Deshalb forderte auch ich öffentlich Christines Rücktritt. Am 15. März 1993 trat sie als stellvertretende Parteivorsitzende zurück.

Der Parteivorstand widmete sich nun der Vorbereitung der 2. Tagung des 3. Parteitags. Die »Grundsätze und Ziele der PDS für die Wahlen 1994« und die Neuwahl des Parteivorstands standen auf der Tagesordnung. Ich kandidierte erneut und wurde wiedergewählt.

Warum habe ich all die Kröten geschluckt und weitergemacht? Erst als ich an diesem Buch arbeitete, habe ich mir ganz vergegenwärtigt, was ich alles akzeptiert habe in der PDS, ohne auszusteigen. Warum? Ich weiß es nicht. Ist es inzwischen vielleicht doch ein Heimatgefühl, obwohl die PDS für mich Mittel zum Zweck ist? Ist es nicht auch die Angst, plötzlich allein zu sein mit meinen politischen Ideen? So oft hatte ich das Gefühl, daß mein Engagement sinnlos sei, sowohl innerhalb als auch außerhalb der PDS. Aber in der PDS wurde der Frust immer wieder aufgefangen von FreundInnen und MitstreiterInnen.

Und natürlich motivierten Erfolge zum Weitermachen. Im Januar 1994 konnten wir endlich wieder eine Bundeskonferenz der AG »Junge GenossInnen« durchführen. Neue Gruppen und ein bundesweites Informationsnetz waren entstanden. Wir trafen uns in Magdeburg. Knapp 150 Leute kamen. Wir freuten uns riesig, hatte sich doch die Arbeit der letzten Wochen und Monate gelohnt. Auf der Konferenz wollten wir über die Situation der PDS, aktuelle politische Fragen und die anstehenden Wahlkämpfe diskutieren.

Nicht nur einmal hat die PDS in diesen Jahren über ihr Selbstverständnis als Oppositionspartei debattiert. Sie mußte sich in kurzer Zeit von einer diktatorisch regierenden Staatspartei zu einer Oppositionspartei entwickeln. Das war nicht nach dem Geschmack vieler GenossInnen. In der DDR hatten sie Opposition ausgegrenzt und verfolgt, aber nun waren sie auf einmal selbst Opposition. Das fanden viele nicht sehr attraktiv, und so hofften sie von Anfang an, bald wieder richtig mitmachen zu dürfen. Sie verstanden die PDS als eine »Regierungspartei im Wartestand«.

Und die Wahlergebnisse bestärkten sie in dieser Überzeugung. Bei den Brandenburger Kommunalwahlen am 5. Dezember 1994 wurde die PDS zweitstärkste Partei hinter der

SPD und vor der CDU. Die GenossInnen waren außer sich vor Freude. Sosehr ihnen dieser und andere Erfolge auch zu gönnen waren, die PDS wurde durch sie immer zahmer und bald tatsächlich »Regierungspartei im Wartestand«. Künftige noch bessere Wahlergebnisse sollten nicht durch Radikalität in der Politik gefährdet werden, dann könne man bald mitregieren.

Darüber diskutierten wir auf unserer Konferenz ausführlich. In Beiträgen war häufig die Rede von Anpassungstendenzen in der PDS, mit Verweis auf Wahlen würden notwendige Debatten »gedeckelt«. Und überhaupt sei die Partei langweilig geworden, die PDS schiele mehr nach der Macht, als sich mit ihrer Oppositionsrolle zu beschäftigen.

Es war gut, daß wir endlich einmal wieder zusammenkamen. An diesem Wochenende verabschiedeten wir auch eine Erklärung, auf die Lothar Bisky und Gregor Gysi mit einem offenen Brief antworteten. Am Schluß unserer Erklärung stand nämlich, daß wir zum Boykott der Wahl der PDS aufriefen, wenn die PDS in Zukunft nicht konsequente Oppositionspolitik betriebe, auch im Wahlkampf. Na ja, daß Gregor und Lothar über solche Anregungen im Wahlkampf nicht gerade begeistert waren, muß ich nicht betonen. Sie schrieben unter anderem: »Kritik ja, durchaus auch Widerstand. Setzt uns unter Druck, (...) aber die Androhung, zum Boykott der Wahl der PDS aufzurufen, geht uns eindeutig zu weit. Denn damit begebt Ihr Euch, ob Ihr es wollt oder nicht, in das Fahrwasser aller anderen etablierten Parteien (...).«

Die Diskussion um das politische Profil der PDS spitzte sich zu, nicht zuletzt auch durch unsere Boykottdrohung. Es ging vor allem um die Präsentation der Partei im Wahlkampf: Definieren wir uns ausschließlich als Oppositionspartei? Wer sind unsere Bündnispartner? Wie verhalten wir uns gegenüber anderen linken Kräften? Bei letzterem ging es um die DKP. Sie wollte, daß einige ihrer Mitglieder auf offenen Listen der PDS kandidierten. Das war aber nicht der Sinn der offenen Listen. Diese sollten vielmehr parteilosen Persönlichkeiten die

Möglichkeit zur Kandidatur bieten. Nicht zuletzt zum Nutzen der PDS.

Die DKP ist eine eigenständige Partei und sollte deshalb als solche antreten. Sie hat ein eigenes Programm. Warum Leute auf einer PDS-Liste kandidieren sollten, um dann DKP-Politik zu machen, leuchtete mir nicht ein. Hinzu kommt, daß die DKP keine linke Partei ist. Sie hat ein völlig unkritisches Verhältnis zum Stalinismus, vor allem zur Geschichte der DDR. Die Kommunistische Plattform in der PDS ist gerngesehener Gast bei der DKP. Das sagt schon fast alles.

In unserer Debatte über das Profil der PDS kam Kritik am Pluralismusverständnis der Partei auf. Aufgrund der Dominanz von Strömungen und Plattformen könne die PDS kaum noch ein eigenes Profil zeigen. Der beliebteste Satz in dieser Diskussion war: »Pluralismus darf nicht in Beliebigkeit ausarten.« Und die, fanden einige, gebe es nun in der PDS.

Durch den Wahlkampf, vor allem zu den Europa- und Bundestagswahlen 1994, wurden diese Profildiskussionen immer wieder in den Hintergrund gedrängt. Nur wir in der AG »Junge GenossInnen« diskutierten fleißig weiter. Die AG hatte es auch bitter nötig. Am 14. und 15. Mai führten wir in Strausberg (Brandenburg) eine »Widerstandskonferenz« durch. Diese Konferenz ging in die Parteigeschichte ein, weil sie bis heute in jedem Verfassungsschutzbericht steht. Wir hatten nämlich Ex-RAFlerinnen, VertreterInnen autonomer Gruppen und andere Interessierte eingeladen, um über Formen der Auseinandersetzung mit der kapitalistischen Gesellschaft zu diskutieren. Schon unser Motto »Ob friedlich oder militant, wichtig ist der Widerstand« hätte wahrscheinlich ausgereicht, um in den Verfassungsschutzbericht zu kommen.

Wann immer es um die Formen der Auseinandersetzung mit der Gesellschaft geht, ist das Thema Gewalt nicht weit. Deshalb wollten wir darüber mit einem breiten Spektrum von Leuten debattieren, auch mit Menschen, für die Gewalt in der

Vergangenheit zum politischen Engagement dazugehört hatte. Man muß über Militanz streiten, denn gerade in dieser Frage herrscht viel Revolutionsromantik, vor allem bei Jüngeren.

Ich war in dem Arbeitskreis, in dem zwei ehemalige Vertreterinnen der RAF übereinstimmend erklärten, daß sie ihren Weg inzwischen für falsch hielten. Auch die meisten anderen Teilnehmer der Konferenz sprachen sich gegen Gewalt zur Durchsetzung politischer Ziele aus. Bei der Diskussion über illegale Widerstandsformen, wie Besetzungen, Blockaden, Vermummung, waren die Meinungen aber geteilt. Solche Formen wurden nicht kategorisch abgelehnt. Diese Haltung erzeugte nicht überall helle Freude, auch nicht in der PDS. Das hatten wir aber auch nicht erwartet. So suchten und stritten wir in den nächsten Wochen und Monaten weiter.

Trotz unserer Boykottdrohung unterstützten wir die PDS in den Wahlkämpfen 1994. Aber die PDS scheiterte bei den Europawahlen knapp an der Fünfprozentklausel. Aber immerhin hatten wir unseren Stimmenanteil gegenüber den Bundestagswahlen 1990 verdoppelt, und so waren wir im Hinblick auf die Bundestagswahlen optimistisch. Zu Recht, denn am 16. Oktober zog die PDS durch die in Berlin errungenen vier Direktmandate wieder in den Bundestag ein. Für den Fraktionsstatus reichte es allerdings noch nicht. Den haben wir erst 1998 geschafft.

Nach dem Wahlmarathon dachten wir, nun hätten wir erst einmal Ruhe. Aber dann kam das Berliner Finanzamt mit einer Körperschaftssteuerforderung aus dem Jahr 1990 gegen die PDS in Höhe von 67,5 Millionen Mark. Diese gewaltige Summe sollte eigentlich aus dem Altvermögen der SED beglichen werden. Aber am 30. November 1994 verweigerte die Unabhängige Kommission, die das Vermögen der ehemaligen DDR-Parteien prüfte, ihre Zustimmung zur Zahlung aus dem Altvermögen. Daraufhin erklärte das Berliner Finanzamt, daß die Steuerforderung gegen die PDS vollstreckt würde. Das Berliner Finanzgericht setzte zwar die Vollstreckung bis zum

Entscheid über den PDS-Einspruch gegen den Steuerbescheid aus, forderte aber von uns, daß wir bis zur endgültigen Klärung unsere Wahlkampfkostenrückerstattung an das Finanzamt abtraten. Das haben wir natürlich abgelehnt.

Nun begann eine unserer spektakulärsten Aktionen. Aus Protest besetzten Lothar Bisky, Gregor Gysi, Dietmar Bartsch, André Brie, Michael Schumann, Heinz Vietze, Hanno Harnisch, Petra Pau, Claudia Gohde und andere am 30. November, um 15 Uhr, die Gebäude der Unabhängigen Kommission und der Treuhand. Ich war mit in der Treuhand. Gegen 21 Uhr wurden beide Gebäude von der Polizei geräumt. Die Aktion wurde aber in den PDS-Büros des Berliner Abgeordnetenhauses fortgesetzt. Am 1. Dezember konfiszierte das Finanzamt 3,2 Millionen Mark aus der Wahlkampfkostenrückerstattung und drohte weitere Maßnahmen an. Am 2. Dezember, um 0 Uhr 45, räumte die Polizei auf Weisung der damaligen Parlamentspräsidentin Hanna-Renate Laurien (CDU) auch die Büros im Abgeordnetenhaus.

Inzwischen war aus der Besetzung ein Hungerstreik geworden. In der Nacht vom 2. zum 3. Dezember zogen die Hungerstreikenden in die Volksbühne um. Deren Intendant Frank Castorf hatte sich bereit erklärt, den Hungerstreikenden sein Theater zu öffnen. Es begann eine nervenaufreibende Woche. Es gab viele Solidaritätserklärungen, aber auch Anfeindungen. Auf einer Pressekonferenz der Hungerstreikenden erschienen Vertreter der CDU mit Silbertabletts und Essen, andere schickten Pizzen. Die PDS führte bundesweit Protestaktionen durch, und einige Mitglieder in anderen Bundesländern schlossen sich dem Hungerstreik an, so in Brandenburg und Sachsen.

Am 7. Dezember entschied das Berliner Verwaltungsgericht, daß die Treuhand und die Unabhängige Kommission die Steuerforderung aus dem SED-Altvermögen begleichen müssen. Wir konnten den Hungerstreik beenden. Sie hatten die PDS mal wieder nicht totgekriegt. Auch wenn manche in der

PDS das immer noch nicht glauben wollen: Der Rechtsstaat ist keine schlechte Sache.

Dramatisch, aber erfolgreich ging das Jahr 1994 zur Neige. Im Januar 1995 stand der nächste Parteitag bevor. Auf diesem wurde ich zur stellvertretenden Parteivorsitzenden gewählt.

In der Glotze

Seien wir mal ehrlich: Die Leute, die beim Fernsehen arbeiten, haben es gar nicht verdient und tragen zur Massenverblödung bei. So oder ähnlich denken viele, wenn sie etwa Talkshows oder Interviews sehen. Das sieht so leicht aus, was die da in der Glotze machen, und so denkt dann mancher: Das könnte ich auch.

Komisch – oder auch nicht –, daß so leicht Mißgunst aufkommt, wenn es um das Fernsehen geht. Klar, kein Medium ist in der Lage, einen so schnell so vielen Leuten bekanntzumachen. Wer ein paar Mal in der Glotze war, ist fast schon »prominent«. Oft hat das mit persönlicher Leistung nichts zu tun, denn die Medien interessieren sich für einen aus vielerlei Gründen, nicht zuletzt weil sie einen benutzen wollen, um Auflage oder Quote zu machen. Aber ohne Medien kann man keine Politik transportieren, auch nicht die PDS.

Auch ich habe mich häufig bei dem Gedanken erwischt, daß das mit dem Fernsehen eine leichte Sache sei. Mache ich mit links, habe ich mir manchmal eingebildet. Inzwischen sehe ich das anders.

Im Dezember 1994 war ich das erste Mal in einer Live-Fernsehsendung. Und das kam so: Lothar Bisky, Gregor Gysi und andere führende PDS-Köpfe waren gerade im Hungerstreik gegen die 67-Millionen-Mark-Forderung des Berliner Finanzamts. Die Leute von der Talkshow »Alex-Treff« vom Sender Freies Berlin (SFB) suchten für eine Sendung einen Vertreter der PDS und riefen deshalb bei Pressesprecher Hanno Harnisch an. Es sollte unter anderem über den Hungerstreik diskutiert werden. Hanno fragte mich, ob ich in die Sendung gehen wolle. Den Hungerstreik hatte ich ja von Beginn an mitgemacht, ich kannte seine Hintergründe, und Medienerfahrung würde mir nicht schaden.

Ich sagte spontan zu, bereute diesen Entschluß aber wieder, nachdem ich eine Nacht darüber geschlafen hatte. Mulmig wurde mir auch, als ich hörte, daß die Ex-Bürgerrechtlerin Vera Lengsfeld (damals noch Bündnis 90/Die Grünen) teilnehmen sollte. Und wer war der Musiker Paul Kuhn? Am liebsten hätte ich abgesagt und doch eigentlich wieder nicht – zu groß war die Neugier auf das Unbekannte. Na ja, ein Zurück gab es für mich sowieso nicht mehr, ich war schon angemeldet. In den Tagen vor der Sendung bekam ich viele gute Ratschläge, aber ich glaube, ich habe mir keinen wirklich gemerkt. Sorry, Hanno – aber es wurde dann ja sowieso alles anders als gedacht.

Ich mußte richtig trainieren. Ich stellte mir selbst mögliche Fragen, auch andere taten dies, um mich vorzubereiten. Trotz aller Vorbereitung wußte ich natürlich nicht, was mich erwarten würde. Und diese Aussicht beruhigte meine Nerven keineswegs.

Dann war es soweit. Ich stand Stunden vor dem Spiegel und merkte, wie eitel ich eigentlich bin. Klar, Haare frisch frisieren, aber was anziehen?

Ich war kurz davor, mich krank zu melden. Aber dann fand ich mich doch beim SFB wieder und war aufgeregt wie bei meinen schlimmsten Prüfungen nicht. Mir war hundeelend, und dann stand die Frau von der Maske vor mir, um mich in ihr Zimmer mitzunehmen. Sie war wie alle anderen freundlich, ohne daß ich die Freundlichkeit erwidern konnte. Mir hatte es die Sprache verschlagen. Was soll ich denn in der Maske? Ich lernte, daß mensch gepudert werden muß, damit mensch unter dem Scheinwerferlicht nicht so schwitzt bzw. damit es nicht zu sehen ist. Das leuchtete mir sofort ein, schwitzte ich doch jetzt schon, ohne Scheinwerfer und Publikum. Alle anderen schienen so entspannt zu sein.

Nach der Maske wieder dieses unerträgliche Warten! Ich bekam mit, daß die ZuschauerInnen auf ihre Plätze eingewiesen wurden, und wußte, jetzt wird es ernst. Aber bevor die

Sendung losging, setzten sich alle TeilnehmerInnen der Diskussionsrunde mit Juliane Bartel zusammen. Die inzwischen leider verstorbene Moderatorin stellte sich vor und gab uns so die Gelegenheit, Lampenfieber abzubauen. Aber an mir flog alles vorbei, ich war viel zu sehr mit mir selbst beschäftigt. Ratschläge, Hinweise, Inhalte und die Angst vor dem Versagen überschlugen sich in mir.

Mit einem Mal fand ich mich auf einem mit meinem Namen versehenen Stuhl wieder, die Sendung ging los, und die Gäste wurden vorgestellt. »Angela Marquardt von der PDS« war das erste, was ich wieder richtig wahrnahm – und die vielen Buh-Rufe aus dem Publikum! Die drei Buchstaben »PDS« genügten, um Mißfallenskundgebungen auszulösen. Ich fühlte mich allein und verlassen und wollte nur noch weg. Die ZuschauerInnen hatten ihr Urteil gefällt und es mich wissen lassen, was sollte ich hier noch? Ich hatte noch kein Wort gesagt!

Die Diskussion hatte begonnen, aber ich konnte den Gesprächen der Moderatorin mit den anderen Gästen nicht wirklich folgen. Statt dessen hallten die Buh-Rufe in meinen Ohren nach. Ich verstand es nicht, was hatten die Leute gegen mich? Hatte ich doch gelernt, erst zuzuhören, bevor ich ein Urteil fälle!

Dann war ich an der Reihe. Erstaunlicherweise übertrug sich die Ruhe der Moderatorin auf mich, und ich antwortete, wie ich vielleicht auch Freunden Rede und Antwort gestanden hätte. So schlimm war es gar nicht. Obwohl es doch ein Unterschied ist, ob Freunde zuhören oder viele unsichtbare ZuschauerInnen.

Es ging um meine Biographie und wie ich ausgerechnet von der Bürgerbewegung zur PDS gekommen bin. Wir näherten uns dem Hungerstreik, und Vera Lengsfeld mischte sich immer öfter ein. Gut erzogen, ließ ich sie stets ausreden und hörte ihr zu. Als es aber um irgendwelche Hotelketten von SED und PDS in Südafrika ging, reichte es mir. Ich verstand nur noch Bahnhof, wollte diesen Hotelunsinn aufklären, aber sie ließ mich nicht zu Wort kommen. Sie bekam laufend Beifall, ich aber erntete nur Lachen und weitere Buh-Rufe.

Sie müssen kein Freund der PDS sein, um sich vielleicht vorstellen zu können, wie ich mich in dieser Situation gefühlt habe. Es reichte mir, und ich fragte Vera Lengsfeld, ob ich wenigstens einmal an diesem Abend ausreden dürfe, schließlich hätte ich ihr ja auch immer geduldig zugehört. Mein erster Beifall an diesem Abend, ohne daß ich wußte, warum. Ein Satz ohne Inhalt, aber mit großer Wirkung.

Ich begann mich sicherer zu fühlen und redete, ohne unterbrochen zu werden. Meine Aufregung war verschwunden, ich hatte meine Worte wieder. Ich hatte nichts zu verlieren, und ich hatte kein Ziel, außer daß mensch mir zuhört. Ich legte los!

Nach der Sendung war für mich eines klar: Sage immer, was du zu sagen hast, in welcher Situation auch immer du steckst. Ergreife das Wort gerade dann, wenn du dich sprachlos fühlst. Die Sprachlosigkeit ist zu Ende in dem Moment, wo du versuchst, in deiner eigenen Sprache das scheinbar Unmögliche auszudrücken. Das habe ich mir hinter die Ohren geschrieben und bis heute bewahrt. Ich habe es so oft erlebt, wie die Ablehnung wegen meiner PDS-Mitgliedschaft geringer wurde, nachdem man miteinander gesprochen hatte. Wen man besser kennenlernt, kann man schlechter hassen.

Ich war mit einem Mal in der Öffentlichkeit. Ich hatte wenig politische und Medienerfahrungen, aus denen ich Selbstbewußtsein ziehen konnte. Aber ich vertrat die PDS, und in der Öffentlichkeit gibt es keinen Raum, persönliche Ängste zu zeigen. Diesem Wirrwarr der Gefühle bin ich manchmal heute noch ausgesetzt, auch wenn ich mich mittlerweile an die Glotze gewöhnt habe. Ein bißchen mehr innere Ruhe aber wünsche ich mir hin und wieder schon, obwohl ich ganz abgebrüht auch nicht werden will. Also werde ich wohl immer aufgeregt sein und mir sagen, daß es nicht nötig ist.

Eine weitere wichtige TV-Erfahrung machte ich ein Dreivierteljahr später, und zwar bei den Chaostagen in Hannover. Die ersten Chaostage mußten ohne mich stattfinden. Zu diesem Zeitpunkt lebte ich noch in der DDR. Deshalb kenne ich die Geschichte der Chaostage nur vom Hörensagen. 1994 wurden sie wiederbelebt, und die schweren Auseinandersetzungen 1995 standen im Mittelpunkt der Sommerlochberichterstattung. Im August 1995 meldete sich der Hessische Rundfunk (HR) bei mir: Ob ich an einer Diskussionsrunde über die Chaostage im Rahmen einer Jugendsendung teilnehmen wollte. Klar wollte ich, zumal ich mich schon eine ganze Weile mit diesem Phänomen auseinandergesetzt hatte. So landete ich in der Jugendsendung »Live aus dem Südbahnhof«. Während der Diskussion wurde ich gefragt, ob ich auch an den Chaostagen teilnehmen würde. Gerne.

In Erinnerung an diesen Auftritt fragte mich einige Zeit später Klaus Stern, einer der Autoren von »Karacho« – so der Name der Nachfolgesendung von »Live aus dem Südbahnhof« –, ob ich mir vorstellen könnte, als Reporterin für »Karacho« von den Chaostagen 1996 zu berichten. Ich solle Interviews führen, durch den Einspielfilm leiten und sagen, was ich von diesem Event hielte. Das fand ich interessant und sagte zu. Der Film sollte im Rahmen einer Live-Diskussionssendung ausgestrahlt werden. Auch ich wurde zur Diskussion eingeladen.

Am 1. August 1996 ging es ab nach Hannover. Zusammen mit einem befreundeten Journalisten, Ivo Bozic von der Tageszeitung »Junge Welt«, der ebenfalls über die Chaostage berichten wollte, fuhr ich Richtung Hannover, um mich dort mit Klaus Stern zu treffen.

An der Stadtgrenze von Hannover hielten Polizisten uns an. Es lag wohl an meinen bunten Haaren, Ivo sah jedenfalls recht normal aus. Schnell fiel uns auf, daß nur Autos mit bunthaarigen jungen Leuten aufgehalten wurden. Wir mußten aussteigen, und unser Auto samt Gepäck wurde durchsucht. Ivos

Einwand, daß er als Journalist und ich im Auftrag des Hessischen Rundfunks unterwegs seien, half nicht viel. Die Polizisten fanden seine Aufzeichnungen und Rechercheunterlagen interessant und filmten sie fleißig ab. Erst als wir den Einsatzleiter verlangten, wurden wir etwas höflicher behandelt. Mit einem Oberpolizisten stritten wir uns lange herum. Nachdem eine Anfrage beim Hessischen Rundfunk unsere Angaben bestätigt hatte, durften wir endlich nach Hannover einreisen. Zuvor wurde das Polizeivideo vor unseren Augen gelöscht. Wir konnten uns wehren, aber wie viele andere mußten solche Willkür über sich ergehen lassen?

Nun ging es hinein in die Stadt. Überall Polizei. Wir fuhren zu unserem Hotel, wo Klaus schon wartete. Wir machten einen Plan für die nächsten Tage, sprachen über Aufnahmen, die wir für den Film drehen wollten, und sahen uns die Lage in Hannover an. In der Stadt war es sehr ruhig, was angesichts der vielen Polizei nicht verwunderlich war. Anreisende Punks, die keine Wohnanschrift in Hannover hatten, bekamen ein Aufenthaltsverbot für die gesamte Stadt aufgebrummt. Sie mußten die Stadt sofort wieder verlassen, wenn sie nicht in polizeilichen Gewahrsam genommen werden wollten.

Für eine Szene unseres Films stellte ich meine Haare zu einem »Iro« hoch und setzte mich mit Nils Kaiser, meinem damaligen Mitarbeiter im PDS-Bundesvorstand, der inzwischen auch angereist war, in die Nähe des Bahnhofs. Dort wimmelte es nur von Polizei, und viele junge Leute wurden verhaftet oder in Züge gesetzt. Es dauerte nicht lange und wir mußten zur Feststellung unserer Personalien die Polizei begleiten. Ich bekam die rote Karte aufgrund meines »punkähnlichen« Aussehens und sollte Hannover mit dem nächsten Zug verlassen.

Klaus Stern löste dann aber die Situation auf, interviewte den Polizisten, und ich durfte, gestärkt durch einige polizeiliche Ratschläge, in Hannover bleiben. Vor allem sollte ich mich von »punkähnlichen« Gruppen fernhalten, sonst müßte ich damit rechnen, verhaftet zu werden. Nach der Definition von »punkähnlichen« Gruppen befragt, sagte der Polizist: So wie ich eben aussähe. Ich freute mich natürlich über das Privileg, im Auftrag des HR unterwegs zu sein. Vielen anderen, die verhaftet wurden oder in irgendwelche Züge steigen mußten, die nicht mal in Richtung ihrer Heimat fuhren, erging es anders. Es herrschte eine aggressive Stimmung in Hannover.

Die Polizei erreichte ihr Ziel, Hannover punkfrei zu machen. Die Chaostage aber konnte sie nicht beenden. Die zogen nämlich einfach nach Bremen um. Wir fuhren mit dem netten Kamerateam hinterher. Als wir ankamen, waren viele Punks bereits zur Stelle. Wir liefen durch die Innenstadt, suchten Bilder und InterviewpartnerInnen.

Irgendwo trafen wir zufällig Friedrich Siekmeier, Bremer Korrespondent des »Neuen Deutschland«. Er erzählte von Wanja, einem jungen Punk, der seine Wohnung nicht verlassen durfte, nicht einmal, um seinen Hund auszuführen. Wir beschlossen, Wanja in seiner Wohnung zu besuchen.

Wanja bestätigte die Darstellung von Friedrich Siekmeier. Er war tagsüber mit seinem Hund spazieren, zu einer Zeit, als in Bremen noch nicht viel los war. Trotzdem hielten Polizisten ihn an, überprüften seine Personalien und ordneten an, daß er nach Hause zu gehen habe und seine Wohnung nicht mehr verlassen dürfe. Sonst drohe ihm die Verhaftung, auch wenn er in Bremen seinen Wohnsitz habe.

Und das alles nur, weil Wanja Punk war. Seine Einwände halfen nichts, selbst der Hinweis auf dringende Bedürfnisse seines Hundes wurden mit der Bemerkung abgetan, der könne ja in die Wohnung machen.

Noch aufschlußreicher als diese Erlebnisse während der Chaostage aber war, was ihnen folgte.

Der Hessische Rundfunk hatte im Vorfeld sein Okay für das Projekt mit der stellvertretenden PDS-Vorsitzenden Angela Marquardt gegeben. In diesem Zusammenhang hatte HR 1

Radio angefragt, ob ich nicht am 2. August, einen Tag nach meiner Anreise in Hannover, im Morgenmagazin ein Interview geben könnte. In diesem Interview sollte es unter anderem darum gehen, warum ich als Reporterin für »Karacho« an den diesjährigen Chaostagen teilnahm. Klar, warum nicht. Ich ahnte nicht, welches Chaos dieses Interview nach sich ziehen würde.

Während seiner Morgentoilette muß der damalige stellvertretende CDU-Fraktionsvorsitzende im Hessischen Landtag und HR-Rundfunkratsmitglied Gerald Weiß das Interview mit mir gehört haben. Und der war offenbar ganz erpicht darauf, das Sommerloch zu füllen. Er eilte ins Büro und kritzelte mit affenartiger Geschwindigkeit eine Presseerklärung aufs Papier. So oder ähnlich wird es wohl gewesen sein.

Noch am selben Tag begann der Rummel. Die hessische CDU forderte HR-Intendant Klaus Berg in einer Presseerklärung auf, »diesem Umstand [einem ja schon längst abgeschlossenen Interview mit einer PDS-Vertreterin! A. M.] umgehend ein Ende zu bereiten«. Andernfalls werde sich der Rundfunkrat mit dieser »einmaligen Entgleisung« beschäftigen. In dieser Erklärung geht die CDU davon aus, daß auch der Intendant ihre Meinung teile, »offenbar gibt es jedoch Kräfte im Hessischen Rundfunk, die versuchen, PDS-Aktivisten, die unter neuem Etikett für alte Inhalte stehen, hoffähig zu machen. (...) Sprichwörtlich macht der HR den Bock zum Gärtner!« Denn »daß ausgerechnet eine Repräsentantin der PDS, deren Vorgängerorganisation SED für die Unterdrückung von Millionen Menschen verantwortlich war, für einen öffentlich-rechtlichen Sender berichten soll, ist schlichtweg eine Schande«.

Der HR reagierte umgehend und stellte sich hinter uns. Der Sender entgegnete der CDU-Aufforderung nach Abbruch der Dreharbeiten: »Die Politikerin führt lediglich im Auftrag der Redaktion der Jugendsendung ›Karacho‹ ein Gespräch mit jungen Leuten. Dabei handelt es sich um ein Experiment, mit dialogunwilligen Jugendlichen ins Gespräch zu kommen. Die

Politikerin hat dabei weder redaktionelle Verantwortung noch eine Autorenschaft.« Das entsprach den Tatsachen, und wir machten munter weiter. Für den HR schien die Sache erledigt zu sein, denn Autor unseres Beitrages war HR-Redakteur Klaus Stern.

Aber wir hatten die Rechnung ohne die CDU gemacht, und schließlich war ja Sommerloch. Alle Zeitungen berichteten über den »ungeheuerlichen Vorfall«.

Die drei Tage in Hannover und Bremen gingen schnell vorbei. Mir haben das Filmen und die Interviews, die wir mit Beteiligten der Chaostage führten, viel Spaß gemacht. Von Stunde zu Stunde wurde ich sicherer im Umgang mit Mikrofon und Kamera. Bis dahin hatte immer ich Interviews geben müssen, und nun war es umgekehrt. Wir fingen tolle O-Töne von TeilnehmerInnen, PolizistInnen, BeobachterInnen und AnwohnerInnen ein. Als wir fertig waren und uns voneinander verabschiedeten, waren wir ziemlich k. o., aber frohen Mutes, daß es eine gute Reportage werden würde. Toll fand ich vor allem, daß sich der HR trotz allen Drucks nicht hatte vorschreiben lassen, wie er seiner Informationspflicht nachkommt. Noch nicht.

Anfang September war der Film fertig. Klaus und die Redaktion fanden ihn gut. Dennoch befaßte sich der HR-Rundfunkrat schon am 1. September 1996 mit der noch gar nicht ausgestrahlten Reportage. Er beschloß zwar, unseren Film nicht anzuschauen, »um auszuschließen, daß das Gremium als Zensurorgan wirken könne«, doch tatsächlich schien die Führungsetage des HR nun jede noch so kleine Provokation – oder nennen wir es Meinung – vermeiden zu wollen. So vermißte ich später im Film, als er gesendet wurde, einige Bilder und Statements, die den selbsternannten Saubermännern der hessischen CDU möglicherweise mißfallen hätten, jedenfalls nach Meinung der HR-Leitung. Ich kann mir vorstellen, daß der Autor einige Bilder nicht ganz freiwillig aus dem Filmbeitrag herausgeschnitten hat.

In der »Frankfurter Allgemeinen Zeitung« wurde am Tag nach der Sitzung des Rundfunkrats HR-Pressesprecher Michael Dartsch zitiert: Der Ausschuß habe die Beschäftigung von Marquardt »ohne Ergebnis« diskutiert und beschlossen, sich »Karacho« am kommenden Freitag, den 6. September anzusehen. In der Programmausschußsitzung am 7. Oktober solle der Beitrag dann erörtert werden. So begann in meinen Augen der Kniefall des HR vor der CDU.

Ich fuhr mit gemischten Gefühlen am 6. September nach Frankfurt am Main. Alle Aufmerksamkeit dort galt nun der Live-Sendung, in deren Rahmen unser Film gezeigt werden sollte. Wir wußten, daß die CDU und die HR-Chefetage die Sendung mit Argusaugen beobachten würden.

Kaum war ich im Rundfunkgebäude eingetroffen, erschien die damalige Redaktionsleiterin und bat mich in ihr Zimmer. Sie berichtete von den Auseinandersetzungen der letzten Tage, den »Sachzwängen«, und versuchte so, mich darauf einzuschwören, in der Sendung nichts von der Rundfunkratssitzung, den Auseinandersetzungen der letzten Tage und den Protesten der CDU zu sagen. Wenn es nach ihr gehen würde, aber ... usw. Ich traute meinen Ohren nicht, mir wurde das erste Mal vor einer Sendung gesagt, daß ich etwas nicht sagen dürfe, natürlich freundlich, aber doch eindeutig. Halt deinen Mund, war die Devise. Ich konnte nicht glauben, daß dieses Gespräch allein ihre Idee war. Vielleicht tue ich der Redaktionsleiterin an dieser Stelle Unrecht. Aber der Auftrag kam wohl von ganz oben.

Die Sendung mit den ModeratorInnen Noah Sow und Phillipp Engel ging friedlich über die Bühne, PolizistInnen, Punks, AnwohnerInnen und andere kamen gleichberechtigt zu Wort. Ich sagte nichts zu den Ereignissen im Vorfeld, es hätte nicht gepaßt. So waren alle zufrieden und beruhigt. Nach der Sendung trafen sich die TeilnehmerInnen noch in der hauseigenen Kantine. Als wir uns über die Sendung unterhielten, fiel meine Anspannung ab, und ich redete mir alles von der Seele, auch gegenüber der Redaktionsleiterin. Zu meinem Erstaunen merkte ich, daß die ModeratorInnen von alldem gar nichts mitbekommen hatten. Um so größer ihre Empörung, vor allem Noah Sow war über den Maulkorb ihres eigenen Senders sehr verärgert.

Aber auch die CDU ließ nicht locker. Am 9. September legte sie nach. Sie warf dem HR vor, »unsachgemäß mit den Gebühren der Fernsehzuschauer umzugehen und die PDS hoffähig zu machen«. CDU-Landtagsfraktionschef Roland Koch, Mitglied des HR-Rundfunkrats, fand es bedauerlich, daß der Hessische Rundfunk trotz der Warnungen der CDU vor meiner Wenigkeit nicht rechtzeitig vor der Sendung die Notbremse gezogen habe. Das öffentlich-rechtliche Fernsehen dürfe nicht zur Bühne für verfassungsfeindliche Politiker werden, nicht mal in Gestalt einer »Pseudojournalistin«. Ich verstand gar nichts mehr, der HR hatte den Beitrag doch schon zensiert, aber die CDU war immer noch nicht zufrieden. Beruhigend für sie war lediglich, daß die Sendung, angeblich ein »Tribunal gegen die Polizei«, nur einen Marktanteil von 1,8 Prozent erzielen und ich somit nicht viele BürgerInnen indoktrinieren konnte. Der Intendant wies die Kritik zurück und fand sie »völlig überzogen«. »Der unabhängige Hessische Rundfunk läßt sich nicht von politischen Parteien vorschreiben, wen er mit Interviews beauftragt.«

Aber wie unabhängig ist der HR wirklich? Was nach außen gesagt wurde, stimmte nicht überein mit dem, was ich im Inneren erlebte und mir zusammenreimen konnte. Mich hat diese Lektion in Sachen Pressefreiheit erschreckt. Wenn es überall in Deutschland in den Medien so ist, dann sieht es mit der Unabhängigkeit der Medien schlecht aus. Mein Beispiel ist eher noch harmlos, und ich möchte nicht wissen, wie viele Medien sich mehr oder weniger nach der Meinung von Parteien oder Geldgebern richten.

Noah Sow trat eine Woche nach der Sendung freiwillig als Moderatorin von »Karacho« zurück. In einem Leserbrief an das Stadtmagazin »Journal Frankfurt« schreibt sie, sie könne in einer von ihr moderierten Sendung keine »Zensur« dulden und ziehe deshalb die Konsequenzen: »Kurz vor der Chaostage-Sendung wurde mir auch noch die Erwähnung der Parteizugehörigkeit des Talkgastes Angela Marquardt verboten, und weil ich mir meine Zeit als ›Fernsehlehrling‹ so nicht gewünscht habe, bin ich ausgestiegen.« (Journal Frankfurt, Nr. 23/1996)

Wie hasenfüßig der Hessische Rundfunk mit dem im Grunde völlig harmlosen Film umging, illustriert auch plastisch ein Vorgang zwei Monate nach der Sendung. Das Kasseler Dokumentar- und Videofilmfest hatte 1996 als einen Schwerpunkt den Komplex »Punk«. In diesem Rahmen war u. a. der Beitrag von Klaus Stern mit mir als Reporterin von den Chaostagen ausgewählt worden. Der Hessische Rundfunk allerdings untersagte es, die Reportage allein vorzuführen. Es müsse die ganze Sendung gezeigt werden oder gar nichts. Also gar nichts.

Die Pressefreiheit muß auch von denen verteidigt werden, die auf ihrer Grundlage arbeiten. Nicht nur von jenen, denen sie zugute kommt. Ex-Bundespräsident Richard von Weizsäcker sagte zum fünfzigsten Jubiläum des Axel Springer Verlags, für die Demokratie sei die Information entscheidend, die Herstellung der Urteilsfähigkeit der Bürger durch Aufklärung über lebenswichtige Sachverhalte. Ich gebe zu, daß die Chaostage nicht lebenswichtig sind, aber wenn ein Sender schon bei einer vergleichsweise harmlosen Geschichte einknickt, wie soll es erst bei anderen Dingen sein. Ich hätte mir gewünscht, daß der HR diese Diskussion souverän durchgestanden und nicht in vorauseilendem Gehorsam den Film noch schnell zensiert hätte. Was der HR statt dessen getan hat, führt zu falschen Informationen und verhindert wirkliche Informationsfreiheit. Gelenkte Informationen behindern die demokratische Meinungsbildung. Diese aber ist wesentlich für jede Demokratie.

Ohne unbeschränkte Meinungs- und Pressefreiheit gibt es keine Demokratie.

In den öffentlich-rechtlichen Rundfunkanstalten haben CDU, CSU und SPD das Sagen. Besonders drastisch zeigt sich der Einfluß der CSU auf den Bayerischen Rundfunk. Private Sendeanstalten und Printmedien wollen es sich nicht verderben mit Sponsoren und Werbepartnern. Die Pressefreiheit hört heute oft beim Geld und den Interessen der großen Parteien auf.

Wer ist politikverdrossen und warum?

Im Januar 1998 habe ich mir eine Fernsehtalkshow im dritten Programm des Norddeutschen Rundfunks angesehen. Zu Gast war unter anderem der FDP-Bundestagsabgeordnete Gerhart Baum, der bei den Bundestagswahlen vom 27. September 1998 nicht mehr antrat. Er sollte Auskunft geben über die Gründe, die ihn veranlaßt hatten, sich aus der aktiven Politik zurückzuziehen. Im Gespräch ging es aber vor allem um seine Zeit im Bundestag und als Minister.

Politik heiße, Kompromisse zu finden, sagte Baum. Nur blieben dabei leider häufig eigene Positionen auf der Strecke. Weiter resümierte Baum, daß oft viel Heuchelei im Spiel sei, wenn man Entscheidungen verteidigen müsse, die man eigentlich gar nicht richtig finde. Dabei habe er sich oft unwohl gefühlt in seiner Partei und in der Regierung.

Wie tröstlich, daß er sich wenigstens noch unwohl gefühlt hat! Ich befürchte, daß Baum in dieser Hinsicht eine Ausnahmeerscheinung ist, andere dürften nicht einmal ein schlechtes Gefühl beim faulen Kompromiß haben. Sicher, Kompromisse sind notwendig, nicht nur in der Politik, aber keiner kann von einem verlangen, etwas mitzutragen, was man nicht möchte.

In den Äußerungen von Gerhart Baum ist einer von vielen Gründen dafür deutlich geworden, daß Politik und PolitikerInnen oft abgelehnt werden. Warum überhaupt zur Wahl gehen, wenn sowieso feststeht, daß die Abgeordneten nicht nach ihrem Gewissen handeln, sondern nach Partei- und Wirtschaftsinteressen? Aber nicht im Interesse der WählerInnen.

Ich fühle mich unwohl, wenn ich solche Aussagen von Politikern höre. Wer hat ihn gezwungen, so zu handeln? Wer hat Baum gezwungen, Kompromisse zu verteidigen, die er »nicht so schön« fand? Ich empfinde es als Heuchelei, so zu tun, als verlange Politik Selbstverleugnung, bei der man sich dann eben unwohl fühlt. Da wird der Eindruck erweckt, daß es eben so sei in der großen Politik, die die meisten von uns sowieso nicht verstünden. Als bedeute Beteiligung an der Politik, ständig Kompromisse einzugehen, bei denen man hinterher nicht mehr weiß, was man vorher wollte.

So entsteht eine langweilige Demokratie, in der die Interessen der Wähler nur vermeintlich bedient werden. Mit seinen Äußerungen hat Gerhart Baum nicht gerade die Glaubwürdigkeit von PolitikerInnen erhöht, auch wenn er noch so ehrlich war. Dabei schaute er auch noch sehr leidend in die Fernsehkamera. Wenn ich so etwas sehe, und man sieht es ja öfter, bekomme ich fast ein schlechtes Gewissen. Geht es doch schließlich auch um mein Wohl, dem die PolitikerInnen Familie und Gewissen opfern. Was für Helden!

Engagiert sich jemand in einer Partei und einem Parlament, muß er seine Forderungen zurückschrauben. So sind ihm also nicht nur Grenzen in der Gesellschaft gesetzt, sondern auch in der eigenen Partei. Statt zu helfen, Schranken zu überwinden, bauen Parteien neue auf. Die Individualität des einzelnen wird so doppelt eingeschränkt. Es liegt mir fern, in das übliche Gejammer über die sogenannte Politikverdrossenheit unter der Jugend einzustimmen. Aber genau die Verhaltensweisen, die Gerhart Baum so ehrlich am eigenen Beispiel beschrieben hat, sind ein Grund für das Desinteresse an Politik und ihren RepräsentantInnen. Und das bestimmt nicht nur unter jungen Menschen.

Eigentlich bin ich auch politikverdrossen. In vielen Ergebnissen der Shell-Jugendstudie von 1997, die die große Distanz vieler Jugendlicher zu Politik zeigt, habe auch ich mich wiedergefunden. Trotzdem bin ich Mitglied einer Partei und engagiere mich in der so verhaßten Politik. Irgend etwas stimmt da nicht.

Für mich ist das ewige Beschwören der Politikverdrossenheit nichts anderes als die Verteidigung eines weitverbreiteten Politikverständnisses, das sich seit Generationen scheinbar bewährt hat. Warum also etwas ändern? Funktioniert doch so schön!

Manche sagen, daß Menschen, die von außen in alte Strukturen kommen, eher auf ihre Mängel aufmerksam werden. Nicht umsonst nehmen Unternehmen immer wieder gerne jüngere Leute ins Management auf. Sie sollen neue Ideen mitbringen, damit der Betrieb noch effektiver arbeitet. Viele Unternehmensleitungen wissen, daß Altes, auch wenn es sich bewährt hat, über Bord geworfen werden muß. Am Ende zählt das Ergebnis.

Nun will ich an dieser Stelle keine Bresche für die Marktwirtschaft schlagen. Aber das Beispiel zeigt meine Sichtweise auf die Vereinigung der DDR mit der alten BRD. Alles unterliegt einem Wandlungsprozeß, auch die alte Bundesrepublik. Wir Ostdeutschen, die wir von außen in dieses neue System gekommen sind, konnten eher auf seine Fehler aufmerksam werden als diejenigen, die mit diesem System aufgewachsen sind. Dachte ich wenigstens. Aber niemand hat unsere Kritik und unsere Fragen ernst genommen. Was wir Ostdeutschen sagen, wird meist als das Gerede von Ewiggestrigen abgetan, die ihre DDR wiederhaben wollen. Oder von Ahnungslosen, die erst einmal lernen müssen, in einer Demokratie zu leben, bevor sie den Mund aufmachen. Warum etwas ändern, es hat sich doch seit Jahrzehnten bewährt?

Schon kurz nach der Vereinigung wurde keine Kritik am Bestehenden mehr akzeptiert. Heute ohnehin nicht mehr. Warum neue Ideen bedenken oder sich hinterfragen lassen? Übersehen wird aber, daß das »Modell Deutschland« angesichts der globalen Gefahren bisher wenig genutzt hat. Und wer behauptet, daß Deutschland ein Paradies sei, ist blind. Als gäbe es keine Arbeitslosigkeit, keine Jugendlichen ohne Lehrstellen, keine Zunahme der Armut, keinen Dauerstreit übers Asyl, keine Umweltverschmutzung usw.

Die Prediger des »Weiter so, Deutschland« sprechen sonntags gerne von der Jugend als Träger der Zukunft. Mit der Wirklichkeit haben solche Sprüche nichts zu tun. Was geschehen muß, haben bisher nur wenige Weitsichtige begriffen. Da laut CDU/CSU, SPD oder FDP die Politikverdrossenheit nicht an der Politik liegen kann, macht man sich Sorgen um die Jugend. Meine Erfahrungen sagen mir aber, daß Politikverdrossenheit, wenn überhaupt, alle Altersgruppen betrifft und nicht nur junge Menschen. Zuweilen habe ich sogar das Gefühl, Leute aus älteren Generationen unterhalten sich viel oberflächlicher und weitaus weniger über Politik. Vor allem machen sie sich kaum Gedanken, sind resigniert und gleichgültig. Es ist eine Gleichgültigkeit, die zum Himmel schreit und die nachfolgende Generationen ausbaden müssen. Diese Gleichgültigkeit hat mich in der DDR am meisten gestört. Heute drückt sie sich in meinem »Lieblingssatz« aus: »Finde ich total gut, daß du dich so engagierst, ich würde das ja nicht tun. Das wäre mir viel zu stressig!« Nur habe ich die Politapathie in der DDR noch eher verstanden, denn wer sich außerhalb der SED-Strukturen politisch engagierte, lebte gefährlich. Auf Veranstaltungen sind es heute meistens junge Leute, die sich zu Wort melden und öffentlich nachdenken.

Politikverdrossenheit? Wohl eher PolitikerInnenverdrossenheit. Verdrossen wegen platter Sprüche, Machtgeilheit und Verlogenheit. Verdrossen wegen einer wertkonservativen Politik, wegen Rechteabbau und autoritärem Gehabe.

Nicht nur Konservative wollen Erziehung und Wertevermittlung in der Bildungspolitik stärker betonen. Aber welche Werte sind es, und welche Werte erkennen wir in der herrschenden Politik? Militarismus statt friedlicher Konfliktlösung; Repression nach innen statt Gewaltfreiheit; soziale Kälte, Verarmung, Arbeitslosigkeit und Obdachlosigkeit statt Humanismus; machtbesessene Verlogenheit statt Demokratisierung. Neue Herausforderungen werden mit wertkonservativen Konzepten beantwortet, wie es Lauschangriff und Internet-Zensurbestrebungen beispielhaft zeigen.

Wie will man Jugendliche, die die Selbstdarstellung wie die Ziele der herrschenden Politik ablehnen, für diese Politik begeistern? Da werden Werte hochgehalten, die denen, die sie verkünden, sichtbar egal sind. Die Politiker beklagen sich über eine Politikverdrossenheit, die sie selbst hervorgerufen haben. Und die Verdrossenheit wird noch gesteigert dadurch, daß die Politiker über die Ursachen des von ihnen beklagten Mißstands selbstherrlich hinweggehen. Aber es ist natürlich einfacher, junge Leute als unpolitische Generation abzustempeln.

Auf der Jagd nach Wählern und neuen Mitgliedern werden wir von den Parteien umworben. Wir sollen uns engagieren und die Zukunft mitgestalten. Aber nur solange es den Machtinteressen der etablierten Politik entspricht. Im Zweifelsfall wird uns mit Verweis auf angebliche übergeordnete Interessen verständnisvoll erklärt, daß es gut ist, wie es ist.

Eigens für uns hat man Institutionen wie »Jugend und Parlament« eingerichtet, und im Internet-Forum »young:net« (*http://www.youngnet.de*) und anderen virtuellen und realen Spielwiesen sollen wir uns austoben. Damit wir ja nicht auf »dumme Ideen« kommen. Aber die Grenzen sind eng gezogen. Zu oft werden kritische SchülerInnenzeitungen zensiert, und seit Jahrzehnten schon wird studentischen Vertretungen das Recht abgesprochen, sich zu allgemeinpolitischen Fragen zu äußern. Manchmal habe ich den Eindruck, daß Politikverdrossenheit bewußt erzeugt wird, um unsere Zukunft in der Gegenwart an uns vorbei zu bestimmen.

Neben dem Vorwurf der Politikverdrossenheit gibt es weitere Vorurteile, so etwa, daß die Jugend faul und konsumgeil sei. Wir bekämen alles hinten reingeschoben und wüßten es nicht einmal zu würdigen. Man könne kein Vertrauen in diese Jugend setzen. Wir wollten ja gar nicht mitwirken und uns engagieren, wird behauptet, weil wir uns nicht begeistern können für die Standardworthülsen von heute wie »Innovation«, »neue Werte«, »Standortsicherung« usw. So wird gerechtfertigt, warum uns die Gestaltung der Gegenwart verweigert und uns damit auch die Gestaltung der Zukunft abgenommen wird. Um uns gleichzeitig als politikverdrossen zu verhöhnen.

Wirkliches Einmischen ist nicht gewollt. Oder hört man in Bonn und Berlin auf die kritischen Stimmen zur gegenwärtigen Bildungspolitik, zum Umgang mit Flüchtlingen, zum Lauschangriff, zur Jugendpolitik, zu den Castortransporten, zum Rechtsextremismus usw.? Nein, man tut es als »linksradikal« ab.

Hinter der Scheindebatte über die Politikverdrossenheit wollen die herrschenden PolitikerInnen die eigene Unfähigkeit verstecken, drängende Probleme wie Arbeitslosigkeit, Umweltzerstörung oder Globalisierung zu bewältigen. Ihnen fällt nichts Besseres ein, als so weiterzumachen wie bisher. Man erinnere sich etwa an die schönen Worte über die Lösung des »Nord-Süd-Konflikts«, wie verharmlosend die Tatsache geleugnet wird, daß große Teile der Dritten Welt in einer Umwelt- und Hungerkatastrophe versinken. Angesichts dessen ist es nur Gelaber, wenn die Jugendlichen aufgefordert werden: »Ihr müßt daran interessiert sein, eure Zukunft selbst zu gestalten.«

Aber wer schon die eigene Gegenwart nicht verändern darf, hat auch keinen Bock, über seine Zukunft zu reden und nachzudenken. Warum auch? Zukunft haben wir sowieso, das, was wir brauchen, ist Gegenwart. Denn in der Gegenwart werden die Weichen für die Zukunft gestellt. Also will ich hier und heute mitbestimmen. Statt dessen bin ich ständig damit beschäftigt, Werte einer Vergangenheit zu verteidigen, in der ich noch nicht einmal gelebt habe, wie zum Beispiel das Grundrecht auf Asyl. Was war so falsch daran? Ich fand es richtig und habe in Bonn mitdemonstriert gegen seine Abschaffung.

Uns bleibt kaum Zeit, an die Zukunft zu denken, obwohl dies so dringend notwendig wäre. Immer wieder überkommt mich der Gedanke, daß wir im Land der begrenzten Unmöglichkeiten leben. Daß dessen Herrschende nach dem Motto verfahren: Beschäftigen wir die jungen Leute mit dem Heute, dann bleibt ihnen keine Zeit, über ihre Zukunft nachzudenken. Für die heutigen Herausforderungen sind sie allerdings noch zu dumm. Dafür müssen wir sie erst richtig ausbilden in ordentlichen Schulen und Universitäten, wo die wahren Werte gelehrt werden. Die Jugendlichen sind eben politikverdrossen, deshalb müssen Leute mit Erfahrung und Wissen für sie entscheiden. Wenn viele Jugendliche null Bock auf gar nichts haben, ist dies die ehrlichste Antwort auf die Null-Bock-auf-euch-Message der Erwachsenen.

Wer erinnert sich nicht an die genialen Antworten seiner Eltern, befragte er sie zu den Problemen dieser Welt. Auf unsere Einwände gegen manch sinnloses Tun unserer Spezies antworteten unsere lieben ErzeugerInnen mit besorgter Miene: »Ach, Kindchen, denk doch lieber an dich und deine Zukunft.« Beeindruckt von soviel Lebenserfahrung, zogen wir uns zurück und wandten uns wieder den schönen Seiten unseres Daseins zu. Manch schreckliches Bild aus den Medien verblaßte. Der Glaube an die klugen Ratschläge verdrängte die häßlichen Seiten der Wirklichkeit. Sturm und Drang schlafften ab, und wir reiften heran. Kluge Ratschläge brachten uns an den Anfang einer wunderbaren Laufbahn, wir durchliefen die Lehrjahre, und nun ist der Weg frei auf der Karriereleiter. Wer auf dieser hoch hinaus will, wird schnell merken, wie hinderlich jugendliches Aufbegehren ist.

Auf dem Weg nach oben, wenn schon nicht zu Reichtum, so doch zu sozialer Sicherheit, verblassen die Fragen nach dem Warum und Wie in dieser Welt. Der Yuppie tut sie gar als pubertären Blödsinn ab. Es mündet letztlich im allseits bekannten »Ach, wie war ich damals doch naiv«-Gesülze in den Altherrentalkrunden auf deutschen TV-Kanälen. Weise geworden im Lichte ihrer Lebenserfahrung, sind sich die abgeklärten Schönredner sicher, daß auch die »Jugend von heute« eines Tages ihre Träume verwerfen wird. Sie wird ihre Illusionen aufgeben und einsehen, daß es nicht anders geht, als es immer gegangen ist. »Lebenserfahrung« ist eine freundliche Umschreibung von Anpassung an die bestehenden gesellschaftlichen Wertvorstellungen.

Doch was ist an den jugendlichen Überzeugungen und Fragen so schlimm, daß man über sie im gesetzten Alter nur weise lächeln kann? Schämen sich diese altersklugen Herren etwa dafür, früher natürlich, unbefangen, spontan und kindisch gewesen zu sein? Behagt es ihnen nicht, einmal anders gewesen zu sein, als sie es jetzt sind? Ist es wirklich so lächerlich, die seit Jahrhunderten plattgetrampelten Pfade verlassen zu haben? Beweist ihr vermeintlich so überlegenes Verhalten nicht eher, daß sie ihre Vorstellungen und Visionen aus Jugendjahren durch Abgebrühtheit ersetzt haben? Rührt daher vielleicht die in etablierten Kreisen dieser Gesellschaft weitverbreitete Gleichgültigkeit und Arroganz gegenüber anderen Werten als den eigenen?

»Ihr seid die Zukunft« – was für eine Heuchelei! Wenn Jugendliche am Sinn von Parteien, mindestens der real existierenden, zweifeln und sich ihnen verweigern, dann rennen die PolitikerInnen gleich zu den Psychologen und Meinungsforschern. »Wie können wir die Jugend zurückgewinnen?« Statt Bedenken und Fragen ernst zu nehmen und gemeinsam mit Jugendlichen zu überlegen, wie es vielleicht auch ohne Parteien ginge, wird man als orientierungslos und demokratiefeindlich verschrien. Uns geht es nicht anders als Leuten, die bei Wahlen ihre Stimme nicht abgeben. Sie werden als politisch desinteressiert und unmündig verachtet. Dabei verweigern sich viele NichtwählerInnen bewußt der Stimmabgabe.

Warum ist es etwa in Sachsen-Anhalt im April 1998 ausgerechnet der DVU gelungen, die Sesselsitzer zur Urne zu bringen. Protestwähler? Arme Jungs und Mädels, die vor lauter Zukunftsangst nicht mehr weiterwissen? Verirrte Kinder, die auf den richtigen Pfad zurückgeholt werden müssen? Aber durch wen? frage ich mich. Durch Politiker und Parteien, deren Geschwätz sie in die Resignation getrieben hat?

Halten wir doch mal fest: In diesem Land der begrenzten Unmöglichkeiten haben die Politiker der etablierten Parteien die Kinderzimmer eingerichtet, aus denen die Jugendlichen kommen, die rechts wählen und glatzköpfig durch die Straßen ziehen. Wäre es angesichts dessen nicht angebracht, die eigenen Werte in Frage zu stellen, statt nach mehr Polizei zu rufen?

In Gesetzen dokumentiert sich die ohnmächtige Allmacht der herrschenden Politik, Pseudoaktivität verbirgt ihr Versagen. Entweder müssen neue Gesetze her (zum Beispiel Lauschangriff) oder alte abgeschafft werden (zum Beispiel Asylrecht). Aber es liegt nicht an neuen Gesetzen und nicht an abgeschafften alten, daß so viele Jugendliche Naziparolen folgen.

Engagierte, also nicht politikverdrossene, Jugendliche haben heutzutage nicht viel zu lachen. Denken wir zum Beispiel an den Kampf um den ostdeutschen Jugendsender DT 64. Zu DDR-Zeiten haben ihn viele von uns regelmäßig gehört. Auf DT 64 wurden Themen des Alltags angesprochen und auch kritisch betrachtet. Dieser Sender begleitete junge Menschen in Ostdeutschland auch über die ganze sogenannte Wende hinweg. DT 64 biederte sich nicht an die BRD an, kritisierte aber auch die DDR. Der Sender war glaubwürdig und traf deswegen den Nerv vieler Leute. Er berichtete tabulos über den Einigungsprozeß und hatte in allen Phasen eine große Zuhörerschaft, weit über Jugendliche hinaus. Deswegen oder trotzdem waren die neuen Herren im Osten bald der Meinung, daß für diesen Sender kein Platz mehr sei. Es gebe keine freien Frequenzen, kein Geld usw. Die üblichen Vorwände, wenn man nicht sagen will, um was es wirklich geht.

Bald entstand eine außerparlamentarische Bewegung für den Erhalt von DT 64. Viele junge Leute aus der ehemaligen DDR gingen auf die Straße, um für den Sender zu demonstrieren. Immer wieder wurde ihnen versprochen, daß sich Lösungen finden würden. Alle Parteien versprachen, die Interessen der HörerInnen und BetreiberInnen zu vertreten. Doch wann immer es konkret wurde, drückten sich genau jene PolitikerInnen vor Entscheidungen. Statt eines ehrlichen »Was ihr wollt, wollen wir nicht« hörten die demonstrierenden Jugendlichen immer nur Beteuerungen von den PolitikerInnen, daß man das Anliegen ja verstehe, aber ihnen seien die Hände gebunden. Schließlich gebe es Gesetze und gewichtige Erfahrungen mit föderalen Rundfunkstrukturen. Außerdem dürften ParteipolitikerInnen über diese Frage nicht entscheiden, weil die Medien ja »staatsfern« seien. Komischerweise zeigt sich doch immer wieder, daß es in den Rundfunkanstalten gar nicht »staatsfern« zugeht, wenn die Parteien ihre Interessen sichern und ihre Leute mit Posten versorgen wollen. Und ganz bestimmt haben etwa die CSU und die Münchener Staatsregierung nicht den geringsten Einfluß auf den Bayerischen Rundfunk.

Hätten CDU und SPD den Sender DT 64 erhalten wollen, dann gäbe es ihn heute noch. Dann hätten nämlich die von ihnen beherrschten Rundfunkräte eine Lösung gefunden. Im Grundsatz waren sich Sozialdemokraten und Christdemokraten gar nicht Feind in Sachen Vereinigungspolitik. Und sie wollten einen lästigen Sender loswerden, der diese Politik kritisierte. Heute gibt sich eine Sendung namens »Sputnik« als Nachfolgerin von DT 64 aus – unter Aufsicht des erzkonservativen Mitteldeutschen Rundfunks.

Nicht nur dieses Beispiel zeigt, warum Engagement häufig so sinnlos erscheint. Ein anderer Fall ist die SchülerInnenbewegung, die in der alten BRD schon lange für mehr Rechte kämpft. Aber nach wie vor ist die Schule ein weitgehend demokratiefreier Raum. SchülerInnen, die größte Gruppe an den Schulen, werden von den wesentlichen Entscheidungsprozessen meist ausgeschlossen. In den Gremien sind sie unterrepräsentiert oder gar nicht vertreten. Noch immer haben SchülerInnen keinen Einfluß auf die organisatorische und inhaltliche Ausrichtung des Unterrichts.

Schule soll doch keine Lernfabrik sein, sondern ein Ort, wo junge Leute in der Praxis lernen, demokratisch miteinander umzugehen. Wo sonst läßt sich Demokratie üben? Und wie sonst lassen sich Jugendliche gegen rechtsextremistische Anwandlungen immunisieren?

Und doch bleiben die Forderungen der SchülerInnenvertretungen unbeantwortet. Ihre Existenz ist zwar gesetzlich verankert, aber sie werden nicht ernst genommen. Warum sollen sich SchülerInnen also engagieren?

Hinzu kommt als Abschreckung, daß SchülerInnenzeitungen zensiert werden, etwa weil sie einen Lehrer kritisieren oder Mißstände an der Schule anprangern. Immer noch werden viele SchülerInnen vor der Klasse runtergemacht, wenn sie widersprechen. Das alles gibt es noch heute, trotz jahrelanger Bemühungen von SchülerInnenvertretungen. Warum sollen sich SchülerInnen also engagieren?

Noch ein Beispiel, dieses aus der Jugendarbeit. Wer etwas für oder mit jungen Leuten machen will, weiß, wie schnell man an der Bürokratie scheitern kann. Das fängt schon damit an, daß Jugendlichen Bürokratie und Gesetze vorkommen müssen wie ein neuzeitliches Labyrinth. Aber selbst wenn sie sich einigermaßen zurechtfinden und sogar Geld für Projekte bekommen, heißt das noch lange nicht, daß sie es sinnvoll verwenden können.

Die folgende Geschichte habe ich selbst erlebt. In Berlin gab es einen Jugendclub, der vom Senat gefördert wurde. Die jeweiligen Gelder waren allerdings an bestimmte Projekte gebunden. So erhielt der Jugendclub eine größere Summe für eine Videokamera und andere technische Geräte. Als das Geld bewilligt wurde, hätte der Jugendclub aber lieber seine sanitären Einrichtungen repariert. Was bringen einem Videofilme, wenn man das Klo nicht benutzen kann? Den Vorschlag, auf die Technik zu verzichten und statt dessen die Toiletten zu sanieren, lehnte das zuständige Amt aber ab. Geld für Geräte oder kein Geld, war die Devise. Alle Versuche, diesen Schwachsinn zu stoppen, endeten mit dem Verweis auf irgendwelche Vorschriften.

Schon lange fordern Jugendvereine und andere, die Jugendarbeit zu entbürokratisieren. Aber nichts passiert. Lohnt sich also politisches Engagement, oder ist es ein Hobby für Masochisten?

Diese Frage können sich auch junge Leute stellen, die sich in Vereinen und Initiativen für den Erhalt der Umwelt einsetzen. Die weltweite Umweltzerstörung und der verschwenderische Abbau natürlicher Rohstoffe haben inzwischen ein katastrophales Ausmaß erreicht. Deswegen fordern Umweltorganisationen schon lange, alternative Energien zu fördern. Aber es geschieht viel zuwenig.

Und woher soll ich den Optimismus nehmen, daß Kanzler Schröder, der »Auto-Mann«, eine grundlegende Wende in der Energiepolitik will. Der Ausstieg aus der Atomkraftnutzung befreit uns von einer großen Gefahr. Aber er dauert zu lange, und vor allem ist er nicht gleichbedeutend mit einem Durchbruch für die Energie aus Sonnen-, Wind- und Wasserkraft.

Ob Wackersdorf oder Castortransporte – Erfolge gab es in der Energiepolitik immer nur nach mühsamen und harten Auseinandersetzungen. Polizisten mußten den ach so sicheren Castorbehältern den Weg freiprügeln, bis selbst die Bundesregierung begriffen hatte, daß die Atommafia unter Sicherheit etwas anderes begreift, als in den Sicherheitsvorschriften steht. Muß man bereit sein, sich verprügeln zu lassen, um politisch etwas zu erreichen? Eine sehr motivierende Vorstellung.

Zum Thema Politikverdrossenheit fällt mir noch etwas ganz anderes ein, nämlich die Frage, wie diese Politik ist, in der sich Jugendliche betätigen sollen. Die PolitikerInnen gestalten nicht Politik, sondern sind Schauspieler in einem Realkabarett. Ihre Bühne sind Medien und Parlamente. Kabarettisten von heute müssen fast nur noch genau beobachten, was in der Politik passiert, die satirische Überspitzung können sie sich sparen. In vielen Fällen können Kabarettisten sich darauf beschränken, Stimmen von Politikern einzuüben. Wer kann Schröder am besten nachmachen?

Viele Jugendliche verspüren keinen Drang, Politikern nachzueifern, die aalglatt ihren Selbstversorgungsbedürfnissen folgen und vor allem darauf achten, daß ihre Karriere nicht vorzeitig knickt. Als Kohl abtrat, meldeten sich plötzlich viele, die bemängelten, es sei in der CDU zuwenig diskutiert worden. Empört kritisierten sie, die Partei sei quasi zum Befehlsempfänger des dicken Kanzlers geworden. Wer hat die Christdemokraten denn daran gehindert zu diskutieren, wenn nicht die Angst um Posten, Pöstchen, Diäten und Pensionen? Und das Beispiel solcher Politiker soll Jugendliche ermutigen, sich in einer Partei zu engagieren?

Die Fruchtlosigkeit des Versuchs Jugendlicher, politisch mitzuwirken, zeigt sich nicht nur im Hinblick auf etablierte Institutionen wie Parteien und Verbände. Wenn mensch nicht mehr weiterweiß, gründet er/sie einen Arbeitskreis. Auf dieser Ebene wurde die PolitikerInnenverdrossenheit erst richtig geschmiedet. Viele weichen vor den Mühen der Politik in alternative Strukturen aus, kochen eigene Süppchen im Keller, weitab von dort, wo die Entscheidungen fallen.

Die alternativen Strukturen waren von vornherein zur Bedeutungslosigkeit verurteilt. Wer in Bonn oder Berlin interessiert sich für das, was da auf Nebenfeldern stattfindet? Politiker und Medien blicken hin und wieder mal hin, wenn es Krawall gibt. Aber auch die große Mehrheit der Bevölkerung sieht in alternativen Jugendstrukturen eher eine Polizeiaufgabe. Selbst die Autonomen, die die Konfrontation mit dem Bestehenden suchten, scheiterten an der Wirklichkeit. Politik und Medien erzeugen einen starken Sog hin zur Anpassung. Viele wollen mitmachen, um zu verändern. Aber das einzige, was sich ändert, sind sie selbst. Gibt es einen anderen Weg?

Alternative Strukturen haben nie eine Chance gehabt, ihre Ziele durchzusetzen, und viele darin interessieren sich ohnehin nur für sich selbst. In Abgrenzung zur Gesellschaft wollen sie demokratischer sein und verhindern, daß autoritäre Strukturen entstehen. Aber solche Ansätze scheitern regelmäßig, und die, die mitgemacht haben, resignieren oder finden eine neue politische Heimat in den Strukturen, die sie zuvor bekämpft haben. Symptomatisch dafür ist der Werdegang vieler ehemaliger VertreterInnen der Bürgerbewegung der DDR.

Der Osten ist braun?

Der Osten kostet zuviel. Die Ostdeutschen müssen erst mal richtig arbeiten lernen, statt dessen wollen sie aber ganz schnell reich werden. Und dann gibt es da auch noch randalierende Jugendliche im Osten.

In einer TV-Sendung über Rechtsradikalismus und gewalttätige Ausschreitungen in Magdeburg wurden Vierzehn- bis Sechzehnjährige gezeigt, die sich rechtsextrem und rassistisch äußerten und vor Gewalt nicht zurückschrecken würden. In einem Interview wurde dazu der Bielefelder Soziologe Klaus Hurrelmann befragt. Der erklärte, es handele sich um junge Menschen aus dem Osten, die noch verblendet seien von der DDR, und dies sei ein Grund für ihre Gewalt. Diese jungen Menschen müßten erst mit der Demokratie vertraut gemacht werden. Zehn Jahre nach der Revolution ist die DDR immer noch schuld an heutigen Ausschreitungen. Diese Jugendlichen waren, als Honecker gestürzt wurde, gerade mal sechs bis acht Jahre alt, aber offenbar trotzdem schon verblendet.

Ich möchte am Honecker-Staat nichts beschönigen, aber ich kann mir beim besten Willen nicht vorstellen, daß die Gewalttaten von heute ihre Ursachen in der Erziehung der DDR haben können. Außerdem gibt es viele junge Menschen, die länger in der DDR gelebt haben und heute dennoch nicht AusländerInnen für ihre Probleme verantwortlich machen und prügelnd durch die Straßen ziehen. Die Ursachen für die Exzesse sind in der Gegenwart zu suchen und nicht in der Vergangenheit. Es ist zu billig, heutige Probleme auf die DDR-Vergangenheit abzuwälzen, egal ob Jugendgewalt, Arbeitslosigkeit oder Bildungsnotstand. Aber es geschieht mit Absicht, weil man so von den wahren Ursachen ablenken und sich der eigenen Verantwortung entziehen kann. Wie schön, daß es die DDR gegeben hat.

Statt auf die Suche nach Pseudoursachen zu gehen, sollten die Politiker im Bund und in den Ländern die Jugendarbeit unterstützen. Sie könnte einen wesentlichen Beitrag dazu leisten, die Gewaltexzesse zurückzudrängen. Und man sollte ja angesichts der von Sorge triefenden Reden und Betroffenheitskundgebungen vieler PolitikerInnen und Medien annehmen, daß an der Basis, dort wo der Rechtsextremismus entsteht und gedeiht, konsequent und massiv gehandelt wird. Aber nichts dergleichen geschieht. Statt dessen steckt die Jugendarbeit in der Krise. Es gibt vielerorts gar keine richtige Jugendarbeit und deswegen auch keine inhaltliche Auseinandersetzung mit rechten Jugendlichen in ihren Treffs.

Die Jugendarbeit in Ostdeutschland wird zum größten Teil über Arbeitsbeschaffungsmaßnahmen (ABM) abgesichert. So findet sich beispielsweise eine fünfzigjährige langzeitarbeitslose Ingenieurin mit einem Mal in einem Jugendclub wieder, ohne jede Ausbildung in Jugendarbeit. Selbst wenn sie einen Draht zu den Jugendlichen findet, reißt der nach einem Jahr wieder ab, weil die Arbeitsbeschaffungsmaßnahme zu Ende geht. Von Professionalität und Kontinuität können wir nur träumen.

Dort aber, wo Konzepte für die Jugendarbeit entwickelt werden, sind es oft die falschen. Das gilt vor allem für die sogenannte »akzeptierende Jugendarbeit« mit rechten Jugendlichen. Dieser Begriff stammt aus der Arbeit mit Drogenabhängigen. Sie werden als Suchtkranke akzeptiert, und entsprechend gehen die einschlägigen Einrichtungen mit ihnen und ihrer Krankheit um. Das Ziel dieser Arbeit ist es, die Sucht zu bekämpfen, Wege aus ihr heraus zu zeigen, Alternativen zu entwickeln.

Die »akzeptierende Jugendarbeit« mit Rechtsextremisten jedoch praktiziert genau das Gegenteil. Man darf eben Begriffe und Konzepte nicht einfach von einem Bereich auf einen anderen übertragen. Was unter dem Deckmantel der »akzeptierenden Jugendarbeit« heranwachsen kann, zeigen nicht zuletzt die Wahlerfolge der rechtsextremistischen Szene in Ostdeutschland.

Das Aktionsprogramm gegen Aggression und Gewalt (AGAG) der Bundesregierung für die neuen Bundesländer führt dazu, daß Geld für Jugendarbeit in Brennpunkten jugendlicher Gewalt fließt. Das klingt gut. Aber die Praxis zeigt etwas anderes. In Sachsen-Anhalt beispielsweise gehen bis zu siebzig Prozent der AGAG-Mittel in Clubs rechter Jugendlicher. Man will die Jugendlichen von der Straße wegholen und glaubt, so die Gewalt eindämmen zu können. Mit Staatsknete wird die rechtsextremistische Szene weiter aufgebaut in der Hoffnung, die Exzesse in der Öffentlichkeit zu verringern.

Dahinter steckt ein verhängnisvoller Denkfehler, nämlich die Reduktion des Rechtsextremismus auf Gewalt. Den meisten Politikern ist es wichtiger, Gewalt zu verhindern, als sich mit dem Gedankengut der Jugendlichen auseinanderzusetzen. In einem Jugendclub in Brandenburg zum Beispiel dürfen die jungen Leute sogar weiter ihre Nazisymbole an den Bomberjacken tragen, solange sie keine Gewalt ausüben. Dort liegen auch Flugblätter von rechtsextremen Parteien aus. Der Leiterin dieser Einrichtung ist offenbar alles egal, Hauptsache, es gibt keinen Zoff. So ein Bericht des Ostdeutschen Rundfunks Brandenburg (ORB) vor einiger Zeit.

Aus dem sächsischen Wurzen, einer Jungnazihochburg, werden in einer im Internet verbreiteten Broschüre ähnliche Verhältnisse berichtet (www.nadir.org/nadir/archiv/Antifaschismus/Regionen/Sachsen/wurzen-broschuere/index.htm). Dort seien engagierte Jugendprojekte aus Kostengründen eingestellt worden. Statt dessen würden Projekte der Faschos finanziert. Sie dienten als Alibi bei der Bekämpfung der »Jugendgewalt«. »Solche Formen ›akzeptierender Jugend(sozial)arbeit‹ gehen völlig an einer von festen faschistischen Strukturen geprägten Realität vorbei«, heißt es in der Broschüre. In einer von einem »Jungsturm«, aber auch von älteren Nazis genutzten Baracke nahe des Wurzener Landratsamts seien die zwei eingestellten Hilfskräfte lediglich dazu da, Getränke heranzuschleppen, den Laden sauber zu halten und »sonst dafür zu sorgen, daß sich bei auftauchenden JournalistInnen die Faschokids nicht um Kopf und Kragen redeten«.

Viele SozialarbeiterInnen und LehrerInnen haben längst vor den Jungnazis kapituliert. Sie sind am Ziel ihrer Wünsche, wenn es keine Randale gibt. Dabei wäre es von entscheidender Bedeutung, daß LehrerInnen und SozialarbeiterInnen mit den Nazis über die Inhalte stritten. Natürlich muß Gewalt eingedämmt werden. Aber genauso wichtig wäre es, Rassismus, Fremdenfeindlichkeit, Intoleranz und Sozialneid zu bekämpfen. Das aber geschieht nicht.

Statt immer wieder die Verantwortung für rechtsextreme Exzesse an Erich Honecker zu delegieren, wäre es angebracht, Jugendlichen eine Lebensperspektive zu geben. Viele Jugendliche sind orientierungslos, weil die Bonner Regierung ihnen die Orientierung genommen hat. Es gibt zuwenig Geld für Jugendclubs – und wenn doch, dann oft für die falschen –, es gibt zuwenig SozialarbeiterInnen, zuwenig Bildung, zuwenig Arbeit und zuwenig Kultur. Vor allem gibt es keine inhaltliche Diskussion darüber, was staatlich geförderte Jugendarbeit heute sein soll, sei es ehrenamtliche, sei es hauptberufliche.

Viel zu oft spielen sich die Rechtsextremen und die Regierenden in Bonn und in den Ländern die Bälle gegenseitig zu. Nicht nur die Nazis machen es sich mit dummen Parolen einfach. »Arbeit für Deutsche« zu fordern, statt etwa über einen öffentlich geförderten Beschäftigungssektor nachzudenken, hilft nicht gegen die Arbeitslosigkeit, sondern schürt nur die Ausländerfeindlichkeit. Es gibt zu viele Äußerungen von verantwortlichen Politikern, die den Nazis gefallen und ihnen öffentliche Anerkennung verschaffen, vor allem im Hinblick auf AusländerInnen und die innere Sicherheit. Ob Kanzler Gerhard Schröder, ob CDU-Chef Wolfgang Schäuble, fast alle wollen kriminelle AusländerInnen sofort abschieben. Und SPD-Innenminister Otto Schily hat von seinem Vorgänger, dem CDU-Rechtsaußen Manfred Kanther, offenbar die Überzeugung geerbt, daß das Boot Bundesrepublik längst voll sei. Stammtische und Nazis sind begeistert.

Wider alle Behauptungen aber sind AusländerInnen keineswegs krimineller als die Deutschen. AusländerInnen fallen in den einschlägigen Statistiken nur deshalb auf, weil auch Verstöße gegen das Ausländerrecht gezählt werden. Gegen dieses Recht können Bundesbürger natürlich nicht verstoßen. Bereinigt man die Statistiken um diese speziellen Vergehen (die besser als Ordnungswidrigkeiten gewertet werden sollten), dann haben AusländerInnen eher weniger auf dem Kerbholz als Deutsche.

Aber wen scheren solche Feinheiten. Auf dem Jahrmarkt der billigen Patentrezepte wird in der Bevölkerung das Nachdenken über unsere Gesellschaft Stück für Stück zurückgedrängt. Warum analysieren, wenn die Lösungen auf der Hand liegen? Aber die Wirkungen dieser Politik sind verheerend: Es bleibt die Arbeitslosigkeit, und es wächst die Fremdenfeindlichkeit. Es wird schwieriger, Menschen für wirklichkeitsgerechte Gegenstrategien zu gewinnen.

Viele Menschen zieht es zu den einfachen Parolen, die vermeintlich ihre Nöte ernst nehmen und so plausibel klingen. Hinzu kommen die Angst vor Arbeitslosigkeit und die Sorge um die Kinder. Beide wirken wie Maulkörbe und sind so effizient wie die Angst vor Repression und Ausgrenzung. Diese Angst wird zur Ohnmacht. Zu einer Ohnmacht, die sich in den Wahlergebnissen der Rechtsextremen niederschlägt. Es ist Hilflosigkeit. Diese machen sich die rechten Rattenfänger zunutze.

Banken zu enteignen klingt utopisch, gesellschaftspolitische Lösungen sind komplex und zeitraubend. Die Parole »Ausländer raus« verspricht sofortige Hilfe. Bei einer gemeinsamen Mülltonnennutzung ist es natürlich der Nachbar, der zuviel Müll erzeugt und somit Schuld ist daran, daß die Müllgebühren steigen. Also bestelle ich mir eigene Tonnen, ziehe den Zaun noch ein Stückchen höher und freue mich, Geld zu sparen. Dabei ist es viel wirtschaftlicher, wenn die Entsorgungsunternehmen weniger Mülltonnen leeren müssen, und so trägt jeder zur Erhöhung der Müllgebühren bei, der neue Mülltonnen anschafft. Aber dieser marktwirtschaftliche Zusammenhang ist komplex. Wie einfach dagegen ist es, den Nachbarn zum Schuldigen zu machen.

Vom Ausländerhaß profitieren immer die gleichen: die UnternehmerInnen. Denn wenn die AusländerInnen schuld sind an der Arbeitslosigkeit, dann sind die wahren Verantwortlichen fein heraus. Das ist so leicht zu verstehen, und doch wollen es viele nicht kapieren. DVU und Faschismus sind kein Jugendproblem, sondern eine Gefahr für eine humane Zukunft. Und insoweit sind sie dann doch wieder unser Problem, denn es ist die Zukunft der jungen Leute von heute, die bedroht ist. Obwohl viele Menschen nicht ausländerfeindlich sind, erreichen die rechtsextremen Parteien doch ihr Ziel: CDU/CSU, aber auch SPD und FDP greifen die rassistischen und ausländerfeindlichen Parolen auf, um die WählerInnen vom rechten Rand abzuholen, so wie die CSU bei den bayerischen Landtagswahlen im September 1998. In dem Maß, wie sich die großen Parteien der rechten Parolen bedienen, geben sie den Rechten recht, die sie doch angeblich bekämpfen wollen.

DVU, NPD und Konsorten nutzt es, daß sie als Protestparteien verharmlost werden. Auch weil diese Parteien immer wieder mit der PDS gleichgesetzt werden, sagen sich manche WählerInnen, daß es ja nicht so schlimm sein könne, rechtsextrem zu wählen – alles nur Protestparteien. Die gehören eben zur Demokratie dazu. Wenn es bis 1994/95 nicht so schlimm war, PDS zu wählen, was soll dann daran so schlimm sein, heute DVU oder NPD zu wählen? Ist doch sowieso alles eine Soße. So mündet die Angst vor der Perspektivlosigkeit im Abbau unserer Demokratie. Der beginnt in den Köpfen.

Hinzu kommt, daß die rechtsextremen Parteien sich antikapitalistisch gebärden, als Anwälte der kleinen Leute. In den neuen Bundesländern entdecken sie sogar Vorzüge an der DDR: Die Jugend war nicht verwahrlost und ordentlich organisiert. Es herrschte eine gute Nachbarschaftshilfe. AusländerInnen sind wieder ausgereist, und arbeitslos war auch niemand. Damit treffen sie den Nerv vieler Leute. Das zeigt sich nicht zuletzt daran, daß ich solche Sprüche auch häufig in der PDS und bei ihren WählerInnen höre. Meist in Verbindung mit dem einleitenden Satz: Ich bin ja nicht ausländerfeindlich, aber in der DDR ...

Gibt es einen nationalen Sozialismus, wie es in den dreißiger Jahren Otto Strasser behauptete? Strasser war bis zu seinem Bruch mit Hitler 1930 der Kopf des sogenannten »sozialrevolutionären« Flügels der NSDAP. Lassen sich Nationalismus, die Ausgrenzung alles Fremden, und Sozialismus miteinander verschmelzen?

Für mich sind die Begriffe »rechts« und »links« längst nicht mehr brauchbar, um Menschen politisch einzuordnen. Bis tief hinein in »linke« Kreise gibt es Alltagsrassismus und Sozialneid. Da meckern »Linke«, daß AusländerInnen vom Sozialamt Geld bekommen, ohne arbeiten zu müssen. Und auch noch mehr Geld als mancher Deutsche haben.

Und da gibt sich das »Neue Deutschland« dafür her, rechte Demagogen abzudrucken, obwohl es sich doch als sozialistische Tageszeitung versteht. Roland Wehl, Redakteur des nationalrevolutionären Blatts »Wir Selbst« und Mitarbeiter der rechtsextremen Wochenzeitung »Junge Freiheit«, durfte sich im »ND« auf einer halben Seite zum Thema »Wie national muß die Linke sein?« ausbreiten. Die »ND«-Redaktion hatte mich vorher gefragt, ob ich Wehl im Rahmen der sogenannten »Freitagsdebatte« nicht in derselben Ausgabe und auf derselben Seite antworten wolle. Je länger ich darüber nachdachte, desto schlechter wurde mir: antworten auf einen Nazi, der in einer sozialistischen Tageszeitung schreiben darf?

Er durfte es, weil das »ND« der Meinung ist, daß viele PDS-Mitglieder so denken wie Wehl. Deshalb müsse man sich mit seinen Auffassungen auseinandersetzen. Aber seit wann muß man einen Nazi in einer sozialistischen Zeitung schreiben lassen, wenn man ihn kritisieren will? Wir wissen doch, was Wehl und Gesinnungsgenossen glauben. Und wir können es referieren und darauf eingehen, ohne es salonfähig zu machen.

Wehl knüpft in seinem »ND«-Beitrag geschickt an die nationalistisch-völkische Ostalgie an, die auch in Teilen der PDS-Basis weit verbreitet ist: »Vieles von dem, was in der DDR links war, gilt im vereinten Deutschland als rechts. Das betrifft nicht nur die Haltung zu Armee, Polizei und Recht und Ordnung. Es betrifft auch das gemeinschaftliche Denken, das in der DDR so stark entwickelt war. Es betrifft die Fürsorge gegenüber dem Nächsten und die Liebe zum eigenen Land. In den Haßgesängen eines Teils dieser [rechtsextremen] Jugendlichen drückt sich auch die Wut über diesen Verlust aus. Darin zeigt sich die Sehnsucht nach etwas anderem: nach Liebe und einer heilen Welt, die in der Erinnerung der DDR ähnelt. Auf diese Sehnsucht muß die Linke eine Antwort haben. Diese Antwort kann nicht aus einem Aufguß alter westlinker Stereotypen bestehen. Die PDS darf nicht die Fehler alter Westlinker wiederholen, für die das Volk immer eine reaktionäre Größe war.«

Ich habe keine Entgegnung geschrieben. Mit ausgewiesenen Nazis diskutiere ich nicht. Statt dessen versuchte ich, die Redaktion davon zu überzeugen, den Wehl-Artikel nicht abzudrucken.

Das »ND« druckte ihn nicht nur ab, sondern überschrieb die Debattenseite auch noch mit der Frage: »Wie national muß die Linke sein?« Das legt zwei fatale Auslegungen nahe: Entweder wird Wehl zur Linken gezählt, oder wir Linken haben uns in der sogenannten nationalen Frage gefälligst die »Argumente« der Nazis anzuhören. So oder so, die Kluft zwischen links und rechts wird geschlossen.

Nach meiner Absage suchte die »ND«-Redaktion wochenlang nach einem Sparringspartner für Wehl. Schließlich sprang eine prominente Genossin der Kommunistischen Plattform (KPF) in der PDS über ihren antifaschistischen Schatten: Ellen Brombacher. Ihr Beitrag zeigt bei aller Polemik – die »Junge Freiheit« wird mit Gerhard Zwerenz als »feines Kotzbrockenblatt« bezeichnet –, daß die Inhalte faschistischer und kommunistischer Nationalisten einander überlappen. Gegen die rechte Masche, das »Scheißsystem« wegen eines vermeintlichen Zuviel an AusländerInnen zu attackieren, setzt die KPF-Frau die linke »Sisyphusarbeit«, mit »transparenten antikapitalistischen Positionen und kämpferischer Interessenvertretung« Einfluß zu gewinnen. Bei ihrem Versuch, diese Leerformel zu füllen, landet Brombacher bei der gleichen Wahnvorstellung, die auch die Nationalrevolutionäre schüren: dem Verschwinden der Nation. Ellen Brombacher beklagt die »faktisch schon existierende globale Herrschaft der Monopole und Banken«, die jede »Souveränität« in Frage stellen, nur »nicht die der Multis«.

Das Motto, unter dem der Kampf gegen die Multis zu führen sei, hatte Brombacher schon zu Beginn ihres Artikels vorgegeben. Zustimmend zitiert sie Lenin mit den Worten: »Das Vaterland (...), d. h. das gegebene politische, kulturelle und soziale Milieu, ist der stärkste Faktor im Klassenkampf.« Dieser positive Bezug auf das Nationalgefühl durchzieht ihren gesamten Artikel.

Mit solchen und ähnlichen Klassikerzitaten hatte die Weimarer KPD Bündnisse und Diskussionsveranstaltungen mit der NSDAP gerechtfertigt. Am bekanntesten wurden die Diskussion zwischen NS-Gauleiter Joseph Goebbels und KPD-Politbürokrat Walter Ulbricht am 22. Januar 1931 und der von Kommunisten und Nazis gemeinsam durchgeführte Streik bei den Berliner Verkehrsbetrieben 1932. Die Idee, auf diese Weise das Naziklientel nach links zu ziehen, mag damals einen Versuch wert gewesen sein. Aber nach seinem restlosen

Scheitern, nach Weltkrieg und Holocaust ein Remake zu proben, ist kriminell.

Das Lenin-Zitat, das zu finden Ellen Brombacher vermutlich reichlich Mühe gekostet hat, hätte sie leicht in aktuellen Schriften der NPD-Jugend entdecken können. Doch ist der peinliche Auftritt der KPF-Genossin Brombacher der weniger schlimme Skandal, auch weil sie und ihre Plattform zu unbedeutend sind.

Nein, der Hammer ist das Verhalten der »ND«-Redaktion, die diese rot-braune Debatte in ihrer »sozialistischen Tageszeitung« möglich gemacht hat – unter dem Mantel der Demokratie (auf den sie sich besser schon vor Honeckers Abtritt hätte besinnen sollen). Der Skandal ist um so größer, wenn man seine Vorgeschichte betrachtet: Am 25. Mai 1996 war Wehl bei einer Veranstaltung im »ND-Club« aufgetaucht. Ich saß auf dem Podium und forderte die Leute vom »ND« auf, den bekennenden Faschisten nicht im Publikum zu dulden. Aber die Veranstalter lehnten dieses Ansinnen ab, auch das anwesende Publikum reagierte mit Unverständnis und Unmut. Es kam zu Rangeleien mit einem »ND«-Mitarbeiter, der den Nazi schützte, als Junge GenossInnen ihn mit physischem Nachdruck zum Verlassen des Saals aufforderten. Daraufhin verließ ich unter Protest die Veranstaltung. Wie gesagt, mit Nazis diskutiere ich nicht.

Ein halbes Jahr später hingegen, auf unserem Parteitag in Schwerin im Januar 1997, bestand Einigkeit über das Vorgehen. Ohne Diskussion wurde Wehl des Saales verwiesen. PDS-Sprecher Hanno Harnisch setzte ihn persönlich vor die Tür.

Aber warum setzt sich das »ND« unter dem Vorwand des Pluralismus für einen Nazi wie Wehl ein? Ich hatte damals den schlimmen Verdacht, daß die Chefredaktion die (eigentlich begrüßenswerte) Unabhängigkeit der Zeitung von der PDS gezielt nutzte, um die Kluft zwischen SozialistInnen und FaschistInnen zu schließen. Dafür spricht ein weiteres Indiz:

Nach der Wahl in Sachsen-Anhalt vom April 1998 veröffentlichte das »ND« einen Kommentar der sächsischen PDS-Größe Christine Ostrowski, die mittlerweile im Bundestag sitzt, nachdem ihre Politkarriere wegen freundlicher Gesprächskontakte mit Neonazis zeitweise Schaden gelitten hatte. »Warum gelang es der PDS nicht, viele von denen, die jetzt DVU gewählt haben, für sich zu gewinnen?« fragte Christine Ostrowski. Ihre Antwort: »Jeder dritte Bauarbeiter im Osten ist arbeitslos. Gleichzeitig arbeiten nicht wenige ausländische Beschäftigte auf dem Bau. Kann man es einem hiesigen Bauarbeiter verdenken, daß er die Wut kriegt, wenn er nicht zuletzt deswegen seine Arbeit verliert? Daß die ausländischen Kollegen z. T. weit unter Mindestlohn, häufig unter menschenunwürdigen Bedingungen, auch illegal, arbeiten, für den Profit von GroßunternehmerInnen ausgebeutet werden, geht unter. Und doch: Der Bauarbeiter ist kein Nazi und kein Rassist. Man gewinnt ihn nicht, wenn man ihn in eine fremdenfeindliche Ecke stellt. Er fühlt sich ungerecht behandelt, zu Recht. Die Richtung allerdings, in die er Schuld suchend schielt, zeigt nicht die wirklichen Verantwortlichen, sondern die noch Schwächeren. Doch was er verlangt, ist legitim, daß Parteien und Politiker seine Lage begreifen, sein Gefühl verstehen. Also, seien wir die Stimme seines Protestes, und denken wir darüber nach, warum wir es nicht sind, jedenfalls nicht genug.«

Ist der »ND«-Redaktion nicht bewußt gewesen, daß sich solche Ausflüsse unbegrenzten Einfühlungsvermögens gewöhnlich in der »National-Zeitung« finden? Das wäre schon ärgerlich genug. Noch erschreckender aber ist die Vorstellung, daß das »ND« den Beitrag von Christine Ostrowski gerade deshalb abgedruckt hat. Ostrowskis suggestive Frage, wie die PDS zur »Stimme des Protestes« faschistoider Bauarbeiter werden könnte, paßt gut zu Wehls Überlegungen über die gemeinsamen Werte von Nationalismus und Sozialismus.

Die PDS-Führung hat auf Ostrowskis gefährlichen Unsinn nicht reagiert. Vielleicht wollte sie die dummen Thesen nicht unnötig bekanntmachen. Oder sie hat die Hoffnung aufgegeben, Christine Ostrowski davon überzeugen zu können, daß Sozialisten mit Nazis nichts zu tun haben. Wie dem auch sei, der Parteivorstand hat keinen Zweifel daran gelassen, wie er es mit Nazis hält: »Die PDS appelliert an alle demokratischen Parteien und Kräfte in diesem Land, öffentlich und sichtbar jede Zusammenarbeit mit fremdenfeindlichen und rassistischen Kräften abzulehnen, sich von deren Propaganda und Hetze aktiv und öffentlich zu distanzieren und jeder – auch indirekten – Duldung dieser rassistischen Politik entgegenzutreten.« Schlimm, daß ein solcher Appell überhaupt nötig ist.

In der »ND«-Redaktion aber helfen offenbar keine Appelle. Sie geht den Weg der Annäherung zwischen rechts und links, als wollte sie der These Nahrung geben, daß die Demokratie von beiden Seiten bedroht sei. Ob rechts, ob links, die Ostdeutschen sitzen auf einer Hühnerleiter und treten nach unten. Und da sitzen nun mal leider die AusländerInnen. Das soll sozialistische Politik sein?

Und dann gibt es da noch etwas, was den Rechtsextremen nutzt: die schwindende Glaubwürdigkeit von PolitikerInnen. Dazu fällt mir folgende Geschichte ein aus dem Herbst 1995, kurz vor den Wahlen zum Berliner Abgeordnetenhaus. Der Sender Freies Berlin (SFB) veranstaltete zum Tag der deutschen Einheit, dem 3. Oktober, eine Talkshow. Alle Parteien waren eingeladen, ich vertrat die PDS. Die SPD hatte Walter Momper geschickt und die Grünen Renate Künast. In der Diskussion ging es heiß her, wie immer kurz vor den Wahlen. Renate Künast und Walter Momper keiften sich heftig an wegen der »Berliner Linie« in Sachen Hausbesetzungen und des Scheiterns der rot-grünen Koalition. Ich glaubte, zwei Menschen neben mir zu haben, die grundlegende Konflikte austrugen und sich politisch gar nicht einig waren. Angesichts dessen erschien es folgerichtig und ehrlich, daß die rot-grüne Senatskoalition zerbrochen war.

Um so mehr staunte ich, als die Kameras abgeschaltet wurden. Denn dann ging es plötzlich etwa so (wer angefangen hat, weiß ich nicht mehr): »Du, Walter, weißt ja, ich habe das nicht so gemeint, es ist halt Wahlkampf.«

»Weiß ich doch, Renate, ich nehme es dir nicht übel, jeder muß sehen, wo er bleibt. Komm, laß uns ein Bier trinken.«

»Ja, genau, wir trinken erst einmal ein Bier.«

Und schwups entschwanden sie zur Bar, um gemeinsam Bier zu trinken. Ich war völlig von der Rolle: Was ist denn jetzt los? Eben hatten sie sich noch gefetzt, und nun gehen sie fast Arm in Arm einen trinken! Ich verstand gar nichts mehr oder erst recht, wie Politik heute funktioniert. Besser kann mensch nicht erleben, was hinter dem öffentlich vorgeführten Theaterdonner steht. Offenbar hat der Mensch auf der Straße, der Politiker für profilneurotische und machtgeile Existenzen hält, so unrecht nicht. Ein derartiges Verhalten ist Wasser auf die Mühlen der Rechten, die Parlamente als Schwatzbuden verächtlich machen.

Ich habe noch lange über dieses Erlebnis nachgedacht, ohne wirklich zu einem Schluß zu kommen, außer daß ich so nicht werden will. Aber mensch nimmt sich ja viel vor. Bleibt die Frage nach dem Anspruch an sich selbst und dessen Verwirklichung in deformierenden Strukturen. Ich denke, mensch muß nicht per se so enden wie Walter und Renate, aber die Gefahr ist groß.

Wenn ich Walter oder Renate wäre, könnte ich meinen Freunden nicht mehr ehrlich ins Gesicht schauen, aber sie können es wohl. Gewiß hat sich dieser Abend bei ihnen nicht so tief eingeprägt wie bei mir. Warum auch, machen sie doch seit Jahren Politik auf diese Weise. Noch ist es mir aufgefallen. Ich hoffe, daß mein Ekel nicht schwindet.

Linke Links

»Internet«, »World Wide Web« oder »Informationsgesellschaft« hat inzwischen jeder schon mal gehört, und viele nutzen schon neue Medien. »Informationsgesellschaft« – das sollte eigentlich bedeuten, daß die Menschen Meinungen und Informationen besser austauschen können. In der Tat hat sich die Kommunikation stark ausgeweitet, vor allem im Internet. Aber es ist nicht der entscheidende Trend. Statt dessen werden die bestehenden sozialen Verhältnisse auf die neuen Medien übertragen, also auf die Möglichkeiten der digitalen Datenübertragung und Speicherung wie etwa Videotext, Teleworking, CD-ROM, Multimedia und vor allem das Internet. Am Ende sollen wir am Computer konsumieren. Ich sehe derzeit kaum eine Möglichkeit, diese Entwicklung zu stoppen. Das Ziel der Linken müßte es sein, einen Gegensektor in den neuen Medien aufzubauen, der die Macht des Geldes beschränkt.

Aber obwohl die Interessen der Wirtschaft vorherrschen, tauschen sich immer mehr Menschen im Internet aus, über das World Wide Web, E-Mail, Diskussionsgruppen, Mailing-Listen oder den Internet Relay Chat (IRC). Das Internet hat allerdings seine Schattenseiten wie jedes andere Medium auch. Es gibt zum Beispiel üble Bücher wie Hitlers »Mein Kampf« oder Stalins »Geschichte der Kommunistischen Partei der Sowjetunion (B). Kurzer Lehrgang«. Und doch würde niemand bestreiten, daß das Buch als Medium für die Entwicklung der menschlichen Kultur und der Gesellschaft insgesamt von kaum zu übertreffender Bedeutung ist. Schon am Beginn des Buchdrucks stand eine Umwälzung, nämlich die Tatsache, daß die Menschen die Bibel in Luthers Übersetzung aus dem Lateinischen selbst lesen konnten. Damit war das Auslegungsmonopol der Kirche durchbrochen. Ohne diese Vorgeschichte wären Reformation und Bauernkrieg undenkbar. Das Buch war eine Revolution, und es löste Revolutionen aus.

Ähnlich war es mit dem Medium Zeitung. Zeitungen waren für das aufstrebende Bürgertum wie für die Arbeiterbewegung unentbehrlich für Information und Meinungsaustausch. Ohne Zeitungen hätte sich der Marxismus nicht weltweit ausbreiten können. Und welcher Linker denkt bei Zeitung nicht an die »Neue Rheinische Post« mit Karl Marx und Friedrich Engels?

Auch das Radio ist nicht nur das Sprachrohr von NS-Propagandaminister Joseph Goebbels gewesen, sondern ist auch ein aufklärerisches Medium, das der menschlichen Zivilisation enormen Nutzen gebracht hat. Und das Fernsehen ist viel mehr als das, was vor allem die privaten Sender daraus machen.

In manchen Orten gibt es ja zum Beispiel schon nichtkommerzielle, alternative Kanäle in Fernsehen und Rundfunk. Aber die Möglichkeiten für unabhängige Programmanbieter sind noch viel zu gering. Ein wesentliches Kriterium für alternative Kanäle ist, daß es keine Werbung gibt. Dazu zählt auch Schleichwerbung oder »Product Placement«, wie man das heute vornehm nennt. Schleichwerbung ist zwar verboten, aber sie ist trotzdem immer wieder zu erkennen hinter raffinierter Tarnung. Die Kosten für alternative Kanäle und Frequenzen müßten über Gebühren eingespielt werden.

Natürlich ist jedes Medium mißbrauchbar. Das gilt auch für das Internet. Wir müssen lernen, mit Rechtsextremismus, Kinderpornographie u. ä. im Internet umzugehen. Das ist nicht zuletzt eine Frage der Medienkompetenz. Wenn die Suppe nicht schmeckt, ist nicht der Löffel schuld. Es gibt Rechtsextremismus und Kinderpornographie bekanntlich viel länger als das Internet. Gewiß, auch politische und unpolitische Gangster profitieren von der enormen Verdichtung der Kommunikation durch das Netz der Netze. Aber verbieten oder zensieren wir Bücher, weil »Mein Kampf« gedruckt wurde und auch heute noch Menschenverachtendes in vielen Büchern steht?

Der Münchner Philosoph Florian Rötzer schreibt, das Internet sei der einzig verbliebene gesellschaftliche Raum, in dem noch Dunkles, Extravagantes und Neues entdeckt werden könne. Vielleicht auch deshalb bewegen sich in der Bundesrepublik schon mehr als zwei Millionen Menschen mehr oder weniger regelmäßig im Internet. E-Mail, die elektronische Post, ist die Mutter des weltweiten Netzes, andere Dienste kamen hinzu wie der Chat oder die mittlerweile mehr als 20 000 Diskussionsforen (Newsgroups). Am attraktivsten finden die meisten das World Wide Web mit seiner Multimediaoberfläche.

Das Internet bringt Menschen aus aller Welt zusammen, die sich im wirklichen Leben nie begegnen würden. Hier kann man nicht über sein Aussehen eingestuft werden, nicht über Markenklamotten oder die Herkunft aus einem Stadtviertel. Viele nutzen das Internet natürlich nicht nur zur spannenden Abendbeschäftigung, sondern auch zur Darstellung der eigenen Person oder Firma – also zu Werbezwecken über die sogenannten Homepages. Ich habe mir 1995 aus diesen Gründen auch eine solche zugelegt.

Als ich stellvertretende Parteivorsitzende wurde, ging ich mit meiner Homepage ins Internet (http://yi.com/home/MarquardtAngela). Mein damaliger Mitarbeiter Nils Kaiser hatte mir den Vorschlag gemacht, und er brachte gleich die notwendigen Kenntnisse mit, die man braucht, um eine Homepage zu erstellen. So machten wir uns an die Arbeit. Eine kleine Vita, aktuelle Informationen, Termine und eine sogenannte Linkliste wurden in die Homepage eingefügt. Ein Link ist ein Querverweis zu einer anderen Seite im Netz. Klickt man mit der Maus auf einen solchen Link, steuert der WWW-Browser die entsprechende Seite an. So kann man auf seiner Homepage zahlreiche Verknüpfungen zu anderen Seiten anbieten, die man interessant oder wichtig findet. Meine Linkliste wurde je nach aktuellen Themen regelmäßig erneuert. Diese Liste sollte in den kommenden Monaten sehr bekannt werden. Denn in ihr war auch ein Link zu »radikal«.

Am 13. Juni 1995 ließ die Bundesanwaltschaft bundesweit mehr als fünfzig Objekte durchsuchen. Sie alle hatten angeblich mit der verbotenen Zeitschrift »radikal« zu tun, die als »kriminelle Vereinigung« bezeichnet wurde. Es waren nicht die ersten Polizeiaktionen gegen diese Zeitschrift. In der gut zwanzigjährigen Geschichte des Blattes wurde immer wieder versucht, es mittels Repression aus der Öffentlichkeit zu verdrängen. Bereits 1984 waren zwei damalige Redakteure, Michael Klöckner und Benny Härlin, verurteilt worden wegen angeblicher Unterstützung einer terroristischen Vereinigung. Damals beschloß die Redaktion, die Zeitung künftig im Untergrund herzustellen. Ein Teil der Redaktion äußerte sich dazu 1989 in einem Interview: »Es ging ja nie um Illegalität als Selbstzweck, sondern als Voraussetzung für freie Kommunikation.«

Die »radikal« war als ein Zeitungsprojekt des linken, außerparlamentarischen Teils der »neuen sozialen Bewegungen« entstanden. Entscheidendes Kriterium der Arbeit war es immer, das Blatt auch solchen Gruppen zu öffnen, die normalerweise keine Möglichkeiten haben, Beiträge in den bürgerlichen Medien zu publizieren. Es wurden auch Texte militanter Gruppen gedruckt. Nach der Durchsuchung im Juni 1995 schrieben VertreterInnen der Redaktion: »Wir machen und verteilen eine Zeitung. Eine Zeitung, in der jenseits von staatlicher Kontrolle und Selbstzensur (Schere im Kopf) unter anderem eine Auseinandersetzung über Straßenmilitanz und bewaffneten Kampf stattfindet.« Diese Offenheit war und ist es, die die »radikal« in der Diskussion um linke – und gerade radikal linke – Theorie und Praxis interessant macht für viele, die außerparlamentarisch arbeiten. Und genau diese Themen interessieren immer wieder auch staatliche Behörden.

Im Lauf der Jahre entstanden zahlreiche Solidaritätsgruppen für die »radikal«, auch in Berlin. Die Berliner Gruppe wandte sich nach Hausdurchsuchungen unter anderem an mich. Es sollte eine Sondernummer mit Texten aus der »radikal« herausgegeben werden. Dafür wurde ein HerausgeberInnenkreis gesucht. Ich erklärte mich bereit mitzumachen. Gerade meine Erfahrungen in und mit der DDR hatten mir gezeigt, wie wichtig freie Meinungsäußerung und Pressefreiheit sind. Es ging nicht um die Frage, ob ich alle in der »radikal« veröffentlichten Texte gut fand. Aber wie soll man sich auseinandersetzen mit anderen Positionen, wenn nach deren Veröffentlichung gleich der Staatsanwalt kommt. Zu den HerausgeberInnen gehörten ProfessorInnen, PolitikerInnen, JournalistInnen, GewerkschafterInnen und KünstlerInnen, wie z. B. Professor Peter Grottian (FU Berlin), Wolfram Kempe (Schriftsteller), Jürgen Kuttner (Moderator) und Uwe Rada (»taz«). Es gab eine gemeinsame Erklärung, die ich im folgenden kurz dokumentiere, weil sie eigentlich alles sagt über meine Motivation, die »radikal«-Sonderausgabe zu unterstützen:

Die Bundesanwaltschaft hat am 13. Juni 1995 mittels mehrerer Hundertschaften Polizei die Wohnungen und Räume von mehr als 50 Personen und Institutionen im gesamten Bundesgebiet durchsucht. Ziel der Razzia waren die unbekannten HerausgeberInnen der Zeitschrift »radikal«, deren weiteres Erscheinen verhindert werden soll.

Wir wehren uns gegen diese Form staatlicher Zensur per Polizei und Paragraphen. Unabhängig davon, ob wir den Inhalt der Zeitschrift gutheißen oder ablehnen, wenden wir uns entschieden gegen den – wiederholten – Versuch, eine mißliebige Publikation zum Schweigen zu bringen. Man muß die in der »radikal« vertretenen Inhalte nicht teilen, um ihr Recht auf Erscheinen jedoch zu bejahen. Die »radikal« ist aus der Geschichte der außerparlamentarischen Linken entstanden und ist immer auch ein Spiegelbild dieses Teils der neuen sozialen Bewegungen gewesen. Ihr Inhalt ist entsprechend heterogen; ausdrücklicher Bestandteil des Konzeptes ist es, Gruppen zu Wort kommen zu lassen, die nicht in bürgerlichen Medien repräsentiert werden. Die Auseinandersetzung mit publizierten Thesen – auch wenn sie diese Gesellschaft kriti-

sieren – darf und soll nicht mit staatlicher Repression geführt werden.

Der Versuch der Bundesanwaltschaft, die Redaktion einer Zeitschrift zu einer kriminellen Vereinigung zu erklären, ist der Versuch, das Recht auf Meinungsfreiheit auszuhöhlen.

Wir geben diese Dokumentation bereits veröffentlichter und nun verfolgter »radikal«-Beiträge heraus, um damit eine kritische Auseinandersetzung jenseits von Polizeirazzien und Anklageschriften zu fördern und gleichzeitig zu dokumentieren, wie in diesem Land mittels Staatsschutzes Politik betrieben wird.

Dieser Text inklusive einer eigenen Stellungnahme wurde in meine Homepage eingefügt, die ja auch dazu dienen soll, meine politische Aktivität darzustellen. Außerdem wurde meine Linkliste um einen Querverweis auf die Startseite des Angebots der »radikal« erweitert, die es inzwischen auch im Internet gab. Sie befand sich auf dem Server des holländischen Internet-Anbieters XS4ALL (access for all – Zugang für alle). Ich glaubte, daß jeder, den es interessiert, sich eine eigene Meinung über diese Zeitschrift bilden sollte. Was nützen die besten Erklärungen, wenn man den strittigen Gegenstand nicht kennt? Ich dachte mir nichts dabei, daß es den Link zu »radikal« gab, diente er doch nur der Veranschaulichung. Offenbar glaubten das auch die Besucher meiner Homepage, jedenfalls interessierte sich monatelang niemand für den Link nach Holland.

Bis sich eines Tages der ehemalige DDR-Bürgerrechtler Konrad Weiß langweilte und im Internet surfte. Dabei stieß er auch auf meine Seite. Flugs setzte er sich an seinen PC und schrieb für die »Welt« einen Artikel unter der hübschen Überschrift »Mit Marquardts Homepage in die Unterwelt«. Darin beklagte er meine angeblichen linksextremistischen Aktivitäten und behauptete, daß auf meiner Homepage Bombenbastelanleitungen abrufbar seien.

Schlagartig erfreute sich meine Homepage größter Popularität, leider auch bei der Justiz. Am 12. September 1996, ich befand mich gerade auf einer PDS-Jugendtour durch die alten Bundesländer, rief Nils mich an und berichtete, daß meine Homepage nicht mehr aufrufbar sei. Der Onlinedienst CompuServe, bei dem ich meine Homepage damals angelegt hatte, hatte die Seiten gesperrt. Alle Versuche, etwas über den Grund der Sperrung zu erfahren, schlugen fehl. Nils bemühte sich immer wieder, in der CompuServe-Zentrale einen Verantwortlichen ans Telefon zu bekommen. Aber tagelang ließ sich niemand auftreiben, der auskunftsfähig war. Erst am 24. September, meine Homepage war schon fast zwei Wochen nicht mehr erreichbar, sah ein CompuServe-Mitarbeiter sich genötigt, mir folgende Mail zu schicken:

(...) wie Ihnen bekannt ist, haben wir den Zugriff auf Ihre Homepage in OurWorld aufgrund eines Links auf den »radikal«-Server gesperrt. Wir sind der Meinung, daß dieser Link nicht den CompuServe-Mitglieds- und OurWorld-Bestimmungen entspricht.

Sollten Sie sich dazu entscheiden, den Link aus Ihrer Homepage zu entfernen, schalten wir Ihre Homepage gerne wieder frei.

Nachstehend erhalten Sie noch eine Erklärung des Geschäftsführers der CompuServe GmbH zu der Entscheidung.

Für weitere Fragen stehe ich Ihnen jederzeit gerne zur Verfügung.

Ausgangspunkt der Erklärung des damaligen CompuServe-Geschäftsführers Felix Somm war eine Mitteilung der Generalbundesanwaltschaft. Diese erklärte, daß es Ermittlungsverfahren gegen Unbekannt gebe, die »radikal« über das Internet verbreiteten. In vorauseilendem Gehorsam sperrte CompuServe daraufhin flugs meine Homepage. »CompuServe wird auch zukünftig dafür stehen, daß seine Inhalte von Qualität sind und entsprechend gemanagt werden«, schrieb Somm. »Wenn allerdings der Betreuer spezifisch darauf aufmerksam gemacht wird – sei es von einem Mitglied oder von anderer Seite –, daß hier Inhalte eindeutig im Konflikt mit den Grundregeln des Angebotes stehen, wird er diesen Inhalt anschauen und entscheiden, ob dieser Inhalt mit den CompuServe-Geschäftsvereinbarungen übereinstimmt.«

Die Homepage-Sperrung war schon deshalb sinnlos, weil ja weiterhin jeder, der es wollte, »radikal« im Internet aufrufen konnte. Und seit bekannt war, daß meine Homepage nicht mehr angesteuert werden konnte, boten mehrere Betreiber anderer Internet-Server sie aus Solidarität an. Yellow Internet (http://yi.com), ein Provider, also ein Internet-Diensteanbieter, in England, erklärte sich spontan bereit, meine Homepage mitsamt dem »radikal«-Link kostenfrei zu übernehmen. Dieses freundliche Angebot nahm ich gerne an. Das Internet begreift Zensur als Störfall und umgeht sie, wie es sich auch an meinem Fall zeigte. Auf einen englischen Server hat die deutsche Justiz keinen Zugriff.

Am 14. September schrieb ich an die Bundesanwaltschaft und bat um Auskunft, was man dort gegen meine Homepage einzuwenden habe. Am interessantesten an der Antwort war, was hinter »Betrifft:« stand: »Prüfung der Einleitung eines Ermittlungsverfahrens wegen der Unterstützung einer oder des Werbens für eine terroristische Vereinigung gegen ...« So erfuhr ich, daß gegen mich ermittelt wurde. Ich war überzeugt davon, daß diese Ermittlungen bald eingestellt würden. In Wahrheit ging es erst richtig los. Am 30. Oktober 1996 flatterte mir ein Brief der Staatsanwaltschaft 1 beim Landgericht Berlin ins Haus. Staatsanwalt von Hagen teilte mir darin mit, daß gegen mich ein Ermittlungsverfahren eingeleitet worden sei. »Ihnen wird zur Last gelegt, bislang unbekannt gebliebenen Personen bei der Anleitung zu Straftaten dadurch Hilfe geleistet zu haben, indem Sie Ihre beim Online-Dienst

COMPUSERVE-GmbH angemeldete Homepage (http://ourworld.compuserve.com/homepage/angela) zur Verbreitung von Auszügen aus der Zeitschrift ›radikal‹ Nr. 154 zur Verfügung gestellt haben und so dort u. a. der Beitrag ›Kleiner Leitfaden zur Behinderung von Bahntransporten aller Art‹ verbreitet werden konnte.«

Dem Antrag zur Eröffnung des Hauptverfahrens wurde stattgegeben, und so erhielt ich am 9. Dezember die Anklageschrift. Ich war ziemlich baff und mir keiner Schuld bewußt. Ich übergab meinem Anwalt Volker Ratzmann die Unterlagen. Schnell stellte sich heraus, daß sich die Berliner Staatsanwaltschaft auf juristisches Neuland begab. Ich wußte auch nicht, wie ich damit umgehen sollte. Aber bis zum ersten Prozeßtag am 6. Juni 1997 hatten wir ja noch Zeit.

Der Fall machte die Runde und erregte weltweit das Interesse von Internet-Providern, JuristInnen, JournalistInnen und natürlich der Computermagazine. Denn eines war klar, würde in Deutschland jemand verurteilt werden, weil er via Link auf eine andere Homepage verwies, deren Inhalt nicht von ihm erstellt worden war, hätte das Folgen für den gesamten Umgang mit dem Internet. Und wenn die Justiz oder die Bundesregierung versuchen würde, das Internet zu zensieren, wie sollte das funktionieren? Das Internet heißt ja nicht ohne Grund Internet. Meine Homepage stand natürlich weiter im Netz, und ich sah auch keinen Grund, den Link zu »radikal« zu entfernen.

Ich hatte mich längst von strafbaren Handlungen zur Durchsetzung politischer Ziele distanziert, und das nicht nur einmal. Seitdem ich mich politisch engagiere, wird mir aber immer wieder unterstellt, daß ich Gewalt als Mittel der politischen Auseinandersetzung für richtig und notwendig hielte. Ich habe das nie gesagt, sondern stets das Gegenteil erklärt. Und doch muß ich diese Unterstellung in regelmäßigen Abständen lesen, so etwa jedes Jahr in den Berichten des Verfassungsschutzes.

Gemeinsam mit meinem Anwalt bereitete ich mich auf den bevorstehenden Prozeß vor. Wobei er mehr zu tun hatte als ich. Juristisches Neuland mußte bearbeitet werden, und gewinnen wollten wir auch. Von Anfang an bestand ein großes öffentliches Interesse an den Vorwürfen, die mir gemacht wurden. Deshalb informierte meine Homepage über den jeweiligen Stand der Dinge. Neben den Verhandlungsterminen wurden dort Presseerklärungen veröffentlicht sowie positive und negative Stellungnahmen und auch die Anklageschrift. Noch bevor der erste Prozeßtag stattgefunden hatte, flatterte schon das nächste Verfahren ins Haus. Am 3. April 1997 erhielt ich eine Anklageschrift, in der mir vorgeworfen wurde, daß ich die Anklageschrift zum Linkprozeß veröffentlicht hätte, oder auf juristendeutsch: »die Anklageschrift und andere amtliche Schriftstücke eines Strafverfahrens ganz im Wortlaut öffentlich mitgeteilt zu haben, bevor sie in öffentlicher Verhandlung erörtert worden sind«. Ich konnte mich des Eindrucks nicht erwehren, daß ich mit Verfahren überschüttet werden sollte, um mich einzuschüchtern.

Die neue Anklageschrift behauptete unter anderem, es sei mir bewußt gewesen, daß ich besagte Dokumente nicht veröffentlichen dürfe. Mal abgesehen davon, daß ich es nicht wußte – aber Unwissenheit schützt bekanntlich nicht vor Strafe –, fand ich diese Anschuldigung völlig absurd. Jeder Hinz und Kunz durfte von mir behaupten, daß ich Bombenbastelanleitungen verbreitete und überhaupt eine ganz gefährliche Linksextremistin sei und deswegen vor Gericht stehen würde. Am 12. Juni 1996 hatte es sogar im Bundestag eine Kleine Anfrage der CDU/CSU zu meiner angeblichen Werbung für eine linksextremistische Zeitschrift gegeben. Alle sprachen darüber, aber ohne zu wissen, was ich dazu zu sagen hatte. Deshalb waren zu meiner Verteidigung die Fakten veröffentlicht worden, und das sollte nun auch wieder strafbar sein.

Es begann ein juristischer Kleinkrieg. Er fand seinen Höhepunkt am 3. Juni 1997, drei Tage vor Beginn des Linkprozesses.

Am frühen Morgen, so gegen 6 Uhr 45, klingelte und klopfte es an meiner Tür. Ich erschrak. Da wurde nämlich nicht normal geklopft, sondern gegen meine Tür gebullert. Ich fürchtete, daß irgend etwas Schlimmes passiert war, und taperte schlaftrunken zur Tür. Davor standen fünf Leute. Kaum hatte ich die Tür geöffnet, wurden mir Kripoausweise und ein Durchsuchungsbeschluß unter die Nase gehalten. Ich wurde darauf hingewiesen, daß die Damen und Herren eine Hausdurchsuchung bei mir durchführen würden. Ich traute meinen Ohren nicht. Ich versuchte die Tür wieder zu schließen und erklärte, daß ich erst mit meinem Anwalt sprechen wolle. Eine Polizistin stellte mit kräftigem Schritt ihren Fuß auf meine Schwelle und machte mir so klar, daß sie sofort hereinkommen würden. Dann könne ich gerne meinen Anwalt anrufen. Und schon waren sie drin.

Ein leider erfolgloser Anruf wurde mir gestattet, mehr durfte ich nicht, wie bei einer Verhaftung. Sie können sich vielleicht vorstellen, daß ich mir allmählich wie eine Schwerverbrecherin vorkam. Die Polizisten suchten den Computer mit Internet-Anschluß, an dem ich meine Homepage erstellt und ins Netz geladen hatte. Ich wies die Polizisten darauf hin, daß sie nur einen Durchsuchungsbeschluß für meine Räume hätten und sie somit kein Recht, das Zimmer meiner Mitbewohnerin zu durchsuchen. Gnädig begnügten sie sich damit, mit einem Blick in deren Zimmer festzustellen, daß dort kein PC stand. Bei mir stand auch kein PC mit Internet-Zugang. Zwei Wochen zuvor hatte ich mir von einem Freund einen alten Computer geliehen, um dieses Buch schreiben zu können. Auf der Festplatte war nichts, was der Staatsgewalt Freude hätte bringen können. Der eigens mitgebrachte Computerexperte fand unter dem Stichwort »radikal« lediglich eine gespeicherte alte E-Mail, die ich mal bekommen hatte: »Du alte Kommunistensau, verpiß Dich aus dem Internet.« Das half auch nicht so richtig weiter. Sie schauten noch in der Küche und im Bad nach, immer in der Hoffnung, neben Herd und Klo einen internetfähigen PC zu finden. Nach rund einer Stunde verließen sie erfolglos die Wohnung.

Ich war völlig durch den Wind und mußte erst einmal begreifen, was geschehen war. So was kannte ich nur aus dem Fernsehen und von Erzählungen. Glauben Sie mir, es ist etwas völlig anderes, eine Hausdurchsuchung selbst zu erleben. Die Sache hörte allmählich auf, spaßig zu sein. Ich hatte nie ernsthaft Angst vor den Prozessen, fühlte mich unschuldig und bei meinem Anwalt in guten Händen. Aber jetzt? Die Durchsuchungsaktion stand in keinem Verhältnis zu den Vorwürfen gegen mich, und ich steckte sie nicht so cool weg wie andere Angriffe. Selbst wenn eine Homepagedatei auf meiner Festplatte gefunden worden wäre, hätte dies nichts über ihren Autor ausgesagt und nichts über den PC, von dem aus sie ins Internet übertragen wurde. Es kann unbegrenzt viele Kopien von Computerdateien geben. Oder sind Sie verantwortlich für jede Datei, die auf der Festplatte Ihres PC gespeichert ist?

Vielleicht war die Staatsanwaltschaft nicht zufrieden mit ihren Beweismitteln gegen mich. Und außerdem sollte ich wohl kurz vor Prozeßbeginn eingeschüchtert werden. Der Durchsuchungsbeschluß stammte jedenfalls vom 14. April, er war am 15. Mai erneuert worden, wurde aber erst Anfang Juni vollstreckt. In der Zeit hätte ich leicht ein paar Bomben aus meiner Wohnung schaffen können. Jetzt erreichten die Angriffe mein Intimleben, und ich hatte sogar kurze Zeit mit meiner Verhaftung gerechnet.

Am 6. Juni war es soweit, der erste Prozeßtag. Der Verhandlungstermin war natürlich grottenfrüh angesetzt. Mit einem mulmigen Gefühl im Magen fuhr ich zu Nils. Wir hatten uns zum Frühstückskaffee verabredet. Er wußte, daß ich sonst nie frühstücke, und lud mich deswegen ein. Er wollte, daß ich an diesem Morgen nicht mit leerem Magen in die Verhandlung ging. Frühstück zu zweit schmeckt eben besser.

Ich war furchtbar aufgeregt. Ich stand zwar nicht das erste Mal vor einem Richter, aber dieser Prozeß war aufgrund der großen Öffentlichkeit doch etwas anderes für mich. Vor dem Gerichtsgebäude wartete schon ein Troß von JournalistInnen auf mich und wollte eine Stellungnahme von mir. Ich wollte aber nur in Ruhe gelassen werden. Obwohl ich die Presse sonst nicht scheue, in diesem Moment war sie mir lästig.

Es waren aber auch viele Freunde gekommen. Für mich war das in dieser Situation wichtig. Ich brauchte Unterstützung, auch wenn ich mir keiner Schuld bewußt war. Doch die Aufregung der letzten Tage hatte Spuren bei mir hinterlassen. Die Verhandlung war in einem sehr kleinen Saal anberaumt. So verzögerte sich der Anfang, weil man aufgrund des großen Andrangs erst nach einem neuen Saal suchen mußte. Schließlich landeten wir im Saal 700, in dem auch der Politbüroprozeß stattgefunden hatte. Der erste Verhandlungstag sollte nicht lange dauern. Nach der Aufnahme der Personalien und dem Verlesen der Anklageschrift darf laut Strafprozeßordnung die/der Angeklagte etwas sagen. Ich verlas meine Prozeßerklärung:

Zu den Vorwürfen in der Anklageschrift will ich mich wie folgt äußern: Richtig ist, daß ab Ende 1995 im Rahmen meiner Homepage ein Link geschaltet war, damit die Nutzerinnen und Nutzer meiner Homepage – wenn sie denn wollen – die Möglichkeit haben, zur 1. Informationsseite des Angebots »radikal« zu finden. Meine Motivation bestand darin, daß ich die immer wieder ausgeübte Zensur gegenüber der Zeitung nicht akzeptiere, abgesehen davon, daß ich mit einigen Inhalten auch nicht übereinstimme. Aber Auseinandersetzungen über Repression und staatliche Zensur führen zu wollen, halte ich prinzipiell für falsch. Gerade aus meinen Erfahrungen in der DDR erscheinen mir Presse-, Informations- und Meinungsfreiheit sehr wichtig. Aus diesen Gründen gilt mein politisches Engagement z. B. auch dieser Zeitschrift.

Ich möchte aber schon in diesem Zusammenhang darauf hinweisen, daß es für jeden Benutzer des Internet auch ohne diesen

Link keine Schwierigkeit bereitet, Zugang zum Angebot der »radikal« zu bekommen. Dies ist jederzeit über sogenannte Suchmaschinen im Internet möglich. Schon allein deswegen halte ich die Strafbarkeit eines Links für ausgeschlossen und würde dies auch nie vermuten. Zum Zeitpunkt, zu dem der Link geschaltet wurde, gab es die Ausgabe der »radikal« noch nicht, auf die sich die Anklageschrift bezieht. Ich hatte auch keine Kenntnis von dieser Ausgabe, und zwar während des gesamten Zeitraums der Anklage. Ich war auch gar nicht anwesend und habe vom Inhalt dieser Ausgabe erst über die Anklageschrift erfahren. Während des angeklagten Zeitraumes befand ich mich über mehrere Wochen auf einer Veranstaltungstour der Jungen GenossInnen in den alten Bundesländern.

Falsch ist auch die Behauptung in der Anklageschrift, wonach diese Ausgabe der »radikal« Gegenstand meiner Homepage ist. Ein Link ist nichts anderes als ein Hinweis. Sie müssen meine Homepage verlassen, um auf die Informationsseite des Angebots der »radikal« zu kommen. Danach befinden Sie sich bei dem holländischen Server XS4ALL und müßten dann auch erst diese Ausgabe suchen. Sie befinden sich dann also schon im niederländischen und nicht mehr im deutschen Internet.

Abgesehen davon, daß ich damals von der Ausgabe und ihrem Inhalt nichts wußte, geht es für mich aber auch um eine prinzipielle Frage. Denn Fakt ist, daß ich den Link danach nicht beseitigt habe. Und hier geht es mir um die Frage, ob ich als Teilnehmerin am Internet ausschließlich für meine Homepage hafte oder auch für alle Homepages, auf die ich mit Links verweise. Ich will hier die verschiedenen Ausgaben der »radikal« weder politisch noch juristisch bewerten. Meine Bewertung ist auf meiner Homepage nachzulesen. Ich möchte nur darauf hinweisen, daß es mehrere EinspeiserInnen ins Internet gibt, die mit Links auf meine Homepage verweisen. Die Frage ist ja nun, ob diese dann auch für die Homepages haften, auf die ich durch Link verweise. Die Kette wäre unendlich.

Ich vertrete die prinzipielle Auffassung, daß ich zivilrechtlich und strafrechtlich für den Inhalt meiner Homepage hafte, nicht aber für den Inhalt von Homepages, auf die ich per Link verweise. Wenn man eine andere Konstruktion rechtlich befürwortet, zerstört man praktisch das Internet. Denn sehr häufig erfolgt der Zugang zu anderen Homepages oder Informationen über Links. Und wenn jede Einspeiserin und jeder Einspeiser nicht nur für ihre bzw. seine Homepage haftet, sondern für den Inhalt jeder Homepage, auf die mit Link verwiesen wird, dann würde der jeweiligen Einspeiserin und dem jeweiligen Einspeiser eine permanente Kontrollpflicht auferlegt werden. Faktisch müßte ich ja ständig überprüfen, was Gegenstand der Homepages ist, auf die ich per Link verweise, da diese ständig verändert werden können. Ich würde damit zu einer Art ständigem Zensor anderer Homepages werden, auf die ich verweise. Und das gälte dann ja nicht nur für das Strafrecht, sondern auch für das Zivilrecht.

Wenn dann noch jene hinzukommen, die per Link auf eine Homepage verweisen, die wiederum einen Link enthält, dann wird die Kette faktisch unendlich. Denn in meinem Falle würde es ja bedeuten, daß ich da nicht nur für das hafte, was im Angebot der »radikal« eingespeist wird, sondern auch für jene Homepages, auf die per Link durch die »radikal« verwiesen wird. Und meine Kontrolle würde ja nicht nur deutsche, sondern auch ausländische AnbieterInnen betreffen, wobei zusätzlich klar ist, daß sowohl straf- als auch zivilrechtliche Anforderungen in anderen Ländern ganz anders aussehen können als in Deutschland.

Und deshalb bin und bleibe ich der prinzipiellen Auffassung, daß ich ausschließlich für den Inhalt meiner eigenen Homepage hafte. Ich bin auf jeden Fall nicht der Herausgeber jener Homepage, die Gegenstand der Anklage ist. Und wie gesagt, ich erspare es mir, von mir aus eine politische oder rechtliche Würdigung vorzunehmen. Sollte aber das Anliegen der Staatsanwaltschaft Erfolg haben, könnte sich eigentlich niemand mehr erlauben, einen Link zu schalten, weil er der damit auferlegten Kontrollpflicht nie nachkommen kann. Im Grunde genommen würde es bedeuten, daß sich Deutschland aus dem Internet verabschiedet. Und vor allem käme auch politisch eine Aufgabenstellung an Bürgerinnen und Bürger hinzu, die ich unerträglich fände. Ich finde nämlich nicht, daß man sämtliche Einspeiserinnen und Einspeiser ins Internet zu rechtlichen Zensoren anderer Homepages machen kann, auch dann nicht, wenn sie Links schalten. Ich bin gegen ein Volk von Kontrolleuren.

Und außerdem ist ja auch gar nicht zu unterscheiden, aus welcher Motivation ein Link geschaltet wird. Dies kann aus Gründen der Übereinstimmung sein, es kann ebenso sein, um auf Gefahren oder strafrechtlich relevante Verhaltensweisen hinzuweisen. Ich verweise nur darauf, daß es eine Homepage des Herrn Zündel gibt, eines bekannten Neonazis, der z. B. in strafrechtlich relevanter Weise den Holocaust an Juden während der nationalsozialistischen Herrschaft leugnet. Auf ihn verweisen aber nicht nur jene, die mit ihm übereinstimmen, sondern auch jene, die darauf aufmerksam machen wollen, daß solche neonazistischen Auffassungen nach wie vor in politisch relevantem Umfang vertreten werden. Eine Motivationsstrafrechtsprechung halte ich aber schlicht für unmöglich.

Um mich nicht mißzuverstehen, es geht mir hier nicht darum, etwa die »radikal« und Herrn Zündel auf eine Stufe zu stellen. Davon kann überhaupt keine Rede sein. Ich finde bestimmte Debatten in der Zeitschrift »radikal« auch wichtig.

Schließlich möchte ich noch darauf hinweisen, daß ich den Eindruck habe, daß der Staatsanwalt mich auch nur wegen meiner ihm bekannten politischen Haltung angeklagt hat. Denn es gibt zahllose Links, mit denen auf strafrechtlich relevante Homepages, insbesondere aus dem Neonazibereich, verwiesen wird. Nicht eine Anklage diesbezüglich gibt es in der Bundesrepublik Deutschland. Irgendwie hat der Staatsanwalt an mir einen Narren gefressen, es ist ja nicht sein erster

Versuch und wird wohl auch nicht der letzte sein. Und wie immer ist es auch so, daß er auf dem einen Auge meint, klar zu sehen, während er auf dem anderen eher blind wirkt.

Was die Staatsanwaltschaft hier versucht, ist ein aussichtsloser Kampf gegen das Internet und damit die Überbringerin von Nachrichten. Wenn Ihnen die Suppe nicht schmeckt, werden Sie ja wohl kaum den Löffel dafür bestrafen. Der Kampf gegen das Internet scheint mir untauglich als Mittel zum Kampf gegen Kriminalität, unabhängig davon, daß der Staatsanwalt und ich die »radikal« offenbar unterschiedlich bewerten.

Zum Schluß bleibt mir nur noch die Frage, wer eigentlich mehr Werbung für die Zeitschrift »radikal« gemacht hat. Die Staatsanwaltschaft oder ich?

Damit hatte ich meinen wesentlichen Beitrag zur Aufklärung geleistet. Das reichte aber nicht aus, und auch der erste Verhandlungstag sollte noch kein Licht ins dunkle bringen. Nach etwa einer Stunde zeigte sich nämlich, daß die Staatsanwaltschaft und die Richterin völlig überfordert waren. Die Staatsanwaltschaft gab zu, daß sie erst seit einigen Tagen über einen eigenen Internet-Anschluß verfüge und sich daher noch nicht damit auskenne. Mein Anwalt forderte, die Ermittler und sachverständige Zeugen anzuhören. Ohne Sachverständige könnte der Prozeß nicht durchgeführt werden, entschied die Richterin.

Zum erstenmal sollte ein Gericht darüber entscheiden, ob Links einen Straftatbestand darstellen können. Aber wie sollte es entscheiden, da es doch gar nicht wußte, was das Internet, geschweige denn ein Link ist? Ich hatte eigentlich erwartet, daß der Staatsanwalt wußte, was ein Link ist. Schließlich hatte er mich wegen eines Links angeklagt. Peinlich! Das Gericht vertagte sich ahnungslos.

Am 30. Juni trafen wir uns alle wieder. Da seit dem ersten Event mehr als zehn Tage vergangen waren, mußte das Verfahren neu eröffnet werden. Also wieder alles von vorne: Personalien, Anklageschrift und meine Prozeßerklärung – das kannten wir ja nun schon. Nach diesen Formalitäten zog andächtige Vorlesungsstimmung in den Gerichtssaal ein. Der geladene Sachverständige, Andy Müller-Maguhn vom Chaos Computer Club, erläuterte dem Gericht via Folien auf einem Overheadprojektor, was ein Link ist. Das dauerte eine Weile, weil Staatsanwalt und Richterin viele Nachfragen stellten, um ihre Wissenslücken zu füllen (ich bin natürlich froh, daß ich dazu beitragen durfte, die Kenntnisse unserer Justiz zu erweitern).

Am Ende dieser Einführung in das Internet und der Zeugenbefragung beantragte der offenbar keineswegs durch Wissen geläuterte Staatsanwalt 3000 Mark Geldstrafe. Mein Anwalt forderte Freispruch. Am Ende stand der Freispruch, wobei aber ungeklärt blieb, ob ein Link strafbar sein kann.

Ich wurde aus folgenden Gründen freigesprochen: Der Link war geschaltet worden, als es die inkriminierte Ausgabe der »radikal« im Internet noch nicht gab. Deshalb könne von Vorsatz nicht die Rede sein. Die bloße Weiterexistenz des Links sei keine Straftat, so die Richterin. Ich war sehr erleichtert. Am 1. Dezember 1997 wurde mir mitgeteilt, daß das Urteil rechtskräftig sei. Im März 1998 wurde ich auch von der Anklage, die Anklageschrift des Linkprozesses veröffentlicht zu haben, in der zweiten Instanz freigesprochen. Schließlich ließ sich nicht beweisen, daß ich dieses wunderbare Dokument ins Internet gestellt hatte.

Ich hatte von Prozessen für eine Weile die Nase voll. Sicher, sie waren wichtige Erfahrungen für mich. Sie halfen mir auch, mein Verhältnis zum Internet und zu den Neuen Medien genauer zu bestimmen. Aber das wäre ja auch auf weniger aufwendige Weise zu machen gewesen. Schwer fiel mir auch, mit der Kritik an meiner Prozeßführung umzugehen. Mein Anwalt und ich beriefen uns darauf, daß die Internet-Aktivität einzelner nicht in jedem Fall nachweisbar ist. Manche forderten von mir, die Heldin zu geben, alles auf meine Kappe zu nehmen und eine Verurteilung in Kauf zu nehmen. Das kann man natürlich gut fordern, wenn man nicht selbst auf der Anklagebank sitzt.

Die Prozesse gegen mich haben einmal mehr gezeigt, daß es technisch unmöglich ist, das Internet zu überwachen. Trotzdem versuchen konservative Kräfte immer wieder, eine staatliche Zensur durchzusetzen. Sonst, so die Begründung, seien Rechtsextremismus oder Kinderpornographie nicht zu bekämpfen. Die Provider sollen verantwortlich gemacht werden für die Inhalte aller Seiten, auf die sie den Zugriff ermöglichen. Aber daß Provider, die lediglich den technischen Zugang zum Netz ermöglichen, zig Millionen Seiten, Mailing-Listen, Mails und Diskussionsforen überwachen sollen, können nur Ahnungslose oder Böswillige fordern. Provider halten fremde Inhalte bereit im Gegensatz etwa zum Angebot von Online-Diensten wie AOL, CompuServe oder T-Online (die ihren Kunden darüber hinaus aber auch den Zugang zum Internet ermöglichen).

Die Staatsanwaltschaft in Bremen hat sich im Juni 1998 mit dem virtuellen Gästebuch eines Providers beschäftigt, in das sich jeder Surfer eintragen kann. In besagtem Gästebuch fanden sich eines Tages antisemitische Äußerungen. Der Provider löschte diese nun nicht, sondern distanzierte sich mit einem kurzen Kommentar. Wie ist ein solcher Fall zu bewerten? Für mich ist klar, daß gegen den Urheber der antisemitischen Äußerungen ermittelt werden muß. Aber es muß dem Gästebucheigentümer freigestellt sein, ob er diese Äußerungen stehenläßt oder löscht. Läßt er sie im Gästebuch, heißt das noch lange nicht, daß er mit der Hetze übereinstimmt. Möglicherweise wollte der Bremer Provider die Sache nicht durch Löschen unter den Tisch fallenlassen, sondern dokumentieren, daß die rechtsextreme Gefahr im Internet (wie überall woanders auch) präsent ist. Vielleicht wollte er es so ermöglichen, daß die Urheber der Hetze verfolgt werden.

Jeder und jede haftet für das, was er ins Netz stellt, aber nicht für die Inhalte, zu denen er einen Zugang ermöglicht oder auf die er per Link oder sonstwie verweist. Sonst könnten ja auch die PC- und Modemhersteller verantwortlich gemacht werden dafür, daß sie Menschen in die Lage versetzen, ins Internet zu gehen. So ein Quatsch, denken Sie jetzt vielleicht. Natürlich ist das Quatsch, aber darum geht es letztlich bei dem Versuch der Internet-Zensur.

Auch in meinem Fall ermittelte die Staatsanwaltschaft zuerst gegen meinen Provider, nicht gegen mich als Urheberin meiner Homepage. Der Provider wurde aufgefordert, Maßnahmen zu ergreifen, und prompt sperrte er meine Web-Site. Ich warte immer noch darauf, daß irgendein Staatsanwalt Mannesmann verklagt, weil mit D2-Handys ein Überfall durchgeführt wurde.

Durch staatliche Zensur soll den NutzerInnen vorgeschrieben werden, was gut ist für sie und was nicht. Statt Zensur ist aber Medienkompetenz gefragt. Sie muß von klein auf gelernt werden. Deshalb war die auf drei Jahre befristete Internet-Initiative von Wirtschaft und staatlichen Bildungsträgern, die im Herbst 1995 unter dem Namen »Schulen ans Netz« bekannt wurde, der richtige Weg. Weil es darum ging, daß SchülerInnen frühzeitig den Umgang mit dem weltweiten Netz lernen. Die SchülerInnen sollen nicht nur technisch mit dem neuen Medium umgehen, sondern auch Inhalte kritisch bewerten können. Aber das Ziel der Telekom, im Rahmen des Projekts über 10 000 Schulen ans Internet zu bringen, ist gescheitert, nicht einmal 2500 sind »dran«. Nach wie vor können sich keineswegs alle SchülerInnen gleichberechtigt mit dem Internet auseinandersetzen. Und selbst wenn die Telekom Erfolg gehabt hätte, so hätte dies nur bedeutet, pro Schule einen PC mit ISDN-Karte und T-Online-Zugang zur Verfügung zu stellen. Und das hätte nicht gereicht.

Und so bleibt es, wie es war. Entweder mensch hat zu Hause (Eltern, großer Bruder) oder in einem Club einen

Internet-Zugang, oder er hat keinen. Und er muß sich den verantwortungsbewußten Umgang selbst beibringen – oder eben nicht. Wenn der gleiche Eifer, den Zensurbefürworter an den Tag legen, in die Bildung von Medienkompetenz investiert würde, wäre die Lage besser. Aber es kostet ja nichts und bringt an den Stammtischen Punkte, wenn man öffentlich Kinderpornos im Internet anklagt. Schade, daß diese »Experten« nicht mit gleicher Vehemenz dafür kämpfen, den Sumpf zumindest teilweise trockenzulegen. Das klappt nämlich nur, wenn die heutigen und künftigen Internet-Nutzer es lernen, bewußt und verantwortungsvoll mit dem Medium umzugehen.

Düster schaut es auch aus, was die LehrerInnenbildung in diesen Fragen angeht. Darüber wird bestenfalls in Facharbeitskreisen in Behörden und Parteien diskutiert. Praktisch herausgekommen ist dabei noch nichts. Es gibt keine verbindlichen pädagogischen und didaktischen Konzepte. Versuche von Schulen und Eltern, schuleigene Netzwerke oder Computerkabinette aufzubauen, wurden von der Telekom ebenso torpediert wie Angebote anderer Internet-Provider, Schulen einen kostenlosen Zugang über die drei Jahre des Modellversuches hinaus zu gewähren. Die Telekom hatte eine Klausel durchgesetzt, wonach nur sie als Provider der Schulen auftreten durfte. Das Ergebnis ist entsprechend. In Sachsen sind zum Beispiel 159 Schulen am Netz, und knapp 30 Lehrer behaupten von sich, Schüler im Umgang mit neuen Medien unterrichten zu können. Wobei niemand so recht weiß, nach welchen Kriterien diese Kompetenz zu bewerten ist. Aber in der Bundesrepublik wird ja meist sowieso nur über mögliche Repressionen diskutiert.

Mit Zensur wird man auch die Neonaziszene im Internet nicht kaputtkriegen. Statt dessen muß der Rechtsextremismus gesellschaftlich und politisch geächtet werden, in- und außerhalb des Internet. Wenn die DDR eines gelehrt hat, dann doch, daß man über staatliche Verbote und Repression Probleme nicht lösen kann. Wenn ich etwas aus der Öffentlichkeit verbanne, ist es nicht verschwunden. Im Gegenteil, verbotene

Organisationen schließen sich um so enger zusammen und werden dadurch noch gefährlicher.

Viel mehr als Kinderpornographie und Rechtsextremismus reizt die Konservativen die Gefahr, daß sich außerhalb staatlicher Kontrolle Zusammenschlüsse im oder via Internet bilden, die die herrschenden Verhältnisse in Frage stellen. In der Tat, das Internet bietet optimale Möglichkeiten, politische Strategien und neue gesellschaftliche Perspektiven gemeinsam zu entwickeln. Die nächste Revolution beginnt virtuell.

Es gibt komische Vorurteile gegen das Internet als Kommunikationsraum. Immer wieder muß ich mir anhören, Internet-Nutzer seien Leute, die sich hinter ihrer Tastatur versteckten und im wirklichen Leben kein vernünftiges Wort herausbrächten. Im großen Netz seien nur Idioten unterwegs, wer hat solche Sprüche nicht schon mal gehört?

Ich habe diesbezüglich andere Erfahrungen gemacht. Bei einem Chat in irgendeinem Forum kamen die Beteiligten, also wir alle, auf einmal auf die Idee, daß wir uns offline treffen sollten. Gesagt, getan. Es kamen Leute zusammen, die neugierig waren und sonst nie an einem Kneipentisch zusammengekommen wären. Wir waren weder doof, noch konnten wir beim gemütlichen Bier nicht vernünftig miteinander reden. Es waren ganz unterschiedliche Leute: darunter ein Taxifahrer, ein Anwalt, ein Kinomitarbeiter, ich als Studentin – eine interessante bunte Mischung. Man kann also aus der Anonymität des Internet ausbrechen, wenn man es will. Das Bild des pickeligen, dicken, verwahrlosten Mittzwanzigers, der unfähig ist zu mündlicher Kommunikation, wird zwar gerne gemalt, stimmt aber mit meinen Erfahrungen im Netz nicht überein. Die neuen Medien können uns politisch und sozial bereichern, wenn wir sie nicht den Bevormundern und Konsumfetischisten überlassen. Aber das wird jedenfalls im Internet kaum geschehen, wie die Aktionen vieler NutzerInnen oder von Gruppen wie des Chaos Computer Clubs zeigen.

Aber mit der Kommerzialisierung des Internet werden seine Teilnehmer zunehmend in die Rolle von Empfängern gedrängt. Sie sollen die (Werbe-)Botschaften aufnehmen und Produkte kaufen. Wirkliche Partizipation wird so verhindert. Ich will aber, daß das Internet für alle zugänglich ist und allen nutzt. Deswegen setze ich mich dafür ein, daß das Internet und die anderen Medien vom Diktat des Markts befreit werden. Sie sind ja auch keineswegs als Waren entstanden, sondern weil sie ein gesellschaftliches Bedürfnis nach Information und Austausch befriedigten. Statt Geldmacherei fordere ich Mitbestimmung und repressionsfreie Kommunikation. Es wäre schön, wir könnten in den Medien mehr Demokratie wagen. Es darf nicht vom Geldbeutel der Menschen abhängen, ob sie an der weltweiten Kommunikation teilnehmen können. Firmen, die Hard- und Software fürs Internet herstellen, sollten billige und bedienungsfreundliche Technologien entwikkeln, die jedem den Zugang zum Internet ermöglichen. Und warum sind bei uns Ortsgespräche (eben auch zum Internet-Provider) nicht kostenlos wie in den USA?

Natürlich gibt es längst Ansätze einer offenen und gleichberechtigten weltweiten Kommunikation. Auch ich nehme daran teil. Aber es sind lediglich Nischen: ein paar WWW-Seiten, wenige Mailing-Listen, einige Diskussionsforen. Linke Organisationen diskutieren viel zu häufig in Nischen und damit an der Gesellschaft vorbei. Wer eine lebendige, spannende Gesellschaft haben will, muß die technischen und inhaltlichen Bedingungen für einen breiten Meinungsbildungsprozeß schaffen. Auch in der Marktwirtschaft kann man die Medien von den Marktbedingungen befreien. Es ist eine Aufgabe der Politik, dafür die entsprechenden Gesetze zu verabschieden.

Für Industrie und Handel ist das Internet das Medium der Zukunft. Es gibt nur ein Hindernis, das dem virtuellen Konsumrausch entgegensteht: Noch ist der Geldverkehr nicht sicher genug. Aber das ist nur eine Frage der Zeit. Dann kann man weltweit shoppen, was das Zeug hält. Und dann wird der ganz große Run aufs Internet einsetzen. Man kauft ein, wo es am günstigsten ist. Computer zum Beispiel sind in den USA billiger als bei uns. Warum den nächsten PC also nicht drüben kaufen? Wenn die Geldtransaktionen sicher sind, dann wird das Internet seine Unschuld verlieren. Eine Reihe von nützlichen Angeboten (Suchmaschinen, Archive, Bibliotheken) werden künftig nur noch gegen Geld und digitale Signatur zu haben sein. Auf der Strecke bleiben jene, die nicht wissen, wie man sich im Cyberspace bewegt. Und die anderen werden zunehmend zur Kasse gebeten. Es besteht die Gefahr, daß das Internet zum virtuellen Tummelfeld für Schnäppchenjäger und Computerfreaks verkommt. Natürlich, ein paar Nischen bleiben auch für andere, das Netz ist groß genug.

Aber wir können die Welt nicht aus Nischen heraus verändern. Meine Sichtweise der Realität entstand in einer Nische, aber wie soll ich meine Positionen überprüfen, wenn ich sie nicht verallgemeinern kann? Subversivität mag spannend sein, sie ist aber nicht unbedingt gesellschaftlich produktiv.

Bleibt am Ende die spannende Frage: Welche Bedingungen müssen herrschen, damit alle normalsterblichen BürgerInnen die Möglichkeit haben, gleichberechtigt an der Informationsgesellschaft teilzunehmen? Gewerkschaften, Teile der SPD, Grüne, PDS-Leute, aber allen voran die Internet-Freaks der ersten Stunde wollen das Netz der Netze als weitgehend regulierungsfreien virtuellen Raum bewahren. Das Wissenschaftsforum der SPD hat sich in dieser Richtung geäußert. Genauso die Initiative Medien und Demokratie (IMD) und der Zukunftsarbeitskreis der PDS Sachsen. Sonst wird allerorten viel spekuliert, wenig gedacht und noch weniger getan.

Meine zentrale politische Forderung heißt: Zugang für alle. Vorbild ist hier der kommerzielle Internet-Anbieter XS4ALL in den Niederlanden, der 1996 und 1997 Ziel etlicher Zensurattacken deutscher Strafverfolgungsbehörden war. Nur wenn alle einen kostenfreien Zugang zu E-Mail, Diskussionsgruppen und dem Word Wide Web haben, ist ein umfassender gesellschaftlicher Diskurs möglich. Dazu gehört auch die Ausstattung öffentlicher Räume (Rathaus, Schulen, Volkshochschulen, Bibliotheken) mit öffentlichen Terminals. So können auch die Hürden für jene MitbürgerInnen gesenkt werden, die dem Internet bislang skeptisch gegenüberstehen. Ein erster Schritt in dieser Richtung sind die Bürgernetze in Bayern.

Offener Zugang schließt Überwachung aus. Beruhigenderweise werden alle am Internet scheitern, die laut und populistisch nach Zensoren rufen. Denn selbst wenn Zensurbehörden eingerichtet würden, sie würden sofort ausgetrickst. Die dezentrale Struktur des Internet ist ein unüberwindliches Hindernis für alle Kontrolleure. Und das ist pure Absicht des Erfinders des Internet, des US-Militärs. Die Generale wollten nicht, daß ihnen jemand dazwischenfunken kann. War ein Server kaputt, dann klappte die Verbindung eben über andere. Da soll mal jemand sagen, daß Soldaten nur unnütz seien.

Ab in den Bundestag

Politik ist hart, intrigant, manchmal schmutzig, aber sie ist interessant und macht auch Spaß. Niederlagen bleiben nicht aus, und wenn die Linke in allen Fragen zerstritten wäre, sie könnte sich immer darauf einigen, daß ihre Existenz für eine Menge Frust gut ist. Aber wenn wir niedergeschlagen sind, sollten wir daran denken, daß alles, was wir tun, wertvoll ist. Ich versuche es dann immer mit dem Blick in die Vergangenheit. Ich interessiere mich für Geschichte, weil sie mir hilft, die Gegenwart zu verstehen. Wir müssen uns auch mit der Geschichte der Linken auseinandersetzen und ihre Erfahrungen auswerten. Wir dürfen aber nicht ihre Mythen übernehmen. Zum Beispiel nicht den Mythos der Achtundsechziger, daß nach ihnen nichts Besseres mehr auf die Beine gestellt werden könne. Klar, Ende der sechziger Jahre war was los, da gingen die Leute auf die Straße, um zu protestieren. Nichts war außerhalb der Kritik. Das bekommt man jedenfalls immer wieder zu hören, auch von ehemaligen Achtundsechzigern. Aber waren die Ausgangsbedingungen ihrer Revolte nicht viel besser als unsere? Waren die Adressaten ihrer Kritik nicht viel besser faßbar? Die Nazigeneration, die Professoren, unter deren Talaren der Muff von 1 000 Jahren war. Das schrie nach Veränderung. Außerdem kannten viele der damaligen Protagonisten keine sozialen Ängste. Viele von ihnen kamen aus gutbürgerlichen Elternhäusern. Akademikerarbeitslosigkeit war unbekannt.

Heute trauen sich viele nicht, sich politisch zu engagieren. Soziale Sicherheit macht Mut, Unsicherheit macht Angst. Viele müssen um ihre soziale Existenz kämpfen, da bleibt für andere Kämpfe oft keine Kraft. Ich habe schon viele gesehen, die sich aus der politischen Auseinandersetzung zurückzogen, um ihren Lebensunterhalt zu sichern.

Aber selbst wenn uns die rot-grüne Bundesregierung dankbar das Revoluzzerdasein bezahlen würde, wären die

Bedingungen für das politische Handeln heute komplizierter als 1968 und danach. Das gesellschaftliche Klima hat sich gewandelt. Der Individualismus, früher oft verpönt, wird heute gefeiert. Da entfalten sich aber keine Persönlichkeiten, sondern der nackte Egoismus. Vor allem die Werbewelt trommelt: Du bist großartig, wenn du dieses oder jenes Produkt besitzt. Dein Nachbar hat das, aber du kannst noch besser sein. Besinne dich auf dich selbst, sei schlauer als andere. Mach Karriere, und box andere weg. Was geht dich das Elend der anderen an? The winner takes it all.

Individualität wird heute meist als Gegeneinander verstanden. Soziale Gruppen feinden sich an: Sozialhilfeempfänger gegen Asylbewerber, Arbeitslose gegen Arbeitende, Ärzte gegen Patienten usw. Angeheizt durch Debatten über Leistungsmißbrauch werden Mißgunst, Anschwärzertum und Neid gefördert. Wenn man alle Rechte, die mißbraucht werden, abschaffen wollte, dann müßte man alle Rechte abschaffen. Sogar die Freitelefonate im Deutschen Bundestag.

Die verschiedenen Ausgegrenzten haben sich so gegeneinander abgeschottet, daß gemeinsames Handeln kaum denkbar ist. Arbeitslose gehen allein auf die Straße, genauso wie die Mitarbeiter von Krankenhäusern, die von Schließung bedroht sind. Und überhaupt sind die Leute ja selbst schuld. Hätten sie vernünftige Qualifikationen, müßten sie nicht um ihre Arbeitsplätze fürchten. Die Schulbildung ist so schlecht, daß viele Jugendliche keine Lehrstelle kriegen, sagen manche. Und dann fragt sich, wer hat die Schulen schlecht gemacht? Wer hat die Bildungsetats gekürzt, die Schulklassen vergrößert und Lehrer nicht eingestellt? Bestimmt nicht die SchülerInnen.

Gewiß, viele unserer Ideen werden aufgenommen. Besser gesagt, die Begriffe. »Innovation«, »Modernisierung« und »Flexibilität« wurden geradezu zu Markenzeichen der unsäglichen Standortdebatte. Schlag auf Schlag wurden soziale Rechte abgebaut, um Deutschland fit zu machen für den weltweiten Wettbewerb. Vieles wurde den Interessen der »global players« deutscher Herkunft geopfert.

Nicht zu vergessen, die Achtundsechziger genossen den zweifelhaften Vorteil der Illusion. Seit der reale Sozialismus an sich selbst zugrunde gegangen ist und der Kapitalismus fast schon weltweit gesiegt hat, hat es jeder Sozialismus schwerer, auch der demokratische. Die SPD, die ihren demokratischen Sozialismus immer in Abgrenzung zum Stalinismus verstanden hatte, sah sich trotzdem genötigt, den »Sozialismus« aus ihren programmatischen Dokumenten zu streichen. Und viel zu viele verstehen das Wort »Sozialismus« im PDS-Programm als nostalgische Rückwendung zur DDR.

Die Lage ist also frustrierend, hin und wieder so frustrierend, daß man die Klamotten hinschmeißen will. Und wenn man dann noch sieht, daß sich manche Genossen nicht nur zu ihrem Vorteil verändern, wenn sie in Funktionen gewählt werden, wird die Enttäuschung nur noch größer. Sie wuchs weiter, als ich unangenehme Ähnlichkeiten zu manchen Genossinnen und Genossen bei mir wahrnahm. Schon auf einer der ersten Vorstandssitzungen 1995, nachdem ich gerade Stellvertreterin geworden war, kam ein blödsinniger Satz aus meinem Mund. Damals wurde mir klar, daß ich dringend Veränderung benötigte. Um was ging es?

Wir diskutierten über die zukünftige Arbeitsweise des Parteivorstandes. Ein neues Vorstandsmitglied kritisierte verschiedene Punkte an der Arbeit des vorherigen Bundesvorstands. Ich erwiderte: »Das wirst du sowieso nicht ändern, das ist eben schon immer so.« Ich sagte es und wußte im selben Moment, was für einen Unsinn ich von mir gegeben hatte. Mit diesem Tag stand mein Entschluß fest, bei der in zwei Jahren anstehenden Vorstandswahl nicht mehr anzutreten. Ich war offenkundig schon viel zu lange in diesem Gremium.

Im Januar 1997, auf dem Schweriner Parteitag, setzte ich meinen Entschluß in die Tat um. Danach hatte ich viel Zeit, über die Politik, die PDS und meine Rolle in ihr nachzudenken. Als stellvertretende Parteivorsitzende fühlte ich mich oft hilflos Herausforderungen ausgeliefert. In der PDS machten mich manche zur Personifizierung der Erneuerung, zur Hoffnungsträgerin in harten Zeiten. Andere, die mich ablehnten, warfen mir vor, nichts in der Birne zu haben und Gregor Gysis Ziehkind zu sein. Manche unterstellten mir, mediengeil oder arrogant zu sein. Ich stand pausenlos unter Druck.

Ich glaube nicht, daß sich irgend jemand auch nur annähernd vorstellen kann, wie ich mich gefühlt habe, als ich aus einer Kleinstadt in eine Funktion katapultiert wurde, von der ich kurz zuvor noch nicht mal gewußt hatte, daß es sie gibt. Und das in einer Partei, die staatstragend und diktatorisch gewesen war. Manche haben mich auch deswegen zur stellvertretenden Parteivorsitzenden gewählt, weil Gregor Gysi mich vorgeschlagen hatte.

Mit der Wahl wurden Erwartungen in mich gesetzt. Aber welche? Ich glaube, ich habe es bis heute nicht ganz herausfinden können. Zumal ja verschiedene Strömungen unterschiedliche Erwartungen hatten. Sehr oft war ich unsicher, hilflos und vom Erwartungsdruck »erschlagen«. Gewiß, den habe ich mir oft genug auch eingeredet. Aber gingen Jugendliche auf Distanz zur Partei, war ich schuld, äußerte ich mich kritisch zur Geschichte der SED und der DDR, hatte ich keine Ahnung, arbeitete ich mit einer antifaschistischen Gruppe zusammen, wollte ich nur Gewalt auf den Straßen propagieren.

Gerade beim Thema Gewalt habe ich in der PDS immer wieder ein erstaunliches Phänomen beobachtet. Viele GenossInnen werden nicht müde zu betonen, daß man bürgerlichen Medien nicht trauen dürfe. Hielten dieselben GenossInnen mir aber meine Verfehlungen und Schlechtigkeiten vor (»Ich habe gehört, du findest Gewalt gut« oder »Auf deiner Homepage kann man Bombenbastelanleitungen lesen, das ist ja wohl ein Skandal« ...), stammten alle »Beweise« aus den Zeitungen, denen sie sonst nichts glauben wollten. Nur wenn ich die PDS im Fernsehen verteidigte, als nicht SED-belastete Junggenossin, war die Welt in Ordnung.

Es ist nicht leicht, sich zu emanzipieren, wenn man für die einen Gysis Ziehkind ist, für die anderen Hoffnungsträgerin und für wieder andere Anarchistin. Es ist mir im Parteivorstand auch nicht gelungen. Vor allem die inhaltliche Arbeit kam viel zu kurz. In meiner ersten Veranstaltung, die ich als stellvertretende Parteivorsitzende hatte, wiesen mich freundliche Genossen gleich darauf hin, daß ich nun auch den zukünftigen Sozialismus erklären können muß. Und wer erklärt ihn mir?

Getrieben von Terminen, Ereignissen und Fernsehauftritten habe ich nie die Zeit gefunden, stehenzubleiben und Luft zu holen. Ich entwickelte mich langsam, aber sicher zu der von der PDS mit den grünen Haaren. Darüber wurde ich definiert, nicht aber über politische Projekte. Zu dieser Entwicklung habe ich natürlich beigetragen. Deswegen zog ich 1997 die Notbremse. So konnte und wollte ich nicht weitermachen. Ich redete mir ein, das Studium könnte mir darüber hinweghelfen.

Hinzu kam noch etwas anderes: Im Vorfeld des Schweriner Parteitags hatten wir in der AG »Junge GenossInnen« Diskussionen über den Zustand der PDS. Es wurde über die Frage gestritten, ob die PDS sich an Regierungen beteiligen soll, wie es inzwischen ja in Mecklenburg-Vorpommern geschehen ist. In den ersten Jahren wurde in der PDS noch richtig diskutiert. Die Debatten waren zum Teil heftig und manchmal auch unschön, aber es wurde wenigstens über Inhalte, Wege und Strategien gerungen. Seit einiger Zeit aber gibt es oft Scheindebatten in der Partei. Bestes Beispiel dafür ist die abstrakte Auseinandersetzung über die Regierungsbeteiligung gewesen. Anfangs stritten wir über verschiedene Varianten, über Opponieren, Tolerieren oder Koalieren. Auf dem Parteitag in Schwerin dagegen ging es nur noch um Bekenntnisse. Da wurde vor dem Parteitag noch schnell eine »Erfurter Erklärung«

gebastelt, die die PDS als regierungsfähig erklärte. Und einer der mitunterzeichnenden Gewerkschafter, Bodo Ramelow von der Thüringer HBV, hielt eine donnernde Rede zur Einstimmung. Damit die GenossInnen auch merkten, daß wir jetzt regieren müßten. Es ging längst nicht mehr darum, herauszufinden, was die beste Position sei. Sondern wir sollten nur noch ja sagen. Ja zur Regierungsbeteiligung und ja zum Grundgesetz.

Zu oft sieht es so aus, als hätten unser Programm und unsere Konzepte nur noch eine legitimatorische Funktion. Zu oft wird in der PDS darüber debattiert, ob dieses oder jenes mit den Grünen und der SPD kompatibel sei, quasi in vorauseilendem Gehorsam. Ist das der neue Politikstil der PDS? Ist das richtig? Gewiß, wir sollten berechenbar sein. Aber für mich stellt sich gleich die Frage: für wen? In vielerlei Hinsicht sind wir schon viel zu berechenbar.

Dazu ein Beispiel. In Mecklenburg-Vorpommern hat sich die PDS quasi zum koalitionstreuen Fraktionszwang verpflichtet. Das werden die GenossInnen sicher eifrig bestreiten. Aber auf dem Landesparteitag am 31. Oktober 1998 in Parchim verglich der Parlamentarische Geschäftsführer der PDS im Schweriner Landtag, Arnold Schoenenburg, die Vereinbarung einer Koalition mit einer Ehe. Und er wies darauf hin, daß man darin auch nicht ständig seine eigenen Wege gehen könne. Offenbar ist für mecklenburg-vorpommersche PDS-Abgeordnete eine von der Regierung abweichende Meinung so was ähnliches wie Ehebruch. Diese streng katholische Position heißt, die GenossInnen Landtagsabgeordneten zum Fraktionszwang zu verdonnern. Für Harald Ringstorff sind wir berechenbar. Das haben wir nun geschafft.

Nur wünsche ich mir, daß wir uns unsere GesprächspartnerInnen mehr in der Gesellschaft suchen, bei Gewerkschaften, Vereinen und Bewegungen. Und wir dürfen über die Debatte nicht die Umsetzung vergessen. Roland Claus, inzwischen Parlamentarischer Geschäftsführer der PDS-Bundestagsfraktion, hat einmal gesagt: Solange das *Ob* nicht geklärt sei, könne man über das *Wie* nicht diskutieren. Das sehe ich anders. Man hätte sich über das *Wie* und das *Warum* streiten sollen, bevor die mecklenburg-vorpommersche PDS entschied, eine Koalition mit der SPD einzugehen. Hier hat sich einmal mehr ein Dilemma der PDS gezeigt, nämlich ihre Unfähigkeit, Vision und Wirklichkeit, Theorie und Praxis, systemüberwindende Strategie und Tagespolitik sinnvoll miteinander zu verbinden. Zu oft wird entschieden und erst dann über die Konsequenzen nachgedacht.

Sicher, die PDS hatte und hat wenig Zeit. Aber bevor die PDS sich darüber im klaren war, was Oppositionspolitik heißt, redeten fast alle nur noch über Regierungsbeteiligung. Alle Versuche, auch von jungen Leuten, grundsätzliche Diskussionen zu initiieren, endeten in der Befürwortung von rot-roten Koalitionen. Mal gab es fünf Punkte auf einem Parteitag, dann wieder zehn Thesen, und immer ging es nur um das eine: zu verhindern, daß Beschlüsse gegen eine Regierungsbeteiligung gefällt wurden.

Wir hätten uns aber wenigstens das *Wie* offenhalten müssen. Eine offene Debatte über alle denkbaren strategischen Möglichkeiten hätte die PDS wieder interessant gemacht, gerade für Jugendliche. Es wurde in der Partei immer wieder darauf hingewiesen, daß junge Leute nicht einfach nur eine tolle Kinder- und Jugendpolitik in der PDS erwarteten, sondern daß es um das Gesamtprofil als linke, emanzipatorische Partei gehe. Wer das nicht kapiert, wird bald feststellen müssen, daß selbst das beste Mitgliedergewinnungsprogramm das Aussterben der Partei nicht verhindert. Es gab in der PDS schon einmal mehr aktive junge Leute.

Es gab noch einen anderen Grund, warum ich eine Pause machen wollte. Viele PolitikerInnen der PDS beklagen sich ständig, daß sie für vieles keine Zeit haben. Nimmt man sich aber nicht Zeit für Freunde und zum Nachdenken, verliert man schnell die Bodenhaftung und den Blick über den Tellerrand, den die PDS dringender denn je braucht. Das habe ich an mir selbst erkannt. Ich hatte kaum mehr Gemeinsamkeiten mit Gleichaltrigen, was die Kommunikation schwierig machte, und war doch verantwortlich für Jugendpolitik. Ich kannte keine Menschen mehr, die nichts mit Politik zu tun hatten, war ständig unterwegs, und auch an der Uni ging es nicht voran. Ich las nicht einmal mehr Bücher, weil ich eingedeckt war mit Stapeln von Beschlußvorlagen für die Vorstandssitzungen. Ich wollte wieder normal werden, mit normalen Leuten zu tun haben und normale Dinge tun. Ich wollte nicht so werden wie jene, die ich heute noch kritisiere: die Politikfunktionäre, die nur noch ein Leben durch und für die Partei kennen. Ich verabschiedete mich auf dem Schweriner Parteitag aber mit den Worten: »Verfassungsschutz, das war's noch lange nicht. Ich komme wieder.«

Im Februar 1998, nach einem Jahr Politpause, kam ich wieder. Ich entschloß mich, für den Bundestag zu kandidieren. Sicher fragen Sie sich jetzt, ob die Pause lang genug war. Aber ich denke, es kommt nicht nur auf die Länge an, sondern auch darauf, wie eine Pause genutzt wird. Ich habe vieles nachgeholt und wieder angefangen zu lesen, habe Kinos besucht, neue Leute kennengelernt und mich bemüht, in der freien Wirtschaft Geld zu verdienen, um mein Studium zu finanzieren. Lauter Dinge, die man mit 26 oder 27 Jahren eben tut.

Eine völlige Abstinenz von der Politik war nicht möglich, allein schon wegen der Internet-Prozesse. Die Entzugserscheinungen wurden also nicht allzu stark. Aber es war ein komisches Gefühl, von heut auf morgen keine Funktion mehr zu haben. Niemand rief mehr an, um meine Meinung zu diesem oder jenem Punkt zu erfahren, es kamen keine Veranstaltungsanfragen mehr, und ins Karl-Liebknecht-Haus, den Sitz des Bundesvorstands, das immerhin sechs Jahre Tag für Tag mein Arbeitsplatz gewesen war, ging ich nur noch, wenn ich wollte.

Keine Termine mehr, die ich vor das Studium schieben konnte. Die Umstellung war schwer. Zunächst vermißte ich die Arbeit im Bundesvorstand, statt die neu gewonnene Freiheit zu genießen. Aber allmählich gelang es mir, mein Vorhaben umzusetzen, mal etwas anderes zu machen. Aber mit der Politik hatte ich nicht aufhören wollen.

Seit dem 27. September 1998 sitze ich nun im Bundestag. Warum habe ich kandidiert, stehe ich dem parlamentarischen System doch eher kritisch gegenüber? Und hatte ich nicht mal gesagt, ich würde nie Abgeordnete werden wollen? Ein Grund war, daß die anderen Parteien versuchten, uns loszuwerden. Deshalb wollte ich der PDS helfen, die Fünfprozentklausel zu überspringen. Außerdem glaube ich, daß ich die außerparlamentarischen Bewegungen unterstützen kann, wenn ich im Bundestag arbeite. Man hat als Bundestagsabgeordnete mehr Möglichkeiten, öffentlich zu wirken. Der außerparlamentarische Widerstand ist besonders wichtig, weil der rechte Mob die Straße erobern will. Antifaschistische Küchentische haben wir genug in der Bundesrepublik, wir brauchen aber Menschen, die Rassismus, Antisemitismus und Neonazis offensiv entgegentreten, auch auf der Straße.

Mein Weg in den Bundestag gestaltete sich allerdings als Hürdenlauf. Damit hatte ich nicht gerechnet. Bei der Aufstellung der KandidatInnenlisten für die Wahlen gab es in einigen PDS-Landesverbänden reichlich Ärger. Wir wollten wieder mit offenen Listen antreten, was aber auch bedeutete, daß linke Promis aus den alten Bundesländern auf Listen in Ostdeutschland kandidieren sollten. Dem nun beginnenden Kandidatenschacher verweigerten sich einige ostdeutsche Landesverbände mit der Begründung, sie hätten eigene profilierte Leute. Generell zeigte sich, daß die Landesverbände eigenständiger geworden waren und Vorgaben des Bundesvorstands keineswegs mehr so einfach akzeptierten wie noch vier Jahre zuvor. Nun war ich zwar keine Westlinke, aber lange Jahre im

Bundesvorstand in Berlin gewesen. Das sollte meine Kandidatur nicht gerade erleichtern, galt ich doch manchen immer noch als Gysis Ziehkind.

Ich wollte nicht irgendwo kandidieren, sondern dort, wo ich herkomme. Ich hatte in Greifswald in der Wendezeit meine politischen Überzeugungen gewonnen und meine ersten politischen Erfahrungen beim Aufbau eines Jugendzentrums gemacht. Ich zahlte meinen Parteibeitrag dort und hatte nie den Kontakt verloren. Genug Gründe, in »Meck-Pomm« anzutreten. Ich teilte meine Entscheidung Helmut Holter, dem PDS-Landesvorsitzenden mit, wollte die Sache aber noch abhängig machen von der Unterstützung meiner PDS-GenossInnen in Greifswald. Also fuhr ich nach Greifswald, um dort mit alten Freunden und GenossInnen über mein Vorhaben zu diskutieren. Sie waren für mich immer kritische BegleiterInnen, und ihre Meinung zu meiner Kandidatur war mir wichtig. Nach einigen Gesprächen waren alle der Auffassung, daß ich mich um einen vorderen Listenplatz bewerben solle.

Wir ahnten noch nicht, was mit diesem Entschluß ausgelöst werden würde. Nachdem ich meine Kandidatur offiziell angemeldet hatte, gaben VertreterInnen des Landesvorstands zu verstehen, daß sie meine Kandidatur in Mecklenburg-Vorpommern nicht wollten. Offizieller Grund war, daß ich von außerhalb sei und der Vorstand keine Kandidaturen mehr von Berlin aufgedrückt bekommen wolle. Man muß dazu wissen, daß der Landesverband in der vergangenen Legislaturperiode keine eigenen KandidatInnen im Bundestag hatte. Und die GenossInnen, die für »Meck-Pomm« in Bonn saßen, hatten sich kaum um die Landespolitik gekümmert. Insofern verstand ich, daß der Vorstand nun KandidatInnen aus dem eigenen Bundesland vorzog.

Aber mich hatte nicht der Parteivorstand geschickt, sondern ich hatte mir diesen Landesverband selbst ausgesucht. Wenn es nach Gregor Gysi gegangen wäre, hätte ich woanders kandidiert. Eine Kandidatur in Mecklenburg-Vorpommern erschien mir als eine runde und klare Sache. Ich kam nicht aus Berlin, sondern aus Greifswald.

Ich bestand auf meiner Kandidatur, und der Widerstand wuchs. Vor dem Nominierungsparteitag zog ich durch das Land, um mich und meine Beweggründe vorzustellen. Im Lauf der Auseinandersetzungen erfuhr ich allmählich die wahren Hintergründe des Widerstands gegen mich. Offen genannt hat sie mir gegenüber aber keiner. Auf den Mitgliederversammlungen, an denen ich teilnahm, sprach man mir im Gegenteil Mut zu.

Hinter den Kulissen war aber zu hören, daß ich nicht in den Landesverband gehörte und WählerInnen verschrecken könnte. Mindestens ein Prozent würde die PDS im Land verlieren, wenn sie mich nominierte. Vor allem meine Ablehnung einer Regierungsbeteiligung in Schwerin behagte vielen GenossInnen ganz und gar nicht. Wollte man doch nach den gleichzeitig mit den Bundestagswahlen stattfindenden Landtagswahlen endlich zum Juniorpartner der SPD in der Landesregierung werden. Hinzu kam noch etwas besonders Delikates. Einige Genossinnen im Landesvorstand wollten Sabine Jünger, ehemals jüngste PDS-Landtagsabgeordnete in Schwerin, nach Bonn abschieben. Auch sie war und ist keine Anhängerin von Helmut Holters Schmusekurs gegenüber der SPD. Ich gefährdete dieses Vorhaben, denn wenn ich sie auf dem Landesparteitag von einem Listenspitzenplatz verdrängt hätte, wäre sie wohl wieder in den Landtag eingezogen.

Kurzum, ich war manchen zu kritisch und zu »radikal«. »Querdenker sind gut für das Bild nach außen, intern ebnen wir sie ein«, sang schon Herbert Grönemeyer. Wie recht er doch hat. Nur daß ich in all den Jahren den Befürchtungen mancher GenossInnen Nahrung gab, daß ich mich auch intern nicht anpassen würde.

Glücklicherweise dachten viele GenossInnen anders als die Strategen im Landesvorstand, vor allem in Rostock, Bad Doberan und natürlich in Greifswald. Sie unterstützten mich und gaben mir den Mut, nicht auf halber Strecke aufzugeben. Mit gemischten Gefühlen fuhr ich auf den Nominierungsparteitag in Kühlungsborn am 16. und 17. Mai 1998. Noch nie war ich vor einer Rede so aufgeregt gewesen wie bei meinem Auftritt dort. Ich mußte gegen Scheinargumente kämpfen, weil niemand die wahren Gründe nannte, warum viele mich ablehnten.

Ich wurde auf dem Parteitag auf den dritten Listenplatz gewählt und sitze nun im Bundestag (meine erste Rede dort steht im Anhang). Und nun hoffe ich wieder, nicht so zu werden wie jene, die ich heute immer noch kritisiere. Ich habe Freunde, die mich auf diesem Weg begleiten wollen und denen ich hoffentlich nicht weglaufen werde. Bonn ist und bleibt eine andere Welt, aber wir kommen ja alle bald nach Berlin.

Ich habe Gerhard Schröder am 27. Oktober 1998 nicht zum Bundeskanzler gewählt, weil politische Veränderungen für mich nicht nur mit einem neuen Gesicht beginnen. Mit ihrem Bekenntnis zur »Neuen Mitte« ist die SPD nach rechts gerückt. Sie braucht dringend den Druck von links, und dieser darf nicht nur in den Parlamenten entwickelt werden. Das ist mein »Programm« für die nächsten vier Jahre. Dazu gehört besonders, auf der Straße gegen alte und neue Nazis zu kämpfen. Es geht nicht um ein paar Steuermark, sondern um grundsätzliche Alternativen zum Kapitalismus. Und es geht um die Zusammenarbeit parlamentarischer und außerparlamentarischer Initiativen.

Vielleicht sagen jetzt einige LeserInnen: »Wie naiv die Kleine doch ist, auch sie wird bald aufgesogen durch den Parlamentarismus. Sie wird sich einrichten und bald nicht mehr an die Basis kommen. Ihre Radikalität wird der Realität zum Opfer fallen.« Ja, das kann passieren. Aber ich bin angetreten, um mir das Gegenteil zu beweisen.

Zum Schluß

Sicher sind in diesem Buch in Ihren Augen einige Fragen unbeantwortet geblieben oder nicht ausführlich genug erörtert worden. Es war für mich nicht einfach, die letzten Jahre zu rekapitulieren. Es wäre leichter gewesen, wenn ich Tagebuch geführt hätte. Nach der Arbeit an diesem Buch weiß ich mehr als vorher – was vergißt und verdrängt man nicht alles! Ich hatte Angst vor diesem Buchprojekt, und doch habe ich gemerkt, wie wichtig es ist, einmal stehenzubleiben, nachzudenken und zurückzuschauen. Ich bin schon wieder auf einem neuen Weg, ohne den letzten ganz aufgearbeitet zu haben. Heute weiß ich, es ist falsch, sich zeitlos treiben zu lassen, wie es die meisten von uns tun, so auch ich.

Abstand zum eigenen Handeln findet man nur, wenn man sich die Zeit zum Nachdenken nimmt. Ich habe mit diesem Buch damit angefangen.

REDEN

Guten Appetit

Es wird viel geredet im sogenannten Superwahljahr, und es wird über vieles diskutiert. Eine Seite des Wohlbefindens unseres Wahlvolkes aber wird dabei leider immer wieder vergessen: das Essen. Dabei muß der Wert von Essen in Restaurants gerade 1994 besonders hervorgehoben werden, da Speiselokale nun mal eindeutig Wahllokalen vorzuziehen sind.

Es tut jetzt nichts zur Sache, ob wir vom Essen in Pizzerien, Würstchenbuden, Steakhäusern oder China-Restaurants sprechen. In jedem dieser Etablissements kann man wählen gehen – und das, so oft man will – und nicht wie bei den Wahlen nur alle vier Jahre. Und, liebe Freundinnen und Freunde, seid mal ehrlich. Hat nicht sogar die Billigvariante McDonald's immer noch mehr Flair als eine enge Wahlkabine in einem sterilen Grundschulgebäude?

Aber lassen wir die Ästhetik beiseite. Schließlich geht es um Politik, und da kommt es nicht auf Schönheit an, wie unser Bundeskanzler seit über einem Jahrzehnt vorbildlich demonstriert. Es gilt festzuhalten: Restaurants sind nicht nur wegen des frei und individuell wählbaren Wahltermins demokratischer als Parlamentswahlen, sondern auch deshalb, weil sie eine viel größere Auswahl bieten. Von einer Speisekarte zu wählen, heißt, sich zwischen Fisch und Fleisch, zwischen Torte und Pudding, zwischen Cognac und Capuccino entscheiden zu können. Und selbst die Wahl zwischen einem Hamburger, einem Cheeseburger und einem Big Mac ist demokratischer und vor allem appetitlicher als die Wahl auf dem Stimmzettel zwischen CDU, SPD, FDP und Grünen.

Es mag vielleicht nicht alles schmecken, was einem im Restaurant aufgetischt wird, doch das meiste dürfte wenigstens bekömmlich und halbwegs nahrhaft sein. Vom bundesdeutschen Parteienspektrum kann man das nicht gerade behaupten. Da kann schon mal ein Brocken im Halse steckenbleiben.

Nun fragt Ihr sicher, Genossinnen und Genossen, Freundinnen und Freunde: Wo bleibt das Positive? Wo bleibt die PDS? Zu Recht.

Zweifellos ist die PDS das Filetstück zwischen den faden Koteletts, gewissermaßen der Doppel-Big-Mac zwischen den Hamburgern. Oder für den Ostdeutschen: das Eberswalder Würstchen zwischen Mortadella und Kraftfleisch. Dennoch ist es mit dem richtigen Kreuzchen nicht getan. Denn während im Restaurant meist genau das Richtige aufgetischt wird, ist man bei Parlamentswahlen auf den Geschmack vieler Millionen Mitesser angewiesen. So liegen trotz guter eigener Wahl schließlich und endlich doch wieder matschige, kalte Pommes in brauner Jägersoße auf dem Teller. Jedoch, und das ist unbestritten, gehören natürlich ein Salz- und ein Pfefferstreuer auf den Tisch, sei es, um ein Gericht genießbar zu machen, sei es, um den anderen kräftig die Suppe zu versalzen. Dafür muß man natürlich auch gelegentlich einer Urne ein wenig Aufmerksamkeit leihen, obwohl eine Kerze auf weißem Tischtuch wesentlich ansprechender ist.

Doch lassen wir uns nicht täuschen! Salz und Pfeffer allein sind noch kein Menü.

Während man aus einem Restaurant in der Regel satt und zufrieden hinausgeht, bleibt nach einer Parlamentswahl ein bedrückendes Hungergefühl bestehen und ein großes Loch im Magen. Und das ist mit einem Kreuzchen allein nicht zu füllen, und auch nicht mit zweien oder dreien.

Genossinnen und Genossen, Freundinnen und Freunde, wenn wir also feststellen mußten, daß Parlamentswahlen für Feinschmecker weniger geeignet sind als Restaurantbesuche, stellt sich nunmehr die Frage, weshalb so viele PDSler lieber einen Abend in der Basisorganisation verbringen, statt sich einer knusprigen Lasagne bei Gino hinzugeben, weshalb so viele lieber Tage und Nächte an Wahlprogrammen feilen, statt sich von geübten Chefköchen im Lokal um die Ecke mal so richtig verwöhnen zu lassen. Gerade in einer Zeit, in der die PDS der Lokalpolitik verstärkte Aufmerksamkeit widmet, müssen die GenossInnen vor Ort tätig werden. Wo ein Lokal ist, da ist auch ein Genosse! Wo ein Genosse ist, da ist auch die Partei!

Leider greift die allgemeine Lokalverdrossenheit auch in der PDS um sich. Mit Nostalgie ist das nicht zu erklären, auch nicht mit Abscheu der PDS-Mitglieder gegenüber mit Westmöbeln eingerichteten Restaurants. Denn wenn sich auch vieles verändert hat seit der Zeit, die heute gerne »damals« genannt wird – eines ist geblieben: Selbst bescheidene HO-Gaststätten, in denen man den Platz zugewiesen bekam, boten mehr Demokratie und Selbstbestimmung, als Volkskammerwahlen je hervorbrachten.

Wir können also am Ende meines kleinen Beitrages ein Ergebnis festhalten, das vor allem die Meinungsforscher interessieren dürfte: Wer sich heute fragt, wo das geliebte Volk am Wahlsonntag steckt, wenn die Wahllokale nur mehr gähnende Leere bieten, der soll doch einmal in Restaurants, in die Speisegaststätten und Imbißbuden schauen. Vielleicht geht das Volk lieber essen und dabei richtig wählen. Erst kommt das Fressen, und dann kommt das Kompott, wie schon der Prophet Campari feststellte.

Nun muß ich noch ein kleines Sätzchen anfügen, um beliebten Mißverständnissen vorzubeugen. Dies soll – so kann ich euch beruhigen – in keiner Weise ein Aufruf sein, den Wahlen fernzubleiben. Es ist nur, das jedoch mit allem Nachdruck, ein Appell, die Restaurants nicht zu vergessen.

Vom Gaststättenwesen lernen heißt Demokratie lernen! In diesem Sinne: guten Appetit!

Berlin, 16. Februar 1994 (Aschermittwoch)

Das Unrecht der DDR darf nicht relativiert werden

Ich bin in dieser Bundesrepublik angekommen. Und habe vergessen, wo ich herkomme. Das bekomme ich häufig zu hören, wenn ich meine Ansprüche an PDS-Politik formuliere, die für mich nun mal mit einer radikalen und zugleich differenzierten Debatte um unsere Geschichte verbunden ist. Weil ich weiß, wo ich herkomme, ist mir eine ehrliche Auseinandersetzung mit unserer »Heimat DDR« so wichtig. Ich gehöre der PDS an, und damit bin auch ich, ob mir das nun paßt oder nicht, die Erbin einer Partei, die den Anspruch erhob, einen sozialistischen und damit besseren Staat aufzubauen. Sich heute zum Ziel einer sozialistischen Alternative zu bekennen, ist schwieriger geworden, weil immer gleich auf die Erfahrungen aus vierzig Jahren DDR verwiesen wird. Zu Recht, denn nichts wird an den guten Vorsätzen gemessen, sondern ausschließlich an seinen Ergebnissen. Deshalb muß sich eine Partei des demokratischen Sozialismus, will sie politisch glaubwürdig und bündnisfähig sein, mit den elementaren Fehlern, dem Versagen und den Verbrechen im Namen des Sozialismus auseinandersetzen. Unerläßlich ist ein radikaler Bruch mit stalinistischen Verhaltensweisen und Politikansätzen.

Die Systemkritik an der BRD ist unglaubwürdig ohne eine tiefgehende Kritik am System in der DDR. Die Kritik der heutigen Demokratieverhältnisse ist nicht glaubhaft ohne Kritik am Demokratiemodell der DDR, das diesen Namen nicht verdient hat. Unrecht der DDR darf nicht mit dem Verweis auf neues Unrecht relativiert werden.

Grundlage meines Handelns ist die ehrliche Absage an den DDR-Sozialismus in all seinen negativen Erscheinungsformen. Wir haben nichts verloren, außer unseren Ketten und einem Sozialismus, der diesen Namen diskreditiert hat.

Heute werden Linke vor dem Hintergrund des Zusammenbruchs des sozialistischen Lagers als Verlierer der Geschichte gesehen. Und das nehmen wir oftmals auch noch an! Nach selbstbewußten kritischen Menschen muß man lange suchen. Aber das müssen wir sein, wenn wir endlich agieren und nicht nur reagieren wollen. Und gerade dieses Selbstbewußtsein kann für mich auch dann wieder entstehen, wenn ich mich unter anderem offen und ehrlich mit meiner Vergangenheit auseinandersetze.

Vielleicht lehnen sich jetzt viele zurück und denken: Was will das junge Gemüse jetzt eigentlich? Wir diskutieren doch seit fünf Jahren über uns und unsere Herkunft. Reicht das immer noch nicht? Können wir uns nicht endlich den wichtigen Dingen des Lebens zuwenden, dem Regieren und neuer Verantwortung? Tatsächlich gab's zur Geschichte der SED und der DDR schon viele Konferenzen und mehrere Parteitage. Aber Quantität sagt noch lange nichts über die Qualität. Das Thema kommt immer dann aufs Tapet, wenn entweder der Druck von außen besonders groß oder eine Genossin, ein Genosse mal wieder ins Fettnäpfchen getreten ist.

Zudem habe ich noch viele Fragen, die mir Historiker und Wissenschaftler gar nicht beantworten können. Denn im Vordergrund der Auseinandersetzung mit Geschichte muß aus meiner Sicht die Verantwortung des einzelnen stehen. Wo liegen meine ganz persönliche Schuld, mein eigenes Versagen, aber auch meine Erfolge? Welche Fehler waren systembedingt und welche individuell? Warum habe ich geschwiegen und einfach mitgemacht, während ich heute offen Widerstand leiste? Wieso bin ich damals nicht gegen das Unrecht laut und hörbar vorgegangen, aber heute? War dies damals schwerer?

Meine Probleme habe ich auch mit der aktuellen Stalinismus-Debatte innerhalb der PDS. Positionen, die ich längst überwunden glaubte, tauchen plötzlich wieder auf. Bisky und Gysi bekennen sich zu Emanzipation und Demokratie, wollen aber in dieser Frage mit meiner Meinung nach antiemanzipatorischen Mitteln eine – in der Sache allerdings überfällige – Entscheidung gegen Wagenknecht erzwingen. Wagenknecht und andere Mitglieder der Kommunistischen Plattform wiederum verstecken hinter dem Wort Pluralismus eine Verherrlichung von Stalinismus, Nostalgie, Verklärung. Beides finde ich ausgesprochen nervig, weil so die eigentliche Debatte erschwert wird.

Wie immer ist auch Psychologie im Spiel. Denn die Vergangenheit wird ja auch deshalb verklärt, um sich nicht als Verlierer und Versager fühlen und das gesamte eigene Leben in Frage stellen zu müssen. Aber egal, ob sie ihre Vergangenheit nun verklären oder damit offensiv umgehen, fühlen sie sich als Versager. Was ich aber will, ist der offensive Umgang mit der persönlichen Geschichte, ohne sich dabei ständig als Verlierer zu betrachten.

Der Mensch kann nur dann die Kraft zum dringend notwendigen Widerstand aufbringen, wenn er sich eben nicht als Verlierer und Opfer der Einheit definiert. Junge Leute brauchen selbstbewußte Begleiter, um Widerstand gegen das System zu leisten, und keine, die ihnen ständig erzählen, wie schön es früher war. Auch wenn das nicht immer uninteressant ist – diese alten Geschichten allein reichen nicht, um mich zu unterstützen bei meiner Suche nach sozialistischen Alternativen. Denn ich lebe jetzt und heute und in dieser BRD. Sie will mich nicht, und ich will sie auch nicht. So haben wir doch beide eine produktive Grundlage für unsere Politik!

Wenn all das bedeutet, daß ich in der Bundesrepublik angekommen bin, will ich immer wieder ankommen.

21./22. Januar 1995, »Neues Deutschland«

Die CDU hat das Prinzip Kohl verinnerlicht

Hannelore Kohl steht vor einem McDonald's-Stand. In der Hand hält sie eine Frittentüte. Frau Kohl gibt sich genervt. Nicht mal die frittierten Kartoffelstäbchen kann sie ungestört essen. Soll sie auch nicht. Schließlich präsentiert nicht Krombacher oder Shell den CDU-Parteitag, sondern eben jene Fastfood-Kette mit dem Big Mac als Identifikationsobjekt. Diese Symbiose von selbsternannter Volkspartei und Appetitverwaltungsanstalt wirkt, hintergründig betrachtet, nicht nur werberisch. Ist die CDU insgeheim Vorbotin einer neuen Parteikultur in der Bundesrepublik? Schließen sich hier die Tiefflieger in Sachen Geschmack und Geist zusammen? Will die CDU, wie es beim Fast food bereits Brauch ist, mit kurzweiligen Begleitangeboten KundInnen (statt WählerInnen) werben für ein Produkt, das da heißt: Helmut Kohl und Konsorten? Wollen die ChristdemokratInnen so der zumindest herbeigeredeten Krise großer Parteien begegnen?

Auf dem Bundesparteitag der CDU in Karlsruhe wurde dieser Tage versucht, die Partei neu in der Mitte des Volkes zu verorten. Die Begründung für das modernistische Gehabe: Heutige Aufgaben seien so komplex, daß sie nur in einem breiten gesellschaftlichen Bündnis anzupacken sind. So weit, so gut. Auf dem Parteitag wird aber auch an einem Bild gezimmert, das schreit: Nur die CDU kann als Kopf und treibender Part ein solches Bündnis betreiben.

Der Mann, der die Beschwörung eines derartigen Konsenses überhaupt möglich macht, heißt Helmut Kohl. Nur durch die schwerfällig-selbstgefällige Art, durch den unverdeckten Macht- und Führungsanspruch dieses Mannes in seiner Partei und der Bundesregierung lassen sich derartige Floskeln erst verbreiten. Die CDU hat das Prinzip Kohl verinnerlicht und zum Ziel von Politik an sich erhoben. Dies kulminiert deutlich in der offenen Forderung vieler UnionistInnen, der Kanzler solle doch bitte 1998 erneut für die Partei in den Wahlkampf gehen. Trotz und entgegen seiner Ankündigung. Dahinter verbirgt sich nicht nur die Sorge, daß Menschen wie Rüttgers oder Schäuble die Partei nicht wieder in die Regierung bringen könnten. Dahinter steckt vor allem der Glaube, daß ein quasi monarchistisch Regierender die Probleme der Menschen tatsächlich lösen könnte.

Jede(r), die/der sich gegen diese vermeintliche Überzeugung stellt, riskiert die Ungnade des Big Boß. Heiner Geißler bekam dies vor dem Parteitag wieder einmal zu spüren, als er die CDU vor einem Führerkult warnte und die Frage stellte, was nach Kohl komme.

So wie Kohl Ungnade für seine KritikerInnen parat hat, so kann er großzügig gegenüber seinen Getreuen sein. Jürgen Rüttgers, ohnehin Kanzlervertrauter und seit 1994 der neue Superminister in Bonn, durfte die Parteitagsdelegierten einen ganzen Sitzungstag unterhalten. Weichenstellung für die Zukunft wurde dort diskutiert. Allerdings beschlossen die Delegierten an diesem zweiten Tag in Karlsruhe gar nichts. Es wurde palavert, mit Worthülsen um sich geworfen und die Vereinnahmung des DGB-Chefs Dieter Schulte zelebriert. Nicht mal die eigene Zukunft stand zur Debatte. Wolfgang Schäuble, immer noch als des Kanzlers Kronprinz gehandelt, ließ sich über SPD und Grüne sowie deren vermeintliche Nähe zur PDS aus. Wenn über Zukunft geredet wurde, dann immer mit der Pathetik einer Stuyvesant-Reklame: »Come together!«

Nicht die harsche Antwort des neuen SPD-Geschäftsführers Müntefering auf Schäuble, sondern die von Hintze als neu eingeführten Veränderungen im Statut der CDU werden dieses Eiapopeia ein wenig aufbrechen. Die Partei hat, nachdem alle anderen bereits vorwegmarschiert sind, nun auch Mitgliederbefragungen eingeführt – aber nur für den Fall, daß auch die Parteispitze will, daß die Mitglieder wollen. Der Beschluß zum Frauenquorum indes ist Gewißheit. Dreißig Prozent aller wichtigeren parteiinternen Posten und Funktionen sollten nach Hintzes Vorstellung künftig an Frauen vergeben werden. Modern und zeitgemäß sollte die Partei werden. Wie weit jedoch Gleichstellungsregularien von der gesellschaftlichen Normalität entfernt sind, bewies der Europäische Gerichtshof mit seinem Urteil zur Quote. Danach war es dann kaum noch verwunderlich, daß auch die CDU-Delegierten sich nicht zu ihrem Quorum durchringen konnten. Wenn auch knapp, stimmte der Parteitag gegen den wenigstens halbherzigen Versuch. Schließlich hätte schon dieses knappe Drittel an speziellen Frauenplätzen in den Gremien und Parlamenten wieder in Frage gestanden. Dann etwa, wenn sich Männer bemüßigt gefühlt hätten, gegen ihre quotenbezogene »Diskriminierung« zu klagen. Bis zur Änderung von europäischem Recht wäre das Quorum somit nicht viel wert gewesen.

Um den parteiinternen Wert ging es dem Initiator der Debatte aber ohnehin nicht. Die Wählerinnen waren Motivation für Hintze, gab selbiger im Parteitagsvorfeld offen zu, diese Neuerung zu entwerfen. Hatte die Union vor einigen Jahren noch einen sehr hohen Stimmenanteil unter Frauen, so ist dieser inzwischen bedenklich gesunken. Mit dem Quorum sollte lediglich diesem Trend entgegengewirkt werden. Daß der Antrag an den Parteitag mit klassisch konservativer Politik bricht, haben Frauen, junge wie ältere, bereits im Vorfeld deutlich gemacht. Etliche der weiblichen Parteimitglieder haben kein Interesse an der statuarischen Verbesserung ihrer Ausgangsposition innerhalb der CDU. Sie seien keine Quotenfrauen, sagten einige. Sie wollten nicht in Konflikt mit den Männern in der Partei geraten, meinten andere. Und in der Tat: Es hat sich vorerst als unmöglich erwiesen, in der Partei Meinungen von Steffen Heitmann und die (dann) erlebbare politische Selbständigkeit von Frauen zusammenzubringen.

Auch diesen Konflikt hatte der Parteivorsitzende im Vorfeld gedeckelt. Dank seiner Fürsprache konnte das Thema auf dem

Parteitag überhaupt angesprochen werden. Dank seines politischen Schwergewichts hielt es nun wenigstens Einzug in die parteiinterne Diskussion. Dank seiner Person fiel es nur knapp durch.

Die knappe Abstimmung zum Quorum kaschierte die im Raum stehende Frage nach der Post-Kohl-Ära. Über dem Parteitag stand sie dennoch – auch wenn sich darüber in der CDU derzeit noch niemand Gedanken machen will und darf. Der Big Mac der deutschen Konservativen steht davor. Mit der Ballung von Zuständigkeit in seinem Umfeld ist er Maßstab für all jene Gesprächs- und Politikrunden, in denen auch bei anderen Parteien um die politische Hegemonie gekungelt wird. Und somit erfüllt er tatsächlich eine integrative Funktion. Das Prinzip Kohl als Beispiel für Parteipolitik.

19. Oktober 1995, »tageszeitung«

Wir müssen uns die Knüppel in den Weg legen

Wir lamentieren immer wieder gern über verpaßte Chancen. Für mich muß ich sagen, es wurde vor allem 1989/90 viel verpaßt. Es gab viele Ideen. Aber die Bürgerrechtsbewegungen, die Gruppen an den Runden Tischen hatten meines Erachtens keinen generalisierenden Ansatz. Sie hatten die Verneinung des DDR-Systems proklamiert, versuchten, daraus Politik zu machen, und sie konnten, wenn sie gefragt wurden, wie es dorthin gehen solle, nur auf den Westen verweisen.

Es gab also keinen generalisierenden Ansatz. Der Verfassungsentwurf, der damals vom Runden Tisch erarbeitet wurde, war der Versuch, eine bessere Verfassung als das Grundgesetz zu erfinden. Es war der Versuch, die im Grundgesetz verankerte Bestimmung dieser vorläufigen Verfassung zu erfüllen, nämlich eine vom Volk verabschiedete Verfassung zu installieren. Es war der Versuch, den gesellschaftlichen Rahmen für die neue, größere Bundesrepublik neuer, größer und weiter zu machen. Leider spielte dieser Entwurf später keine Rolle mehr. Die Bundesrepublik an sich wurde nicht in Frage gestellt. Die Art und Weise des gesellschaftlichen Miteinanders erst recht nicht. Wozu sich für einen neuen Westen einsetzen, wenn doch der alte noch neu war?

Dies hätte sich sicherlich auch nicht geändert, wenn damals Oskar Lafontaine statt Helmut Kohl Protagonist der Bonner Regierung gewesen wäre, wenn statt der schnellen Einvernahme des Ostens ein bedächtiger Angleichungskurs beider Staaten zum Tragen gekommen wäre.

Die einzelnen, die punktuellen Ansätze und Neuerungen, die vom Osten in das neue, größere Staatenkonstrukt BRD hineingetragen wurden, mußten scheitern, weil sie es nur verbessern wollten. Wer einmal mit mehreren an einem Text gearbeitet hat, wird wissen, wie schwer es fällt, wenn ein fast fertiges Produkt in der Endphase noch um einige neue Aspekte bereichert werden soll. Ein alternativer Text setzt sich in diesen Momenten eher durch. Wir brauchen heute komplette Entwürfe statt ausgefeilter Detailverbesserungen. Wir brauchen eine Idee, das gesellschaftliche Mit- und Gegeneinander umzukrempeln, statt ausgefeilter Kataloge, die das Gegen in ein Mit verändern und sonst aber alles beim alten lassen wollen. Darum brauchen wir den Gedanken von Systemüberwindung, auch wenn einige von uns nur das System verbessern wollen.

Wenn wir uns heute die Politik auf Bundes- und Landesebene oder auch in den Kommunen anschauen, dann können wir doch eigentlich konstatieren: Es geht darum, welche Partei in welchem Punkt das bessere, also das sozialere, das eher wirtschaftsfördernde, das modernere, das zukunftstauglichere oder wie auch immer nach der Logik »höher – schneller – weiter« funktionierende, Paket von Maßnahmen für eine konkrete Situation, für ein konkretes Problem vorlegen kann. Es geht darum: Mache ich, ohne an den Grundlagen irgend etwas zu verändern, aus dem, was wir haben, etwas Besseres als die, die auch schon etwas vorgeschlagen haben? Zugespitzt also: Mache ich das, was die anderen machen, besser als die anderen im Sinne irgendeiner Lobby? Der stärkeren Lobby natürlich.

Ein aktuelles, sehr schönes Beispiel sehen wir in der Diskussion im Bundestag über das sogenannte Sparpaket der Bundesregierung. Natürlich ist es kein Sparpaket. Ich kann Rudolf Dreßler nur zustimmen, wenn er sagt, daß hier ganz konsequent in allen Sektoren – wirtschafts-, finanz-, militär- und sozialpolitisch – Schwachsinn gebaut worden sei. Hier wird kein Geld gespart, sondern nur umverteilt. Etwas anderes will die SPD auch nicht, kann sie auch nicht. Sie macht Politik im Interesse einer anderen Gruppe von Menschen. Und deshalb muß ich konstatieren, daß der »Gegenvorschlag« der SPD nicht wirklich besser ist. Denn auch hier wird nur versucht, das Bestehende schönzureden. Die SPD versucht, den scheinbar sinnvollen und nötigen Umbau des Sozialstaates Bundesrepublik mit dem Etikett SPD zu verbinden. Wie man also im Zusammenhang mit irgendwelchen Veränderungen grundlegender Natur sich selbst ins bessere Licht rücken kann. Das nennt mensch dann konservative Hegemonie brechen.

Das gleiche erleben wir auf anderen Ebenen jeden Tag. In Berlin in der Debatte um die Sparpolitik streiten sich die CDU und die SPD, wer jetzt der bessere Sparer ist. Im Bereich der Umweltpolitik streiten sich inzwischen fast alle Parteien darum, wer tatsächlich ökologisch sinnvolle Maßnahmen vorschlägt und umsetzt. Die Grünen zeichnen sich hier noch durch einen Rest von Radikalität aus, aber im großen und ganzen haben auch sie sich bereits in die Logik von repräsentativer Politik hineinbegeben. Bei den Grünen will niemand mehr Forderungen aufstellen, ohne gleich einen Lösungsansatz mitzuliefern. Es heißt also nicht mehr: Wir können diesen Verkehr vor der Haustür nicht mehr ertragen, macht endlich was! Sondern es heißt: Man könnte den Verkehr so oder so umleiten. Zuungunsten dieser oder jener Interessengruppe also. Und offensichtlich haben die Grünen die Ideen ihrer Anfangsphase vergessen. Es geht ihnen heute nicht mehr um eine generelle Lösung des Konflikts zwischen Ökonomie und Ökologie, sondern es geht um eine prestigeträchtige Umschiffung des eigentlichen Problems. Deswegen werden sie heute auch nicht mehr von Verfassungsschutz und Innenministerien beäugt. Und deswegen steigt das Durchschnittsalter ihrer WählerInnen proportional zum Monatseinkommen ihrer AnhängerInnen.

In diesem permanenten Punktspiel um Machtgewinn und Machterhalt ohne Perspektive auf den Meistertitel – maximal mit dem Ziel des ersten Tabellenplatzes – läßt sich nichts wirklich bewegen. Politik wird zum Theater: bewundert, gehaßt, beobachtet oder links liegengelassen von denen, für die es angeblich mal erdacht war.

Es geht nur noch um Macht. Es geht um die Macht der Parteien und um die Macht von einzelnen Personen in den Parteien. Und im Kampf um diese Macht geht es eben um Punktsiege. Diese sind nicht notwendigerweise miteinander in Zusammenhang zu bringen. Sie unterliegen einer anderen Logik als die Bedürfnisse von Menschen. Nur so ist es zu erklären, daß die Bundes-SPD sich einerseits heute für eine sozialere und ökologischere Steuer- und Abgabenreform einsetzt, während andererseits auf Länderebene Protagonisten derselben Partei genau das Werk einer Regierungskoalition in Bonn fortsetzen, was die Bundestagsfraktion wortgewaltig kritisiert.

Ich will nicht darüber lamentieren, daß es unmöglich ist, tatsächlich etwas zu verändern. Ich will nicht darüber lamentieren, daß es keine Ansätze gibt. Denn das stimmt nicht. Es gibt Ideen, es gibt Vorstellungen, gelebte und versuchte Ansätze. Es gibt einfach eine andere Politik, eine Politik jenseits der Parteienlogik, jenseits von Machtgewinn und Machterhalt und eine Politik jenseits von persönlichen Beleidigungen um des eigenen Vorteils willen in irgendeiner Debatte. Nur haben es solche Ansätze schwer.

Ein Beispiel ist die Antifa (M) in Göttingen. Unter dem Eindruck aufkommender rassistischer Gewalt, vor dem Hintergrund sich entwickelnder neofaschistischer Strukturen in Südniedersachsen gründete sich vor einigen Jahren die dortige Antifa (M). Die Jugendlichen erprobten andere Aktionsformen, leisteten andere Theoriearbeit und begannen, von ihren GesprächspartnerInnen vorsichtig beäugt, eine punktuelle Zusammenarbeit mit Gewerkschaften, der SPD und den Grünen. Im Laufe der Jahre entwickelte sich daraus ein deutlich anderer Stil von Politik. Dieser zeichnete sich durch Basisnähe und Problembewußtsein, durch Transparenz und Offenheit aus und erreichte, daß Neofaschisten im Raum Göttingen jede Basis verloren. Zusätzlich wurde die Debatte um andere Formen des gesellschaftlichen Miteinanders wieder breiter geführt. Bis zu dem Tag, an dem die Polizei Wohnungen und Vereinsräume, eine Tageszeitung und einen Buchladen wegen der Antifa (M) durchsuchte. Der Vorwurf: Bildung einer kriminellen Vereinigung. Der Vorwand: Verstöße gegen das Versammlungsgesetz. Im Klartext: der schwarze Block.

Ab diesem Tag setzte in der SPD und bei den Gewerkschaften ein Entsolidarisierungsprozeß ein, der bis heute anhält. Und auch Teile der Grünen wollten plötzlich nichts mehr mit den siebzehn Angeklagten im größten deutschen Staatsschutzprozeß zu tun haben. Die Mitglieder der Antifa (M) sind in den Augen vieler plötzlich wieder einfach nur kriminell – ungeachtet aller positiven Erfahrungen. Und statt darüber nachzudenken, warum auf einer so schwachen Basis so ein riesiger Ermittlungs- und Prozeßaufwand betrieben werden soll, distanzierten sich viele – des guten Rufs wegen. Sie übersahen dabei voreilig, daß in Göttingen in erster Linie versucht wird, andere, nämlich außerparlamentarische Politik unter das Diktat von Polizei und JuristInnen zu stellen, sie damit quasi zu verbieten.

Die Folge – sowohl von unerquicklichen Machtspielen als auch von Kriminalisierung anderer Politikformen – ist Entpolitisierung. Nicht nur Entpolitisierung von jungen Menschen. Es wird zunehmend beklagt und die Parteien ärgern sich, daß es ihnen nicht gelingt, jüngere Leute anzusprechen, sie für längerfristige Arbeit in und bei den »Großen der Branche« zu gewinnen. Dabei trifft dies fast im gleichen Maße auf alle Altersgruppen zu. Lediglich sehr traditionsfixierte Mitglieder halten in diesen Zeiten »ihrer« Partei die Treue. Gleichzeitig darf mensch aber feststellen, daß noch nie so viele Leute sich selbst als politisch interessiert definierten wie heute. Es ist auch ein Faktum, daß es zu keiner Zeit mehr MitstreiterInnen in BügerInneninitiativen und politischen Vereinen gab als heute. Und gleichzeitig war die Wahlbeteiligung im Schnitt noch nie so miserabel wie bei den Wahlen seit 1990. Das Interesse an ehrenamtlichen Positionen und Funktionen der bürgerlichen Verwaltung stagniert mindestens. Und daraus wird dann im rufschützenden Gehorsam gemeinhin das Phänomen Politikverdrossenheit gemacht.

Für diesen Widerspruch gibt es für mich nur eine Erklärung: Die Menschen sind nicht politikverdrossen, sondern sie sind verdrossen von dieser Politik. Die Leute sind nicht schlechterdings an Veränderungen nicht mehr interessiert, sondern sie sind an diesen Parteien als Protagonisten für mögliche Veränderungen nicht mehr interessiert, weil sie keinen Ansatz sehen, wie diese Parteien diese Aufgabe erfüllen können. Die Hamburger Statt-Partei hatte dies zu ihrem Gründungsmotiv erhoben. Korruption im Zusammenhang mit der KandidatInnenaufstellung für die Hamburger Bürgerschaftswahl galt als Anlaß, eine vorgeblich korruptionsfreie, den Menschen nähere Partei zu gründen. Diese mußte scheitern, weil sie sich mit ihrer Gründung in eben diesen Kreislauf begab, der nichts anderes hervorbringen kann als den Kampf um Macht als Selbstzweck.

Es ist ihnen gelungen, die berechtigte Kritik zu kanalisieren.

In Berlin gibt es ein Bündnis von über hundert Gruppen gegen Sozialabbau. Nur eine einzige davon ist als Partei angetreten. Nämlich meine. Alle anderen sind Zusammenschlüsse von Leuten, die sich sehr wohl politisch engagieren und artikulieren, die aber ganz bewußt weder in unsere noch in eine andere Partei gehen wollen. Alle haben eines gemeinsam: Sie wissen sehr genau, wohin es nicht gehen kann. Sie wissen sehr genau, was sie partiell in ihren Bereichen wollen. Sie wissen heute, wo und wie sie sich engagieren. Sie können sagen, wie es nicht aussehen darf. Aber schon die Namen der einzelnen Gruppierungen lassen Negativ-Herangehensweise und diese Fremddefinition erkennen. Es geht um *Anti*faschismus, *Anti*rassismus, *Anti*nationalismus. Es geht um *Anti*militarismus, es geht um eine *Anti*-AKW-Bewegung, früher um eine *Anti*-Startbahn-West-Kampagne. Es geht um eine *Anti*golfkriegsdemonstration oder *Anti*atomversuchsaktionen, *gegen* den Flächennutzungsplan in Berlin, *gegen* den Sozialabbau und Kürzungen im Hochschulbereich. Wofür diese Gruppen stehen und wohin sie wollen, das können sie, wie gesagt, nur partiell und voneinander losgelöst definieren. Und sie können es nur für die Gegenwart. Und allein dadurch haben sie es schwer, kontinuierlich zu arbeiten. Nicht nur, daß die Definition eigener Positionen aus der Abgrenzung gegenüber anderen lediglich der kleinste gemeinsame Nenner ist. Zusätzlich haben sie, die in Sparten

Verbesserungen erreichen wollen, gerade von etablierten Parteien und PolitikerInnen und in Medien zu erwarten, daß die Unzulänglichkeit, die mangelnde Komplexität in der Betrachtung und Analyse als Totschlagargument gegen sie eingesetzt wird. Ihre freiwillige Beschränkung als Eingeständnis von Unvermögen, sich in der heutigen politischen Auseinandersetzung zu behaupten. Und so entstehen größere Bewegungen wie eben dieses Berliner Bündnis nur, wenn der Druck von außen auf ein Milieu einen entsprechend großen Gegendruck provoziert.

Wichtig in diesem Zusammenhang ist, daß mensch – und hier meine ich eben die MachtpolitikerInnen in den Parteien – sich darauf besinnt, daß es für diese Inis und Gruppen nicht darum gehen kann, Lösungen zu präsentieren, sondern daß hier in erster Linie Probleme artikuliert werden. Und eigentlich sollten die Menschen so ernst genommen werden, daß allein die öffentliche Nennung von Problemen durch Betroffene als Auftrag gilt, sich für deren Lösung einzusetzen. Um so mehr, je mehr die Leute von der Politik erst zu Betroffenen gemacht werden. Es muß ganz klar gesagt werden können: Dieses oder jenes paßt uns nicht, dieses oder jenes hat gefälligst geändert zu werden, weil es unerträglich ist. Und dann muß darauf gedrängt werden, daß dies auch stattfindet. Eine andere Aufgabe für Politik ist vorläufig überhaupt nicht nötig.

Wenn wir uns einmal vom parteipolitisch neutralen Boden hinwegbewegen, wenn wir konstatieren, daß wir eine konservative Hegemonie in diesem Lande – eine Hegemonie von Sozialabbau, Rassismus, latentem Militarismus – bekämpfen wollen, dann müssen wir feststellen, daß diese einfache Ablehnung nicht trägt. Es fehlt der Zusammenhang. Es wäre wiederum nur der Versuch, Zugeständnisse abzutrotzen, wie es die Gewerkschaften seit Jahrzehnten machen, um dann beim nächsten Mal, in der nächsten Sparrunde wiederum auf diese Zugeständnisse verzichten zu müssen, weil sie angeblich nicht praktikabel sind. Weil die Mitglieder und AnhängerInnen sich selbst einsichtig geben und sagen: Okay, wir bleiben freiwillig unter der Teuerungsrate in den Tarifgesprächen.

Wir müssen also nach einem Weg suchen, dauerhaft dazu beizutragen, daß die Meinung von Leuten, daß die Lebensumstände von Leuten, die Ideen von Leuten geachtet und berücksichtigt werden in der Politik, und zwar als maßgeblich, als Äußerungen des Souveräns. Daß nämlich die Repräsentanten in dieser repräsentativen bürgerlichen Demokratie, in diesem repräsentativen bürgerlichen Parlamentarismus aufgefordert werden, das Volk, den Souverän, zu repräsentieren und nicht andersherum. Hier kann ich immer wieder nur auf Johannes Agnoli verweisen, welcher auch im Rahmen der Volxuni reden wird, der da konstatiert: »Die Utopie von der ›Gesellschaft der Freien und Gleichen‹ läßt sich nicht als Gesetzesvorlage, weder von der Opposition noch von der Regierungskoalition in den Bundestag einbringen.« Parlamente können lediglich die Vermittlungsebene für Veränderungen in der Gesellschaft sein. Und wenn die Gesellschaft sich verändert, werden auch Parlamente nicht umhinkommen, dies zu konstatieren und diesem Vorbild zu folgen.

In der PDS wird gern und viel darüber debattiert, ob der Weg der Grünen, den wir gerade miterleben, vermeidbar ist. Ob der vorgezeigte Weg, fernab der auch heute noch gültigen Essentials, zwangsläufig ist. Ich weiß darauf keine Antwort. Ich weiß aber eines: Wenn wir die Gesellschaft tatsächlich verändern wollen, dann müssen wir uns als Partei heute die Knüppel in den Weg legen, die uns später daran hindern werden, diesem Weg einfach nachzuschleichen. Den Weg von der kritischen Bewegung zu einer Partei, die sich nur in der Zahl der Skandale und Verfehlungen, nicht aber in ihren Ideen von anderen Parteien unterscheidet.

Wie könnte dies geschehen? Zunächst einmal sollten wir, und damit meine ich wirklich nicht nur die PDS, die bisherige Form von gesellschaftlicher Verfaßtheit analysieren, insbesondere natürlich die bis vor kurzem im Osten aktuelle und die noch in beiden Landesteilen existierende. Mir fällt in beiden ein Mangel an Mitwirkung bei politischen Entscheidungen auf. Mir fällt auf, daß sowohl in der DDR als auch in der Bundesrepublik Demokratie, d. h. Mitbestimmung und Teilhabe von Menschen, weitestgehend eingeschränkt war bzw. ist. Auf der einen Seite extrem bürokratisch. Auf der anderen Seite durch ganz persönliche finanzielle, soziale und natürlich auch parteipolitische Hürden. Während das eine System an eben diesem Mangel zerbrochen ist, versuchen die ProtagonistInnen des anderen Systems mit der Floskel »Freiheit oder Sozialismus« von ihrer Unfähigkeit, mit den Interessen der Leute umzugehen, abzulenken.

Weiterhin fällt mir natürlich auf, daß gerade in der Bundesrepublik die Teilhabe an Macht ganz elementar mit der Teilhabe an ökonomischer Macht zu tun hat. Es kommt nicht von ungefähr, daß die Bundesregierung in ihrem neuesten Sparpaket gerade die Besitzenden in großem Ausmaß schont, während sie bei den Nichtbesitzenden rigoros streicht. Das Ganze gekoppelt mit dem Versprechen, irgendwann, zwischen den nächsten beiden zyklischen Krisen, würde es wieder ein wenig besser werden.

Für mich kann das Stichwort daher nur heißen: Partizipation, Teilhabe von Menschen unabhängig von ihrem Einkommen, unabhängig von ihrer sozialen Stellung, unabhängig von irgendwelchen Erfolgen in der Vergangenheit oder irgendwelchen familiären Zusammenhängen. Und vor allem unabhängig von ihrer Stellung zum Besitz an Immobilien, an Kapital. Partizipation also von möglichst allen an möglichst allen Prozessen.

Wie kann das aussehen? Ich denke, in die richtige Richtung weist da z. B. die Installation von Volksentscheiden auf kommunaler Ebene in Bayern. Ich denke, in die richtige Richtung weist da auch der Versuch aus den siebziger Jahren, über Landesschülervertretungen den Einfluß der SchülerInnen auf die Schule und sogar auf die Landesschulpolitik zu ermöglichen. In die richtige Richtung weist auch die Idee, in Parteien mit Mitgliederentscheiden die Basis tatsächlich zu fragen. Allerdings muß man hier einschränken, daß es nicht um Alibiveranstaltungen gehen darf. Wenn also die FDP-Mitglieder über den großen Lauschangriff abstimmen dürfen und sollen, dann dürfen und sollten sie auch über neue wirtschaftspolitische Leitlinien, über eine Sparpolitik, über eine Veränderung der Asylpolitik und über alles mögliche, was die FDP auf Bundes- oder Landesebene in die Politik einbringt, abstimmen dürfen.

In die richtige Richtung weist in diesem Rahmen auch die Installation von Runden Tischen gegen Ende der DDR. Und auch die Installation von Allgemeinen Studierenden-Ausschüssen infolge der 68er Entwicklungen an den Hochschulen der Bundesrepublik war ein richtiger Schritt. Inzwischen wurden diese Entwicklungen an den DDR-Unis von 1989/90 wieder zurückgedreht. In der Wendezeit konnte eine uralte hochschulpolitische Forderung ganz selbstverständlich umgesetzt werden: Alle Hochschulstatusgruppen waren in allen Gremien gleichberechtigt. Und: Die Studierenden wählten ihren Rektor mit.

Meine Partei beteiligt sich am Reigen schöner Beispiele mit dem uneingeschränkten Rede-, Vorschlags- und Mitbestimmungsrecht von SympathisantInnen in nahezu allen Veranstaltungen der Partei. Auch so offene Strukturen wie die AG »Junge GenossInnen« in und bei der PDS können Vorbild für eine partizipative Politik sein. Die Jungen GenossInnen waren es, die auf dem letzten Parteitag der PDS einen Antrag zur Kommunalpolitik eingebracht und durchgesetzt haben, der gerade BürgermeisterInnen, also hervorragenden Vertretern der kommunalen Selbstverwaltung, nahelegt, in konkreten Fragen zusammen mit den Bürgern vor Ort statt für sie Politik zu machen. Das heißt, daß Diskussionen um neue Straßen, Kindergärten, Spielplätze und ähnliche kommunale Einrichtungen und Vorhaben mit den Leuten geführt werden müssen, daß nicht schlechterdings gesagt werden kann: Wir wollen die neue Straße, werben wir dafür, daß die Leute sie prima finden. Sondern daß gefragt wird: Was wollen die Leute? Brauchen sie die Straße, oder wollen sie statt dessen doch lieber einen Kindergarten?

Wollen sie den Ausbau des Gemeindeamtes oder doch lieber die Modernisierung der Freiwilligen Feuerwehr im Ort? Das Schlagwort lautet also kurz: Politik nicht für Menschen, sondern mit Menschen. Oder, um ein Fremdwort zu wählen, weil das in der Politik viel besser ankommt: Partizipation.

Ich erschließe mir den Begriff »Sozialismus« über Demokratie, d. h., schaffe ich eine echte, eine wirkliche Teilhabe von Leuten an Politik und weite diese auch aus auf soziale, auf wirtschaftliche und andere Belange und komme so zu einem anderen gesellschaftlichen Umgang miteinander. Wenn ich bei Marx nachschaue, dann konstatiert er, daß das zentrale Moment einer gesellschaftlichen Veränderung die Veränderung des Verhältnisses der Entwicklung von Produktionsverhältnissen und von Produktivkräften ist. Und hier befinde ich mich – anders als in bestehenden Gesellschaften, wo Produktionsverhältnisse durch den Besitz von Produktionsmitteln gekennzeichnet waren und sind – nicht in einer Sackgasse. Ich bin in der Lage, durch ständige Ausweitung von Mitbestimmung in allen Fragen diese divergierenden Linien, die einfach durch die Stellung von Leuten im Produktionsprozeß hervorgerufen werden, via Überbau zusammenzuführen. Denn es ist gerade heute nicht der Besitz von produktionsrelevantem Eigentum interessant, sondern die Verfügung über die damit hergestellten Produkte und den Prozeß ihrer Produktion. Dieser Aspekt wird um so wichtiger, je weiter wir uns von klassischer Industrie, von produzierendem Kapitalismus – gerade in den entwickelten Ländern – hin zu einem Informationskapitalismus entwickeln. Gerade mit möglichen Entwicklungen im Zusammenhang mit den neuen Medien wird der tatsächliche Besitz von Produktionsmitteln unwichtig. Interessant wird die Verfügung über Informationen. Der Status von Information als Ware wird in den kommenden Jahren deutlich wachsen. Wir werden eine völlig andere Art von Wirtschaft erleben.

Wenn es also möglich ist, den Zugriff, die Teilhabe von Menschen in allen Belangen und in allen Fragen wirklich auszuweiten, wenn es organisierbar ist, daß z. B. ArbeitnehmerInnen über das Betriebsverfassungsgesetz mehr Mitsprache bei der Entscheidungsfindung in ihren Betrieben haben, dann verändere ich nicht grundlegend die marktwirtschaftliche Verfaßtheit dieses Landes, ich verändere nicht grundlegend das, was ich am Markt für sinnvoll und innovativ, für fortschrittlich und beweglich halte. Ich verändere aber, daß dieser Markt, daß diese Marktwirtschaft gegen eine Mehrheit von »kleinen Leuten« wirkt, sie von echten Entscheidungen ausgrenzt und ihnen nur noch die Freiheit gibt, zu konsumieren und die Arbeitskraft feilzubieten. Hier läßt sich weitgehend auf Restriktionen von Staatsseite zum Zwecke der sozialen Absicherung der Bevölkerung verzichten, weil die Bevölkerung sich selbst absichert. In der Doppelfunktion als politisch wie auch ökonomisch entscheidungsfähige Masse. Und in dieser Funktion wird sie wohl – aus Sorge um die jeweils persönliche Existenz – eine deutlich andere Abwägung vornehmen.

Dahin zu gelangen, wird uns nichts anderes übrigbleiben, als die vielen kleinen Schritte, die in diese Richtung weisen, zu gehen. Es wird uns auch niemand abnehmen, für unsere Mitbestimmung einzutreten. Und für meine Partei, die ich heute und hier hoffentlich nicht über Gebühr heranzitiert habe, kann ich nur obiges wiederholen: Wir müssen uns innerhalb der Partei über konsequente Mitbestimmung – auch außerhalb der Repräsentationsspielregeln bisheriger bundesdeutscher Politik – die Knüppel in den Weg legen, über die wir beim Verlassen dieses Weges stolpern werden.

Berlin, 24. Mai 1996, Volxuni, Humboldt-Universität (leicht gekürzt)

Die Oktoberrevolution: heute kaum noch ein Bezugspunkt

Gewöhnlich dienen runde Jahrestage dazu, sich um sie herum immer und immer wieder die gleichen Fragen zu stellen: Was lehrt uns die Geschichte? Was ist hängengeblieben? Was war positiv und was negativ? Was bleibt für die Zukunft?

Mir erscheint es stets als sehr müßig, sich diese Frage zu beantworten. War doch zum Zeitpunkt der Revolution noch lange nicht an mich zu denken. Mein gesamtes Wissen beruht auf einer, geschichtlich gesehen, höchst einseitigen Schulbildung, auf Büchern, Artikeln und Diskussionen. Das alles ist folgerichtig immer sehr subjektiv, wir waren schließlich alle nicht dabei. Sie, die Oktoberrevolution, gehört zweifelsohne zur Weltgeschichte, und sie war ein einschneidender Schritt im Kampf gegen die damalige Unterdrückung des Volkes in Rußland. Das gehört heute auf keinen Fall pauschal verurteilt, wie ich aus heutiger Sicht überhaupt keinen solchen Versuch in seiner Anfangsphase, so schlecht er auch immer geendet haben mag, einfach verurteilen würde.

Aber wenn ich ehrlich bin, muß ich sagen, daß diese Revolution heute kaum noch ein Bezugspunkt für mein tägliches politisches Engagement ist. Wir haben keine revolutionäre Situation, und wir können auch nicht wie Lenin im September 1917 feststellen: »Hinter uns ist die Mehrheit der Klasse, der Avantgarde der Revolution, der Avantgarde des Volkes, die fähig ist, die Massen mitzureißen. Hinter uns ist die Mehrheit des Volkes.«

Nicht zuletzt bin ich aufgrund der vielen neuen Informationen über die Entwicklungen in Rußland und in der Sowjetunion, über die wir heute verfügen, unsicher in einer finalen Bewertung – und natürlich auch in Bezug auf Vergleiche.

Die sogenannte Avantgarde will ich an dieser Stelle gar nicht im einzelnen beurteilen. Die Geschichte hat letztlich zur Genüge gezeigt, daß gerade sie oft die größten Fehler macht, weil sie sich für unfehlbar hält, eben weil sie sich berufen fühlte, als Avantgarde zu denken, zu fühlen und zu handeln. Diese Auffassung finden wir auch heute durchaus noch in der PDS und in anderen linken Gruppierungen und Bewegungen.

Dieses Denken macht sich in der Gegenwart zum Beispiel auch daran fest, daß so manche von den älteren GenossInnen die Revolution hochhalten, von Kampfaktionen und Volksmassen schwärmen, andererseits jedoch, wenn es darum geht, hier und heute aktiv zu sein – ob nun bei Antifa oder Castor –, herzlich wenig Bereitschaft zeigen, an Aktionen oder Demonstrationen teilzunehmen. Es sei denn, der Parteivorsitzende ruft persönlich dazu auf und kommt auch selber hin (siehe Antifa-Demo in Wurzen).

Genau das Führungsdenken der Avantgardisten war meines Erachtens auch ein Ausgangspunkt für die Tragödie der Entwicklung in Rußland und später in der Sowjetunion sowie der anderen Versuche in der Welt, Unterdrückung zu überwinden und eine sozialistische Gesellschaft zu errichten.

Ein Ziel, das durch seine Umsetzungen in der Geschichte diskreditiert und gegenwärtig nur noch mit dem Gedanken an Scheitern verbunden wird, muß aber nicht zwangsläufig falsch sein. Aber, und das ist keine neue Feststellung, aus der Geschichte sollten wir lernen.

Unter welchen Bedingungen auch immer, für mein Ziel lohnt es sich zu kämpfen, aber nicht um den Preis der persönlichen Stagnation. Und ein Slogan wie »80 Jahre Oktoberrevolution – Diese Welt muß unser sein!« (DKP/PDS Linke Liste Hamburg, Flugblatt 1997) erinnert mich doch sehr an das oben erwähnte Avantgardedenken.

Die Mühen der Ebene scheinen ihnen zu schwer zu sein! Außerdem will ich überhaupt nicht, daß diese Welt mir gehört, gibt es doch viele Menschen, die auf ihr leben und denen sie mindestens genauso gehört. Die Welt gehört in die Hände derer, die sie nicht wirklich besitzen wollen! Und niemand hat das Recht, für andere Leute zu denken und zu sprechen.

Die Handlungsperspektiven der Linken liegen weder in der Beschwörung der Avantgarde des Proletariats noch in der Politikveränderung durch Veränderung der Regierungsmacht über den Bundestag. Veränderung beginnt für mich immer noch auf der Straße. Das zeigt auch die Geschichte. Nischen und außerparlamentarische Bewegungen haben immer noch mehr auf die Beine gestellt als die nach Macht lechzenden Avantgarden der Parteien.

Wir haben eine konservative Hegemonie in der Gesellschaft. Diese zu überwinden gelingt uns mit Sicherheit nicht, indem wir auf Parteien wie beispielsweise auf die SPD setzen, deren Politik ein Produkt dieser konservativen Hegemonie ist. Das wird nur möglich sein, wenn wir versuchen, jenseits dieser Hegemonie BündnispartnerInnen zu finden – nicht zuletzt auch deshalb, um unsere eigenen Ideen stets von verschiedener Seite hinterfragen zu lassen.

Aus diesem Grunde sollten wir die Geschichte grundsätzlich unter einem kritischen Gesichtswinkel beurteilen, um uns in der Gegenwart nicht die Augen für die Zukunft zu verschließen.

7. November 1997, »Neues Deutschland«

Ökosteuer auf Samtpfoten

Mit Freude habe ich zur Kenntnis genommen, wieviel in den letzten Tagen über die Perspektiven von jungen Leuten in diesem Land gesprochen wurde. Wenn dann allerdings in der Regierungserklärung die Begriffe »Natur« und »Umweltschutz« überhaupt nicht vorkommen und Kanzler Schröder sagt: »Ökonomische Leistungsfähigkeit ist der Anfang von allem ...«, sind an ihm wohl langjährige Diskussionen auch unter jungen Leuten spurlos vorbeigegangen. Nicht die Ökonomie, sondern die natürlichen Grundlagen sind der Anfang von allem.

Die Enttäuschung bei den im Umweltbereich Engagierten und den Verbänden über die fehlende Konsequenz der Umweltpolitik der neuen Regierung ist nicht zu überhören. Den Koalitionsvertrag bezeichnete der BUND zu Recht als »Pakt der Halbherzigen«.

Natürlich erkennen wir an, daß Sie sich in den Bereichen des klassischen Natur- und Umweltschutzes und im Umweltrecht neue und teilweise ehrgeizige Ziele gesetzt haben: das Vorhaben, ein ausgedehntes Biotop-Verbundsystem zu schaffen, oder den Stopp des Ausverkaufs von Schutzgebieten in den neuen Ländern.

Im Kontrast zu solch konkreteren Festlegungen stehen jedoch zum Beispiel die Aussagen zur Bio- und Gentechnologie. Die »verantwortbaren Innovationspotentiale« dieser Technologien hervorzuheben und zugleich den frommen Wunsch nach angemessenem Raum für »alternative Verfahren und Strategien« zu äußern, das klingt nach einem faulen Kompromiß auf Kosten der Ökologie. Die ökologischen Gefahren von Feldfreisetzungen und den faktischen Freisetzungen in den Sicherheitsstufen S1 und S2 nach Gentechnikgesetz sind oftmals dokumentiert. Der wirkliche Stopp sämtlicher Freisetzungen und die Verschärfung des Gentechnikgesetzes, das wären hier und für die EU die richtigen Zielsetzungen gewesen.

Lassen Sie mich drei Punkte herausheben.

Natürlich unterstützen wir Ihre Bemühungen, den Ausstieg aus der Atomenergie »innerhalb dieser Legislaturperiode umfassend und unumkehrbar gesetzlich zu regeln«. Allerdings hätten wir gerne konkrete Ausstiegsfristen gehört, in guter Erinnerung an den einmal gefällten Zehnjahresbeschluß der SPD. Auch vermissen wir Festlegungen zum Abschalten von Schrottmeilern, die weit älter als achtzehn oder neunzehn Jahre sind, und zur Endlagerfrage. Ebenfalls hören wir nichts über die Beendigung der Genehmigungsverfahren für die Pilotkonditionierungsanlage in Gorleben und den Schacht Konrad. Werden Sie deren Inbetriebnahme verhindern?

Wir hoffen, daß es nicht bei Ihren vollmundigen Ausstiegsbekundungen bleibt. Wir fordern einen zeitnahen Einstieg in den Ausstieg.

Nehmen wir die Ökosteuer. Was als Königsweg hin zu einer nachhaltigen Wirtschaftsweise, inklusive der Lösung der Arbeitsmarktprobleme und der Sanierung der Sozialversicherungssysteme, verkauft wird und was auch ein dem ökologischen Umbau dienendes Instrument sein könnte, endet unter dem Druck von Industrie und Lobbygruppen als reine Entlastungsdiskussion. Kein Wort mehr über die Verwendung eines Teils der Einnahmen aus höheren Energiepreisen für den ökologischen Umbau. Diese Ökosteuer auf Samtpfoten wird nicht den notwendigen Druck in Richtung Energieeinsparung, effiziente Energienutzung und Modernisierung der Produktionsstrukturen entfalten. Vor allem fehlt dem jetzigen Konzept – aus Sicht der PDS – jede soziale Kompensation, wie etwa die Förderung eines flächendeckenden, preiswerten ÖPNV [Öffentlichen Personen-Nahverkehrs] aus den Mitteln der Benzinpreiserhöhung.

Zuletzt aktuell die Klimapolitik.

Im Vorfeld der gerade stattfindenden Klimakonferenz in Buenos Aires hat sich Umweltminister Trittin bewußt in die Kontinuität der Vorgängerregierung gestellt. Allein die Verabschiedung eines verbindlichen Zeit- und Arbeitsplanes hält er nun schon für einen Erfolg. Im Gegensatz zu den Umweltverbänden und dem umweltpolitischen Sprecher der Grünen ist er auch der Ansicht, bis zu fünfzig Prozent der Reduktion könnten aus den sogenannten »flexiblen Instrumenten« bestritten werden.

So sieht für uns konsequente Klimapolitik nicht aus. Wir meinen: Je leichter die Industriestaaten, immerhin Hauptverursacher der Klimaveränderung, ihre nationalen Pflichten auf billigem Weg im Ausland erfüllen können, um so mehr schwindet der Druck, die eigene Art des Wirtschaftens und Lebensstils zu ändern.

Wir erwarten, daß Deutschland mit der EU auf eine anspruchsvolle Regelung hinwirkt, die selbstgesetzten Reduktionsziele zu erreichen, die Reduzierung aus den flexiblen Instrumenten auf höchstens dreißig Prozent festzuschreiben und in diesem Sinne Druck auf die USA auszuüben.

Lassen Sie mich zum Schluß noch einen persönlichen Satz sagen: Das ist doch das mindeste, sonst hatten wir nur einen Regierungs- und keinen Politikwechsel. Für diesen Politikwechsel möchte ich die nächsten vier Jahre in diesem Haus streiten, egal, wie oft ich noch persönlich in einem Verfassungsschutzbericht stehen werde!

Bonn, 12. November 1998, meine erste Rede im Bundestag

Danksagung

Für die Mitarbeit bei diesem Buch danke ich Bettina Meitzner, Christian v. Ditfurth, dem Schreibbüro beim Bundesvorstand der PDS – Bianca Bollhof, Enrico Brüsch und Sabine Woop –, Bärbel Romanowski-Sühl und Dr. Klaus Sühl.